선(禪)의 표준
육조단경 (六祖壇經)

The Seon Standard
The Platform Sutra of the Sixth Patriarch

선(禪)의 표준 • The Seon Standard

초판 인쇄: 2025년 7월 31일
감수/발행: 무초
발행처: 도서출판 지장원(地藏院)
등록: 420-2021-000001(2021년 01월 06일)
주소: 강원도 강릉시 연곡면 수터골길 171
전화: 010-4668-5108
이메일: tothezen@gmail.com
정가: 33,000원
ISBN: 979-11-973493-3-1 (03220)

● 현재 불교의 가르침은 전 세계 정신문명의 대안으로 급속하게 전파되고 있습니다. 비불교권 국가에도 널리 이 가르침이 전해지기를 바라면서 영역(英譯)본을 함께 묶어 실었습니다. 한국어를 배우는 외국인들도 불교를 통해 한국어를 배우는 좋은 교재가 될 것입니다.

● 한국어 육조단경은 <글을 따라 쓰며 명상하기: 육조단경 사경> 이라는 제목의 사경(寫經) 책으로도 출판되어져 있습니다.

일러두기

1. 이 책은 <육조단경> 종보본(宗寶本)을 판본으로 했으며, 서문과 부록을 포함한 모든 내용을 한국어와 영어로 온전히 번역했습니다.
2. 원문의 출처는 한문본 일러두기에 표기해 두었습니다.
3. 영역(英譯)본에 나오는 모든 고유명사 (인명, 지명, 시대명 등)는 한국어 발음의 로마자로 표기했습니다.
    예) Jongbo (종보, 宗寶), Majo (마조, 馬祖), Hadong (하동, 河東), Imsul (임술, 壬戌), Beopseong Temple (법성사, 法性寺) ...

목 차

- 서 언 9

* 육조대사 법보단경 서(六祖大師 法寶壇經 序) 19
* 육조대사 법보단경 찬(六祖大師 法寶壇經 贊) 22
* 본 문
1. 행유품(行由品): 행적의 연유 35
2. 반야품(般若品): 지혜 53
3. 의문품(疑問品): 질문들 65
4. 정혜품(定慧品): 선정과 지혜 72
5. 좌선품(坐禪品): 좌선 76
6. 참회품(懺悔品): 진정한 참회 78
7. 기연품(機緣品): 근기와 인연에 따른 가르침 88
8. 돈점품(頓漸品): 단박과 점차 116
9. 선조품(宣詔品): 조정에서의 초대 129
10. 부촉품(咐囑品): 당부와 전법 133
* 부 록 (附錄)
  - 연기외기(緣記外記) 153
  - 역조숭봉사적(歷朝崇奉事蹟) 160
  - 사시대감선사비(賜諡大鑒禪師碑) 161
  - 대감선사비(大鑒禪師碑) 166
  - 불의명(佛衣銘) 169
  - 발(跋) 173

육조단경 六祖壇經

서 언

선승 무초 (禪僧 無超)

● 대한불교조계종(大韓佛敎曹溪宗)은 선불교의 전통을 계승하는 한국 불교를 대표하는 종단입니다. 여기서 조계(曹溪)라는 용어는 이 책의 육조(六祖) 혜능 선사가 머물던 곳을 말하는데, 선종(禪宗)의 법통(法統)을 상징하는 말로 사용됩니다. 육조(六祖)라는 말은 여섯 번째 조사(祖師)라는 뜻입니다. 초조(初祖), 첫 번째 조사, 는 보리달마 스님을 말합니다. 그런데 왜 한자로는 할아버지라는 뜻의 조(祖)라는 말을 써서 조사(祖師)라고 할까요? 이 조(祖)라는 말은 '조상', '선조' 등의 용어로도 쓰이는데, 혈통이나 정신적 계보의 시작을 상징하는 말로 사용됩니다. '시조(始祖)'라는 용어는 어떤 전통·문파의 창시자를 말하기도 합니다. 또한 할아버지라는 뜻의 '조(祖)'라는 말은 한 집안에서 근본이 되며, 가장 권위 있는 어른이라는 의미를 가집니다. 특히 선종(禪宗)은 경전보다 직접 체득한 깨달음을 중시했기 때문에, 말이나 글이 아닌, '마음의 가리킴'을 통해 깨달음을 전한 스승을 특별히 "조사(祖師)"라고 부릅니다. 그래서 선불교에서는 선(禪)을 조사선(祖師禪)이라고 부르기도 하고, 화두를 참구하여 수행함으로, 간화선(看話禪)이라 부르기도 합니다. 인도 스님인 보리달마가 중국으로 건너와 선불교를 전하는데, 이 선불교가 여섯 번째 선법(禪法)을 이어받은 이 육조선사에 의해 크게 흥기하면서, 동북아시아 불교의 중심 사조가 되어, 불교 실천의 중심축

이 되었습니다. 이 육조선사의 가르침이 이 '육조단경'에 있습니다. 선불교의 필독서인 '서장(書狀)' '선관책진(禪關策進)' '선요(禪要)' '참선경어(參禪警語)' '산방야화(山房夜話)'등 선불교의 가르침을 담은 많은 책들이 있지만, 이 육조단경은 가장 기본적인 책이고, 더욱이 부처님의 말씀을 기록한 글을 '-경(經)'이라고 하는데, - 아함경, 반야심경 - 등과 같이 '육조단경(六祖壇經)'은 부처님의 말씀과 똑같이 '육조단 -경(經)'이라고 합니다. '육조단경'의 제목 그대로의 말뜻은 "육조 선사가 단(壇, 수계을 주는 계단戒壇, 단상)에서 하신 설법"이라는 뜻입니다. 이 책에서 말씀하신 여러 내용들이 선(禪)의 표준이고, 기준이 되는 것입니다. 금강경이 조계종의 소의 경전이 되는 것도 이 육조 혜능 선사가 금강경의 구절을 듣고 깨달음을 얻게 되는 인연에서 유래됩니다.

● 이 책의 판본(版本)은 '종보본(宗寶本)'입니다. 판본(版本)이란 "편집본"이라는 뜻입니다. 같은 제목의 책이라도 편찬한 사람, 출간된 시기, 문장의 내용 구성, 생략/보충된 부분 등에 따라 내용과 형식이 달라지기 때문에 누가, 언제 편집했다는 것을 밝혀두는 것입니다. 이 책은 1291년 광효사의 종보(宗寶) 스님이 편집한 '종보본 육조단경'을 그 내용으로 하고 있습니다. 중국의 명나라 이후로 가장 널리 유행되었던, 대중적으로 퍼진 판본입니다. 돈황본은 가장 오래된 원형에 가까운 판본으로 인정되며, 한국에서는 덕이본(德異本)이 비교적 많이 읽혀지고 있습니다.

● 불교(佛敎)란 부처님의 가르침이라는 말입니다. 누군가 '불교란 어떤 가르침입니까?'라고 묻는다면 어떻게 대답을 해야 될까요? 이것은 '불교의 근본 교리란 무엇인가?'라는 물음입니다. 육조 선사는 입적하기 전에 제자들을 불러 모아 어떻게 불교를 가르쳐야 하는지를 말씀하십니다, 본문의 내용을 인용해 보겠습니다. :

"너희들은 다른 사람들과 다르니, 내가 멸도한 후에 각기 한 지역의 스승이 될 것이다. 내가 이제 너희에게 설법하는 법을 가르치리니, 근본종지(本宗)를 잃지 않도록 하라. 먼저 삼과법문(三科法門)을 들어야 하며, 그 다음으로 삼십육쌍(三十六對)으로 대비되는 개념을 사용해야 한다. 또한, 어떤 법문을 설하든(出沒), 항상 양극단(兩邊)을 떠나야 한다. 모든 법을 말할 때 자성(自性)을 떠나지 말라. 갑자기 누군가 너에게 법을 묻거든, 말을 내놓을 때 다 쌍으로 하여 대법(對法)을 취하고, 오고 감이 서로 인(因)이 되게 하라. 궁극적으로 두 법을 다 제거하여 더 갈 곳이 없어야 한다."

--- 삼과법문(三科法門)이란 세 가지로 분류한 법문이라는 말로 오온, 십이처, 십팔계를 말하는데, 모든 것이 연기(緣起)적 존재로서 실체가 없다는 것을 설명하는 것입니다. 즉 "나"라고 하는 '자아'는 오온(五蘊; 색수상행식, 色受想行識)의 연기적 모임이고, 인식이란 12처(十二處)인 6근(根, 내적 감각기관)과 6경(境, 외적 대상)의 접촉에서 일어나는 연기적 현상이고, 이 세계(계,界)는 6근과 6경 그

리고 6식(識, 의식)의 연기적 작용으로 구성된 것임을 설명하는 것입니다. 마찬가지로 삼십육대법(三十六對法)이라는 것도 상대적 개념의 상호 의존성을 말하는 것으로, 궁극적 실체란 존재하지 않으며, 일체는 서로가 서로의 원인과 결과가 되어 상호의존적으로 존재한다는 **불교의 핵심 가르침인 연기법(緣起法)**을 가르쳐 주어야 한다는 것입니다. 『잡아함경』에는 다음과 같은 구절이 있습니다. "만일 연기를 보면, 곧 법을 보는 것이요; 법을 보면, 곧 부처를 보는 것이다.(若見緣起, 即見法 ; 若見法, 即見佛)."

　진화론과 창조론의 논쟁이 있습니다. 불교는 진화론인가요? 창조론인가요? 불교는 연기론입니다. 이 진화론과 창조론은 언뜻 보면 서로 다른 주장을 하는 것 같지만 근본적으로 같은 견해에 바탕을 두고 있습니다. 둘 다 '무엇이 있다'라고 하는 유견(有見)에 바탕을 둔 '발생론적 유론'입니다. 예를 들면, 어떤 원초적인 것이 있어서 그것으로부터 모든 것이 분화되고 진화된다는 이야기나, 혹은 바다의 용궁이라는 곳에 용왕이 있는데, 이 용왕이 구름과 비 천둥과 바람을 일으킨다는 이야기나, 혹은 태양을 신으로 모시며 태양이 빛과 영(靈)을 발생하여 천지를 밝히고 모든 생물들을 보호, 소생, 번식시키는 선신(善神)으로 받드는 태양신론의 이야기 등등, 이와 비슷한 많은 이야기들이 있습니다. 즉, 어떤 물질이나 요소가 먼저 존재 한다거나, 용왕이나 태양신이나 혹은 어떤 다른 신(神)이 먼저 존재하고 그것에 기반 하여 다른 것들이 생성, 전개 된다는 주장들입니다. 그러나 현대의 과학 기술의 시대에는 이러한 발생론적 유론은 그 신빙성을 잃고 있습니다. 현대의 과학에서는 물질이나 에너지를 구성하는 가장 작은 단위를 '입자(particle)'라고 하는데, 이 입자는 그 자체로, 단독으로, 존재하는 것이 아니고, 주변 조건, 환경, 관측자와의 관계 속에서 정의된다고 합니다. 또한 '양자 얽힘'이라는 현상은 입자들이 거리와 무관하게 상호 영향을 준다는 점을 밝히고 있습니다. 어떤 것도 혼자 단독적으로, 먼저 존재할 수 없다는 말입니다. 현대에는 이 연기론이 과학적으로도 증명되어져 가고 있습니다.

● 노 행자(육조선사)가 오조(五祖)선사에게서 깨달음의 징표로 가사와 발우를 받고, 때가 될 때까지 몸을 숨기려고 떠나는데, 당시에 오조(五祖)선사 문하에서 공부하던 제자들은 아직 스님도 아닌 행자가 가사와 발우를 받았다는 사실에 놀라고 인정할 수가 없어서, 노 행자를 쫓아가는데, 그 중 출가 전 무사(武士) 출신인 혜명(惠明)스님이 가사와 발우를 빼앗으려 제일 먼저 쫓아와 노 행자를 만나는 대목이 있습니다. 본문의 내용을 인용해 보겠습니다. :

혜명(惠明)이라고 하는 승려가 있었다. 그는 원래 품계가 사품(四品) 장군이었으며, 성격이 거칠고 급했는데, 사력을 다해 쫓아 와서 무리에 제일 앞질러 혜능을 뒤 쫓았다. 혜능은 가사와 발우를 바위 위에 던지며 말했다. "이 가사는 믿음의 상징일 뿐이다. 힘으로 다툴 것이냐?" 그리고는 풀숲에 몸을 숨겼다. 혜명이 도착하여 가사를 집어 들려 하였으나 전혀 움직이지 않았다. 이에 소리쳐 불렀다. "행자(行者)여! 행자여! 나는 법을 구하러 온 것이지,

가사를 빼앗으러 온 것이 아니오!" 그러자 혜능이 나와 바위 위에 앉았다. 혜명이 예를 올리며 말했다. "행자께서 저를 위해 법을 설해 주시기를 바랍니다." 혜능이 말했다. "네가 이미 법을 구하러 왔다면, 모든 인연을 끊고 일체의 생각을 내지 말라. 그러면 내가 너를 위해 설하리라." 혜명이 침묵하며 고요히 했다.

그러자 혜능이 말했다. "선을 생각하지도 말고, 악을 생각하지도 말라. 바로 이와 같은 순간에, 그대의 본래 면목(本來面目)은 무엇인가?"

혜명은 그 자리에서 큰 깨달음을 얻었다. 그리고 다시 물었다. "방금 하신 깊은 말씀 외에, 또 다른 은밀한 가르침이 있습니까?"

혜능이 대답했다. "내가 네게 말한 것은 무슨 은밀한 것이 아니다. 네가 스스로 돌이켜 본다면, 그 은밀한 가르침은 바로 네 안에 있다."

--- 어떻게 장군 출신의 힘센 스님이 무겁지도 않은 의발(가사와 발우)을 들어 올리지 못했을까요? 이 의발(衣鉢)은 깨달음의 징표이지만, 이 의발을 가져간다고 한들, 깨달음을 얻는 것도 아니요, 지금 자신이 무엇을 하고 있는지를 반추해 보면서, 혜명스님의 양심은 발우를 들 수 없었습니다. 그러나 이렇게 쫓아 온 것은 또한 구도심의 발로인지라, 다시금 구법자로 돌아가 법문을 청하는데, 노행자(혜능)는 여기서 화두를 던집니다. "선(善)을 생각하지도 말고, 악(惡)을 생각하지도 말라. 바로 이와 같은 순간에, 그대의 본래 면목(本來面目)은 무엇인가?" 이 화두에

혜명스님은 '툭' 터져서 깨달음을 얻게 됩니다. 불교 공부는 화두를 타파해야 완성되는 것입니다. 대자유인이 된다는 것입니다. 자동차 운전면허 시험은 이론 시험이 있고, 실기 시험이 있습니다. 불교의 교리와 이론들은 이론 시험에 해당하고, 참선을 하여 화두 타파를 하는 것은 실기 시험에 해당된다고 할 수 있습니다. 이론 시험에 100점을 받는다 해도 운전을 잘 할 수는 없습니다. 물론 이론 시험도 잘 치러야 되겠습니다만, 정작 중요한 것은 실기시험을 잘 치러야 하는 것이고, 실제 생활에서 운전을 잘 해야 되는 것입니다. 차를 언제라도 어느 곳이라도 자유롭게 몰고 다니는 '자유의 운전사'가 되어야 할 것입니다. 이것을 불교에서는 '수처작주(隨處作主)'라고 합니다.

● 사춘기에는 신체적 변화가 생기는데, 단지 신체적 변화만이 있는 것이 아니라 심리적 변화가 일어납니다. 이제 집에서 밥 먹고 장난감을 가지고 놀고 TV 만화를 보고 지내는 아이가 아니라, 정신적으로 부모로부터 독립을 시도하며 자기 정체성을 탐색하는 시기가 됩니다. 그래서 이런 질문을 하기도 합니다. "그런데 내가 왜 여기 태어나서, 이렇게 살고 있지…?"

하이데거(Heidegger)라는 철학자는 이 물음에 대해 '우연히 던져진 존재'라는 표현을 하기도 했습니다. 이제 하나의 자아는 '세계 앞에 선 단독자(the individual standing alone before the world)'로서 알 수 없는 분리, 분열의 감정을 느끼며, 어떤 '알 수 없음'에 놓이게 됩니다. 이러한 자기 정체성에 대한 물음은 세상의 흐름 속에, 사회적

시스템에 매몰되며 미해결의 상태로 흘러갑니다. 이것은, 해결되지 못한 채 계속 끌어안고 가는, 근본적인 내면의 분열입니다. 이 근본적 분열이 해결되지 않은 상태에서는 진정한 행복이란 불가능한 것입니다. 혼자 있어도 분열이고, 여럿이 함께 있어도 분열입니다. 그래서 '군중 속에 고독'이라는 말도 있습니다. 키에르케고르(Kierkegaard) 라는 철학자는 '결혼은 해도 후회, 안 해도 후회'라는 말을 했다고 합니다. 궁극적인 내적 분열의 문제는 바깥 대상(사람, 물질, 명예 등)으로 채워지거나 해결될 수 있는 문제가 아닙니다. 그렇다면 어떻게 분열에서 온전함으로 갈 수 있을까요? '내적 분열로부터 원래적인 온전함으로 돌아간다'는 말을 불교에서는 이 언덕에서 저 언덕으로 (此岸 → 彼岸), 무명에서 지혜로 (無明 → 般若), 이분법에서 중도로 (二邊 → 中道), 망상에서 깨달음으로 (妄想 → 覺) 간다고 표현을 합니다. 이 반야(般若, 지혜), 깨달음을 얻는 가르침을 선(禪)에서는 '단전직지(單傳直指, 돈오견성법)'로 전하고 있습니다.

● 단전직지(單傳直指) 라는 말의 문자적 의미는 '오직 하나로 전하고, 곧바로 본성을 가리킨다.'는 뜻입니다. 즉, "문자를 세우지 않고, 가르침 밖에서 따로 전하며, 사람의 마음을 곧장 가리켜, 성품을 보아 부처가 된다는 것입니다 (불립문자 교외별전 직지인심 견성성불 不立文字, 敎外別傳, 直指人心, 見性成佛)." 그렇다면 어떻게 곧장 가리켜 부처를 보게 한다는 걸까요? 다음의 한 가지 예를 보겠습니다. 어떤 스님이 '조사께서 서쪽에서 오신 뜻'을 묻습니

다. 여기서 조사란 인도에서 선법(禪法)을 전하러 온 보리달마 스님을 말합니다. 인도에서 중국으로 오신 것은 당연히 불법을 전하러 오셨겠지요. 그래서 이 말은 그 불법의 대의(大義)가 무언지를 묻는 질문입니다.

조주 선사에게 어떤 스님이 물었습니다.
"어떤 것이 조사께서 서쪽에서 오신 뜻입니까?"
선사가 말씀하셨다. "뜰 앞에 잣나무니라."
스님이 말하였다. "화상께서는 경계(바깥대상)를 사람들에게 보이지 마십시오."
선사가 말씀하셨다. "나는 경계를 사람들에게 보이지 않노라."
스님이 다시 물었다. "어떤 것이 조사께서 서쪽에서 오신 뜻입니까?"
선사가 말씀하셨다. "뜰 앞에 잣나무니라."

'뜰 앞의 잣나무'라는 선사의 대답은, 이 스님의 물음에 대해 정확히 대답을 해 준 것입니다. 불법의 대의가 무엇인가? 에 대한 물음에 곧장 가리켜 보여주신 것입니다. 이 뜻을 알면 곧바로 견성(見性)입니다. 곧바로 알면 그것으로 된 것이고, 만약 그렇지 못하다면, 모든 것을 걸고 참구해 나가야 할 것입니다. 이 '뜰 앞의 잣나무'라는 선사의 대답은 무슨 뜻일까요? 이 화두를 타파하는 때가 실기 시험에 통과하는 때이고, 자유의 운전사가 되는 때이고, 정말 수처작주(隨處作主)가 되는 때입니다. 불교의 수행은 지관법(止觀法), 지관쌍수(止觀雙修)라고 합니다. 범어로는 사마타(śamatha) 위빠사나(vipaśyanā) 라고 합니다. 혹은 정혜쌍수(定慧雙修)라고도 합니다. 이 화두선(話頭禪)은, '어째서 뜰 앞의 잣나무라고 했는가~?'라고, 화두를 잡들이(참구) 하는 순간, 곧바로 지(止)고 곧바로 관(觀) 입니다. 곧바로 정(定)이고 곧바로 혜(慧)가 됩니다. 화두 참구법은 지관쌍수고, 정혜쌍수인 공부법입니다.

● 사람들은 저 마다 다 각양각생 입니다. 백인백색(百人百色)이라고도 합니다. 처해져 있는 상황이 다 다릅니다. 그렇지만 삶에 분명한 방향이 있어야 합니다. 내적인 방황을 한다면 그것은 아직 방향이 정해져 있지 않기 때문입니다. 불교의 가르침과 그 방향은 언제나 상구보리 하화중생(上求菩提 下化衆生) 입니다. 위로는 보리(깨달음)를 구하고, 아래로는 중생을 교화한다는 뜻입니다. 방향이 정해져야 합니다. 옳은 방향으로 가야합니다. 옳은 길이 어디인지를 물어야 합니다. 자신이 처한 인연법 속에서 최선을 다하며, 시간이 되는 대로 여러 불교 경전이나 가르침들을 배우며, 이 선(禪)의 표준, 불교 가르침의 표준이 되는『육조단경』또한 잘 이해하고 숙지하면서, 참선 공부를 해 나아가야 하겠습니다.

오조 선사가 말씀하시길, 비유컨대
물소가 (牛, buffalo) 창살을 지나갈 때에 머리, 뿔, 네 다리는 모두 빠져나왔는데, 꼬리는 빠져 나오지 못한 것과 같다.

어째서 꼬리는 빠져나오지 못했는가?

* 육조대사 법보단경 서(六祖大師 法寶壇經 序)
고균 비구 덕이가 쓰다 (古筠 比丘 德異 撰)

 무릇 묘한 도(道)는 텅 비고 그윽하여 헤아릴 수 없으니, 말을 잊고 종지를 얻어야 비로소 깨달아 밝아지는 것입니다. 그러므로 세존은 다자탑(多子塔) 앞에서 자리를 나누시고, 영산회상에서 꽃을 들어, 마치 등불이 등불을 전하듯 마음으로 마음을 인가한 것입니다.

 인도의 28대 조사(祖師) 보리달마가 이 땅에 와서 곧바로 마음을 가리켜 성품을 보아 성불하게 하였습니다. 혜가 대사가 있었는데, 처음에 언하(言下)에 깨닫고 마침내는 삼배(三拜)를 하며 골수를 얻었습니다. 옷을 전해 받고 조사(祖師)를 이어 바른 종지를 열어 펼쳤습니다.

 세 번을 전(傳)하여 황매(黃梅)에 이르는데, 회상에는 칠백 고승이 있었지만, 오직 방아 찧는 거사(居士)가 한 게송으로 옷을 전해 받고 여섯 번째 조사가 되었습니다. 남쪽으로 피해 간지 10여년이 되던 어느 날 아침에 '바람이 움직인 것도 깃발이 움직인 것도 아니다'고 한 계기(契機)로, 인종(印宗) 스님은 촉발되어 정안(正眼)을 열었습니다. 거사(혜능)는 이로 말미암아 삭발하고 계단(戒壇)에 올라, 구나발타라 삼장의 예언과도 같이, 동산법문(東山은 5祖 홍인 대사가 머문 곳으로, 5祖의 법문을 동산법문이라 한다)을 열었습니다. 위사군(韋使君, 韋성씨, 使君관직명)이 법해 선사에게 부탁하여 말씀을 기록하게 하고, 제목을 '법보단경'이라고 하였습니다.

대사는 오양(五羊;지명地名, 법성사)에서 시작하여 조계(曹溪, 보림사)에 이르기까지 37년을 설법하였고, 감로의 맛에 젖어 성인에 들고 범부를 초월한 자는 그 수를 기록할 수 없었으며, 불심종(佛心宗)을 깨달아 행해(行解)가 상응하여 선사(禪師;大知識)가 된 분들은 전등록(傳燈錄)에 실려 있는데, 오직 남악(南嶽)선사와 청원(青原)선사가 오래도록 시봉하며 그 진의(無巴鼻)를 다 얻었습니다. 그리하여 마조와 석두가 출현하고, 기개와 지혜가 원명(圓明)하여 크게 현풍(玄風)을 진작시켰습니다. 이어 임제, 위앙, 조동, 운문, 법안의 위대한 여러 선사들이 출현하였는데, 도덕이 뛰어나고 문정(門庭)이 험준(險峻)하여, 뛰어난 납자(衲子)들의 뜻을 고취시키고 관문을 뚫게 하여, 한 집안으로 깊숙이 들어가니 다섯 파가 같은 근원입니다. 풀무질과 망치질을 두루 거치니 규모가 넓고 크며, 그 오가(五家)의 강요(綱要)를 살펴보니 모두가 '단경(壇經)'에서 나온 것입니다.

이 '단경'은 말은 간결하고 뜻은 풍부하며, 이치는 명백하고 사(事)는 두두 갖추어져 있으며, 제불의 무량법문을 구족(具足)하고, 하나하나의 법문에는 무량한 묘의(妙意)가 구족되어 있으며, 하나하나의 묘의는 제불의 무량한 묘리(妙理)가 발휘되어 있으니, 곧 미륵의 누각(樓閣) 가운데 있는 것이고 보현의 모공(毛孔) 가운데 있는 것입니다. 여기에 '잘 들어가는 자(善入者)'는 곧 선재(善材)와 같이 한 생각에 모든 공덕을 원만히 하여 보현과 같고 제불(諸佛)과도 같은 것입니다.

애석하게도 '단경'은 후인들이 생략한 것이 많아서 육조의 크고 온전한 뜻을 보지 못하게 되었습니다. 내가(德

異) 어릴 적에 일찍이 고본(古本)을 본 뒤로 두루 구하기를 30여년이 되었는데, 근래에 통상인(通上人, 잘 아는 분)이 찾아낸 온전한 글(全文)을 얻어, 마침내 오중(吳中)의 휴휴선암(休休禪庵)에서 간행하여 여러 훌륭하신 분들과 함께 수용하게 되었습니다. 원컨대 오로지 책을 펼쳐 들어 보매 곧바로 대원각의 바다에 들어가 불조의 혜명을 이음이 무궁하기를 바라오니, 그리하면 나의 뜻과 소원이 만족하겠습니다.

지원(至元) 27년(1290) 경인년(庚寅歲) 2월(中春日)에 쓰다.

육조대사 법보단경을 칭송함(六祖大師 法寶壇經 贊)
송 명교대사 계숭이 쓰다(宋 明敎大師 契嵩 撰)

　　찬(贊)이라는 것은 알린다는 것이니, 경전을 발행하고 널리 알리는 것입니다. 단경(壇經)이란 지극한 사람이 그 마음을 드러낸 것입니다['지극한 사람 至人'이란 육조스님을 말하는 것으로, 이 책 내에서 ('지극한 사람'이란 육조스님과) 동일한 뜻이다]. 무엇을 마음이라 하는가? 부처님이 전하신 묘심(妙心)입니다. 크도다, 마음이여! 만물이 (이 마음에서) 비롯하여 변화하지만 항상 청정하여 범부이든 성인이든, 어둡든 밝든, 처하는 곳마다 스스로 얻지 못함이 없습니다. 성언(聖言)은 밝고 범언(凡言)은 미혹하니, 미혹함은 (근본에서) 변한 것이고, 밝음은 (근본으로) 돌아감이라, 변하고 돌아옴은 비록 다르나 묘심(妙心)은 하나입니다.

　　석가모니 부처님으로부터 마하가섭에게 전해지고, 마하가섭으로부터 서로 전해져, 서른세 번째에는 대감(大鑑, 육조 선사에게 국왕이 지어준 이름)에게 전해지고, 대감이 이를 널리 전하였습니다. 이 마음을 말하는 사람들 또한 여러 갈래인데, 본래 이름은 같지만 실체가 다른 것이 있고, 본래 뜻은 다양하지만 마음은 하나인 경우도 있습니다. (예를 들면) 혹은 혈육심(肉心者), 혹은 연려심(緣慮心), 혹은 집기심(集起心), 혹은 견실심(堅實心)이라고도 하는데, 마음작용의 마음을 표현한다면 더욱 많습니다. 이것이 소위 이름은 같지만 실체는 다르다는 것입니다. 또한

(예를 들면) 진여심(真如心), 생멸심(生滅心), 번뇌심(煩惱心), 보리심(菩提心)이라고 말하는데, 여러 경전(修多羅)에서 이와 같은 종류의 것들은 거의 셀 수 없을 정도로 많습니다. 이것이 소위 '뜻은 다양하지만 마음은 하나'라고 하는 것입니다. 뜻에는 각의(覺義)와 불각의(不覺義)가 있고, 마음에는 진심(真心)과 망심(妄心)이 있는데, 모두가 그 정심(正心)을 구별한 것입니다. 지금 단경(壇經)에서 말하는 마음이라는 것은 뜻으로는 '깨달음의 뜻(覺義)'이고, 마음으로는 '진실한 마음(實心)'입니다.

옛날 성인(석가세존)이 열반에 드실 때에 마하가섭에게 교외(敎外)에 법의 요체를 전하도록 하셨습니다. 혹시나 사람들이 자취에 머물거나 (근본에) 돌아감을 잊게 되니, 굳건히 후세에게 근본을 제시하여 지말을 바르게 하기를 바라셨던 것입니다. 그래서 열반경(涅槃經)에 "나에게 무상정법(無上正法)이 있으니, 모두 이미 마하가섭에게 부촉하였다."고 말씀하셨습니다. 하늘의 도리는 바뀜(易)에 있고, 땅의 도리는 질박(簡, 꾸밈이 없음)함에 있고, 성인의 도는 (근본) 핵심(要)에 있습니다. (근본) 핵심이란 지극히 현묘(玄妙)함을 말합니다. 성인의 도는 근본 핵심으로써, 곧 법계문(法界門)의 중추가 되고, 무량한 뜻이 회합(會合)하는 곳이고, 대승의 근본 바퀴입니다. 일찍이 법화경(法華經)에 말하지 않았습니까. : "마땅히 알라, 이 묘법(妙法)이 제불의 비밀스러운 핵심이다.", 화엄경(華嚴經)에 일찍이 말하지 않았습니까. : "적은 방편으로 속히 보리(菩提)를 이룬다."

근본 핵심이여! 그렇게, 성인의 도에 이롭고 크도다!

그러므로 단경(壇經)의 종지는 마음의 근본 핵심을 존중하여 받드는 것입니다.

마음이여! 밝은 듯 어두운 듯, 텅 빈 듯 신령하며, 고요한 듯 성성하네. 있는 물건인가? 없는 물건인가? '한 물건'이라고 말하지만 본래 만물에 가득하고, 만물이라 말하지만 본래 한 물건에 통섭되네. 한 물건이 만물이고, 만물이 한 물건이라, 이것은 가히 생각으로 헤아릴 수 있다 하겠으나, 그 헤아릴 수 없고 의론할 수 없음에 미쳐서는, 세상에서 이것을 현묘한 이해, 신령한 앎, 상대(相對)가 끊어짐, 묵연(默然)한 본체, 그윽한 통함 이라고 말합니다. 한결같이 여의고 보내며, 보내고 또 보내는 것이니, 또한 어찌 능히 그 미세한 경지에 이르겠는가. 그 과연 홀로 증득함이, 저 성인(至人)과 더불어 닮았는지를, 누가 능히 헤아릴 수 있겠습니까! 이(단경의 종지)를 널리 확장하면 가는 곳마다 불가능한 곳이 없고 (항상 적용되고), 이를 탐구하여 조정하면 마땅치 않은 바가 없습니다. 이를 본성의 증명에 적용하면, 보는 것이 지극히 친근해지고, 마음을 닦는 데 적용하면, 도달하는 바가 지극히 바르게 됩니다. 덕을 높이고 미혹을 분별하는 데 적용하면, 참된 잊음(眞忘)[1]이 쉽게 드러나고, 세속을 떠나는 데 적용하면, 불도를 빠르게 성취할 수게 되며, 이를 세상을 구하는 데 적용하면, 번뇌가 쉽게 쉬어지게 됩니다. 그러므로 이 단경(壇經)의 종지가 세상에 널리 행해지고, (세상이) 싫어하지 않는 것입니다. 사람들이 일러 말하되 '마음이 곧 부처'라 하

---

1) 여기서 진망(眞忘) = 무념(無念), 참고; 장자의 좌망(坐忘).

는데 (깨달음이) 낮은 사람들은 어찌 그리 (마음의) 양(量)을 알지 못하는가요? 부러진 송곳으로 땅을 더듬고 땅이 얕다고 여기고, 집의 새는 구멍으로 하늘을 엿보고는 하늘이 작다고 여깁니다. 어찌 하늘과 땅이 정말 그러하겠습니까? 그러므로 백가(百家)의 사상들이 비록 정말 수승하다고 하지만 (이 단경에는) 미치지 못합니다. 지인(至人)은 통달하고 꿰뚫어서 여러 경전과 합치되니, 단연코 가히 볼 수 있습니다 (분명히 알 수 있는 것입니다). 지인(至人)은 변(變)하여 통(通)하니, 미리 정해진 (기존의) 개념이 아니므로, 가히 측량하기 어렵습니다. 그러므로 그가 드러내어 말할 때는 도리와 뜻이 있지만, 깊은 설법에는 머리도 꼬리도 없습니다. 천성이 영리한 자는 깊은 뜻을 얻고, 천성이 둔한 자는 얕은 뜻만을 얻으니, 어찌 헤아리며 어찌 논할 수 있겠습니까? 부득이하여 비유하자면, 곧 원돈교(圓頓教)이고, 최상승(最上乘)이고, 여래청정선(如來之淸淨禪)이며, 보살장(대승불교)의 정통입니다. 논하는 자들은 이를 현학(玄學)이라 부르니, 또한 자세한 표현이 아니겠습니까! 세상 사람들이 이를 종문(宗門)이라 부르니, 또한 마땅하지 않겠습니까!

　　단경(壇經)에서 "정(定)과 혜(慧)를 근본으로 한다."고 하였는데, 이는 도(道)로 나아가는 첫걸음입니다. 정(定)이란 고요함이요, 혜(慧)란 밝음이라, 밝음으로써 관찰하고, 고요함으로써 안정시키며, 그 마음을 안정시킴으로서 마음의 본성을 체득할 수 있으며, 그 도(道)를 관(觀)함으로써 가히 도(道)를 말할 수 있습니다.

　　일행삼매(一行三昧)란 법계가 하나의 모습(一相)임을

말합니다. 말하자면 만선(萬善)이 비록 다르나 일행(一行)으로 귀결되어 다스려집니다. 무상(無相)을 체(體)로 삼는 것이 가장 존귀한 계율(大戒)이고, 무념(無念)을 종지(宗)로 삼는 것이 가장 존귀한 선정(大定)이며, 무주(無住)를 근본으로 삼는 것이 가장 존귀한 지혜(大慧)입니다. 무릇 계정혜(戒定慧)는 삼승(三乘)이 통달한 도(道)이고, 묘심(妙心)이란 계정혜의 큰 바탕입니다. 하나의 묘심으로 세 법(戒定慧)을 통섭함으로 '크다(大)'고 합니다. 무상계(無相戒)란 그것이 반드시 바른 깨달음을 계(戒, 이루어 지게)합니다. 네 가지 서원(四弘願)이란, 제도하기를 원하는 것으로 괴로움을 제도하는 것이고, 끊기를 원하는 것으로 (괴로움의 원인인) 집(集)을 끊는 것이고, 배우기를 원하는 것으로 도를 배우는 것이고, 이루고자 하는 것으로 적멸을 이루는 것입니다. 멸(滅)이란 멸할 것이 없는 것이라 끊지 못할 것이 없고, 도(道)란 도라 할 것이 없으므로 건너가지(度) 못할 것이 없습니다. 무상참(無相懺)이란 참회하되 참회할 바가 없는 것이요, 삼귀계(三歸戒)란 그 하나로 돌아가는 것이고, 하나라는 것은 삼보가 나온 곳입니다. 마하반야를 설(說)한다는 것은 그 마음의 지극한 중도를 말하는 것이고, 반야라는 것은 성인의 방편이고 성인의 큰 지혜로서 방편이고 실상입니다. 천하는 (반야의) 고요함으로 가히 그 모든 악(惡)을 멸할 수 있고, 천하는 반야의 밝음으로 가히 모든 선(善)을 모을 수 있으며, 천하는 반야의 방편으로 가히 큰 유위(大有為)의 작용을 이룰 수 있고, 천하는 반야의 실상으로 가히 큰 무위(大無為)의 경지를 실현할 수 있습니다. 참으로 지극하도다, 반야여! 성인의 도는 무릇 반야가 아니면 밝히지 못하고 이룰 수 없습니다. 천하의 모든 일은 반야가 아니면 적절하지 않고 마땅하지 않습니다. 지인(至人)의 행함은 반야로서 떨쳐지니 또한 멀리 나아가는 것(높고 깊음)이 아니겠습니까! 이 법은 최상근기(上上根人)의 사람들에게 설해짐으로, 그에 마땅한 것입니다. 가벼운 것을 중히 쓰면 이겨내지 못하고, 큰 법을 작은 그릇에 담으려 한다면 넘치게 됩니다. 예로부터 말없이 전해진 것이니 은밀히 설(說)해졌다는 것입니다. 은밀하다 함은 말없이 몰래 깨닫는다(闇證)는 것이 아니라 참되고 깊다는 뜻입니다. 이 법을 알지 못하고 제멋대로 비방하고 헐뜯으면 백겁 천생토록 불종성(佛種性)을 끊는 사람이라고 말해지는데, 세상 사람들이 그 마음을 잃지 않도록 하기 위한 것입니다.

위대하다. 단경을 지음(作)이여! 그 근본이 바르고 그 자취가 효과적이며, 그 원인이 참되며, 그 결과가 그릇되지 않도다. 이전의 성인도, 이후 성인도 이처럼 일으키시고, 이처럼 보여주시고, 이처럼 돌아가신다. 그 넓고도 충만함이여, 마치 큰 강물이 흐르는 것 같고, 마치 허공이 막힘없이 통하는 것 같으며, 마치 해와 달처럼 밝고, 마치 형체와 그림자가 장애 없이 함께하는 것 같으며, 마치 기러기가 점차 날아가며 질서를 이루는 것 같도다. 묘하게 그것을 얻게 됨을 근본(本)이라 하고, 미루어 그것을 쓰는 것을 자취(迹)라고 합니다. 그 시작이 아닌 것으로서 시작하니 이를 원인(因)이라 하고, 그 이루지 않음으로서 이루는 것을 결과(果)라고 합니다. 결과가 원인과 다르지 않으니 이를 바른 결과(正果)라고 하고, 원인이 결과와 다르지 않으니, 이를 바른 원인(正因)이라고 합니다. 자취는 반드시 근본을 돌아보니 이를 일러 대용(大用)이라 하고, 근본은 반드시 자취를 돌아보니 이를 일러 대승(大乘)이라 합니다. 승(乘)이라는 것은 성인이 도를 비유하신 것이고, 용(用)이라는 것은 성인이 가르침을 일으키신 것입니다. 무릇 성인의 도(道)는 마음보다 지극한 것이 없고, 성인의 가르침(敎)은 닦음(修)보다 지극한 것이 없습니다. 정신을 고루어서 도에 들어감은 일상지관(一相止觀)보다 지극한 것이 없고, 선(善)을 좇아 덕을 이루는 데는 일행삼매(一行三昧)보다 지극한 것이 없습니다. 모든 계율의 바탕으로서는 '무상(無相)'보다 지극한 것이 없고, 모든 선정(定)을 바로 세우는 데에는 '무념(無念)'보다 지극한 것이 없고, 모든 지혜를 통달함에는 '무주(無住)'보다 지극한 것이 없습니다. 선을 일으키고 악을 소멸함에는 '무상계(無相戒)'보다 나은 것이 없으며, 도를 두텁게 하고 덕을 펼침에는, 사홍서원(四弘誓願)보다 더 지극한 것이 없습니다. 허물을 잘 살피는 데에는, 무상참회(無相懺)보다 더 지극한 것이 없고, 바르게 나아가는 데에는, 삼귀의계(三歸依戒)보다 더 지극한 것이 없습니다. 큰 체(體)를 바르고(正), 대용(大用)을 짓는 데는 큰 지혜(大般若)보다 더 지극한 것이 없고, 큰 신심을 내고 대도(大道)를 힘써 실천하는 데에는, 큰 뜻(大志)보다 더 지극한 것이 없습니다. 세상의 이치를 궁구하고 본성을 다하는 데에는, 묵전(默傳)보다 더 지극한 것이 없고, 마음에 허물이 없고자 한다면 비방하지 않는 것보다 더 좋은 것이 없습니다. 정혜(定慧)는 도(道)에 들어가는 기초이고, 일행삼매(一行三昧)는 덕(德)의 단서(端緖)

입니다. 무념(無念)의 종지는 해탈을 일컫는 것이고, 무주(無住)의 근본은 반야(般若)를 일컫는 것이고, 무상(無相)의 본체는 법신(法身)을 일컫는 것입니다. 무상계(無相戒)는 계의 으뜸이고, 사홍서원(四弘誓願)은 서원의 극치이고, 무상참(無相懺)은 참회의 지극함입니다. 삼귀계(三歸戒)는 참된 귀의처이고, 큰 지혜는 성인과 범부의 큰 규범입니다. 상상근기를 위하여 설하심은 곧바로 설함이고, 묵전(默傳)은 전함의 지극함이며, 비방을 경계함은 계(戒)의 마땅함입니다.

    무릇 묘심(妙心)이란, 닦아서 이루는 것이 아니며, 증득하여 밝히는 것이 아닙니다. 본래 이루어져 있는 것이며, 본래 밝은 것입니다. 밝음을 미혹한 자가 다시 밝음으로 돌아가기에 그것을 '증득'이라 하고, 이루어진 것을 등진 자가 다시 이루기에 그것을 '수행'이라 합니다. 닦지 않으면서도 닦는 것이기에 이를 '바른 수행(正修)'이라 하고, 밝히지 않으면서도 밝히는 것이기에 이를 '바른 증득(正證)'이라고 합니다. 지인(至人)은 어둑하고 조용하여 그 위의(威儀)가 드러나지 않지만, 덕을 이루어 행함이 훈훈하게 널리 퍼집니다. 지인은 힘이 없는 듯 하고, 지니고 있는 것이 없는 듯하지만 도는 천하에 드러납니다. 아마도 바른 닦음으로서 닦고 바른 증득으로써 증득하기 때문입니다. 이에 이르러 말하기를, "닦음도 없고 증득(證)함도 없으며, 인(因)도 없고 과(果)도 없다" 하며, 자질구레한 것들을 억지로 파헤치고 그 이론들을 다투는데, 지인(至人)의 뜻과는 어긋나는 것입니다. 아! 계정혜(戒定慧)를 놓아버리면 반드시 흐릿하고 막연한 공(空)을 향해 달리니 그러면 나도 어찌할지 모르겠습니다. 더 심한 것은, 중생들이 집착에 빠지는 마음과 들뜬 의식으로, 식(識)과 업(業)이 서로를 타고 여러 메아리를 따라가매, 한 번도 멈추지를 않습니다. 형상을 본뜨고 모양을 만들며, 사람과 사물이 함께 생겨나며 천지간에 어지러이 얽혀있으니 가히 다 셀 수 있겠습니까? 사람의 형상을 얻은 자는 참으로 만의 하나 인데, 사람으로 능히 깨닫는다면 얼마나 그것은 드문 일이겠습니까! 성인은 이를 생각하여 비록 많은 뜻으로 펼치지만 천하는 오히려 밝지 못한 바가 있고, 성인이 이를 구하려고 비록 많은 방편으로 다스리려 하지만 천하는 오히려 깨닫지 못하는 바가 있습니다. 현명하다는 자는 지혜로 인해 어지럽고 어리석은 자는 무지로 인해 막히며, 평범한 사람들은 아무런 생각이 없음으로 인해 혼미합니다. 급기야 대상에 감응하여 발(發)할 때에는 기뻐하고, 분노하며, 슬퍼하고, 즐거워하매, 더욱 가려지고 만 갈래로 흐릿합니다. 마치 밤길을 가면서 도착할 곳을 알지 못하는 것과 같아서, 성인의 말씀을 계승함에 곧 계교하고 넓혀서 마치 안개에 덮인 채 멀리 바라보는 것과 같습니다. '있다'고도 하고, '없다'고도 하며, '있지 않다'고도 하고, '없지 않다'고도 하며, '또한 있다'고도 하고, '또한 없다'고도 합니다. 보지 못함으로 인해 도리어 가려지고 굳어져서 종신토록 그 분명함을 얻지 못합니다. 바다는 물이 있음으로써 있는 것인데, 물고기와 용이 죽고 사는 것은 바다에 있지만 물을 보지 못합니다. 도는 마음이 있음으로써 있는 것인데, 그 사람이 종일 도를 말하지만 마음을 보지 못합니다. 아, 슬프도다! 마음이 본래 미묘하고, 깊이 아득하여 밝히기 어렵고 다가가기 어려움이 이와 같구나.

　성인께서 이미 입적하시고, 세상에 백 세대에 걸쳐 비록 글로 전해졌으나, 그 분명한 증험을 얻지 못하였습니다. 그러므로 『단경(壇經)』에서 종지를 들어, 이에 곧바로 그 마음을 보이니, 천하 사람들이 비로소 성품과 생명(性命)의 바름을 알게 되었습니다. 마치 구름과 안개를 헤치고 홀연히 맑고 푸른 하늘을 보는 것과 같고, 태산에 올라 보매 확 트인 것과 같습니다. 왕씨가 세상의 책과 견주어 말하길 "제나라(齊, 실리와 세속의 시대)가 한 번 변하면 노나라(魯, 도덕과 예법의 시대)가 되고, 노가 한 번 변하면 도(道, 진리와 깨달음 / 공자에게는 인仁의 정치 질서)에 이른다."했는데, 이 말이 그 뜻에 가깝습니다.

　열반경(涅槃經)에 이르기를 "처음 녹야원에서 발제하에 이르기까지 중간 50년에 일찍이 한 글자도 설한 적이 없다"는 것은 법(法)이 문자가 아님을 보이신 것이고, 문자로서 그 가르침을 구하는 것을 막으신 것입니다. 가로되 "법에 의지하고 사람에 의지하지 말라"는 것은, 법은 참되고 사람은 허망하기 때문입니다. 가로되 "의미에 의지하고 언어에 의지하지 말라"는 것은, 의미는 실다운 것이지만 언어란 허망하기 때문입니다. 가로되 "지혜에 의지하고, 식(識)에 의지하지 말라"는 것은 지혜는 지극한 것이지만, 분별하는 식은 망상에 불과하기 때문입니다. 가로되 "료의경(了義經, 궁극적 진리를 설하는 경전)에 의지하고 불료의경(不了義經, 방편적이고 불완전한 설명의 경전)에 의지하지 말라"는 것은 료의경은 이치를 다 밝혔기 때문입니다. 그리고 보살이 이른바 "대열반을 베풀어 설하였다"는 것은, 스스로 설한 것이 경전과 같다는 뜻입니다. 성인께서 이른바 "네 사람이 세상에 나와(즉 사의四依; 依法, 依義, 依智. 依了義經) 정법을 수호하니 마땅히 증득하여 알아야 한다."고 하셨는데, 응당 마땅히 증득하여 알아야 하는 것이므로 지인(至人)은 근본을 미루어 그 지말을 바르게 하는 것입니다. 스스로 설함이 경(經)과 같으므로 지인(至人)이 경(經)을 설하면 경(經)과 같은 것입니다. 의미에 의지하고(依義) 료의경에 의지하므로(依了義經), 지인(至人)이 드러내어 설함(顯說)은 의미에 합하고, 경전에 합치됩니다. 법에 의지하고(依法) 지혜에 의지하므로(依智), 지인은 비밀스럽게 설하시되 변하고 통함이 참으로 막히지 않습니다. 법을 보이는 것이 문자(文字)가 아니므로 지인(至人)의 종지는 묵전(默傳)을 숭상합니다. 성인은 봄이 양육하듯 발(發)하고, 지인(至人)은 가을처럼 맑게 성숙 시킵니다. 성인이 명(命)하면 지인은 이를 본받으며, 지인은 본래 성인의 문하에서 뛰어난 덕과 특별한 공훈을 세운 분입니다.

　　무릇 지인(至人)이란, 처음에는 미미한 데서 일어나 스스로 세속의 문자(文字)를 알지 못한다고 하였습니다. 그러나 그가 지인에 이르게 되었을 때에는, 단 한 자리의 말(一席之說)로써 도(道)를 드러내어 세상을 구하였으니, 대성인(大聖人)의 행함과도 부합함이 부절(符契)을 맞춘 듯 하였습니다. 본래 그 심오한 덕성과 지극한 지혜는 타고난 것이니, 어찌 자신의 법(法)을 드러내 보이고자 일부러 '문자를 모른다'고 한 것이겠습니까?[2] 세상을 떠난 지 거의

---

2) 이것은 두 가지 의미로; 1. 일부러 꾸며서 무식한 척 연출한 것이 아니다. 2. 깨달음이라는 것이 지식이나 이해의 문제가

사백 년이 지났으나, 그 법은 사해에 흘러 멈추지 않고, 제왕이든 성현이든 삼십 대를 거치며 그 도를 구하고 더욱 공경하였습니다. 만약 그가 대성인의 경지에 이르지 못하였다면, 하늘도 이미 오래전에 그를 싫어하였을 것이니, 어찌 이처럼 될 수 있었겠습니까? 비록 제가 진실로 그 도를 다 깨닫지는 못하였으나, 다만 모기와 하루살이가 바닷물을 마시듯 미약하게나마 그 맛을 볼 수 있었을 뿐입니다. 이에 감히 머리를 조아려 이를 펼쳐 후학들에게 전하고자 합니다.

아니라 체험의 문제(영역)다.

육조대사법보단경(六祖大師法寶壇經)

風旛報恩光孝禪寺住持嗣祖比丘宗寶編
바람과 깃발, 은혜에 보답하는, 광효 선사의 주지, 조사를 계승하는, 비구, 종보가 편찬하다3)

1. 행유품(行由品): 행적의 연유

그때 대사께서 보림사(寶林寺)에 이르셨다. 소주(韶州)의 자사(刺史, 벼슬이름) 위거(韋璩)와 관료들이 산속으로 스님을 모시러 와서, 성(城) 안의 대범사(大梵寺) 강당으로 나오시어 대중에게 법을 설해 주시길 청하였다. 스님께서 법좌에 오르시자, 자사(刺史)와 관료 30여 명, 유학자 30여 명, 스님과 일반 신도들 1,000여 명이 한자리에 모여 예를 올리며, 법의 요지를 듣기를 원하였다.

대사께서 대중에게 말씀하셨다. "여러분! 보리(菩提, 깨달음)의 자성은 본래 청정하니, 단지 이 (청정한) 마음을 사용하면 곧 부처가 되는 것입니다. 여러분! 잠시 저(惠能)의 수행해 온 과정과 법을 얻은 인연을 들어 보십시오. 저의 아버지 고향은 범양(范陽)이며, 관직을 빼앗기고 영남(嶺南)으로 유배되어 신주(新州)의 백성이 되었습니다. 저는 불행하게도 아버지를 일찍 여의었고, 어머니는 홀로 남아 남해(南海)로 이사하여, 어렵고 가난한 생활 속에서 시

---

3) 광효사는 '비풍비번(非風非幡)'의 화두를 낳은 곳이며, 혜능 스님의 삭발수계 도량이다. 옛 이름은 법성사.

장에서 땔감을 팔았습니다. 그때, 한 손님이 땔감을 사서 여관에 가져다 달라고 하였습니다. 손님에게 나무를 건네고 돈을 받아 문 밖으로 나올 때에, 한 손님이 경전을 읽는 것을 보았는데, 그때 경전의 말씀을 한번 듣고 곧장 마음이 열려 깨달음을 얻었습니다. 그래서 물었습니다. '손님은 어떤 경전을 읽고 계십니까?' 손님이 대답했습니다. '《금강경》입니다.' 또 물었습니다. '어디서 오셨기에 이런 경전을 가지고 있습니까?' 손님은 대답했습니다. '나는 기주 황매현 동선사(東禪寺)에서 왔습니다. 그 절은 오조 홍인대사가 주석하며 교화하시는데, 제자가 천여 명 있습니다. 나도 그곳에 가서 예배하고 이 경을 듣고 받았습니다. 대사께서는 항상 승속(僧俗)에게 다만 《금강경》의 뜻을 지니면, 그대로 스스로 성품을 보아 곧장 부처를 이루어 마친다고 하셨습니다.' 저는 이 말을 듣고 숙세의 인연이 있음을 알았습니다. 때마침 그 손님이 은 10냥을 저에게 주며, 그것으로 어머니의 의식비를 충당하고, 곧바로 황매에 가서 오조를 참배하라고 하였습니다."

저는 어머니가 편히 계시도록 하며 작별을 하고 떠나서 30여 일이 지나지 않아 황매에 도착하여 오조(五祖)에게 예배드렸습니다. 오조께서 물으셨습니다. "너는 어디 사람이고, 무엇을 구하고자 하느냐?"

제가 답했습니다. "제자는 영남(嶺南) 신주(新州) 백성으로, 먼 길을 와서 스승께 예배드립니다. 다만 부처가 되고자 할 뿐, 다른 것은 구하지 않습니다."

오조께서 말씀하셨습니다. "네가 영남 사람이면 야만인(獦獠)인데, 어떻게 부처가 될 수 있겠느냐?"

제가 답했습니다. "사람에게 남쪽과 북쪽의 구분은 있을지라도, 부처의 성품(佛性)에는 본래 남북이 없습니다. 야만인의 몸이 비록 스님과 다를지라도, 부처의 성품에 무슨 차이가 있겠습니까?"

오조께서 더 말씀하시려 하였으나, 많은 제자들이 주위에 있음을 보고, 저에게 대중을 따라서 일을 하라고 말씀하셨습니다.

제가 여쭈었습니다. "스님, 제자는 본래 마음에서 항상 지혜가 생기며, 본성을 떠나지 않는 것이 곧 복전(福田)이라 생각합니다. 스님께서는 저에게 어떤 일을 맡기시고자 하십니까?"

오조께서 말씀하셨습니다. "이 야만인은 근기가 매우 뛰어나구나! 다시는 말하지 말고 방앗간으로 가거라."

저는 뒷마당으로 가서 한 수행자의 지시에 따라 장작을 패고 절구를 밟아 곡식을 찧는 일을 하였습니다. 8개월이 지난 어느 날, 오조께서 갑자기 저를 찾아와 말씀하셨습니다. "나는 네가 법을 볼 수 있는 경지에 이르렀음을 알고 있었지만, 악한 사람들이 너를 해칠까 두려워 일부러 너와 말을 나누지 않았다. 너도 알고 있었느냐?"

제가 답했습니다. "제자 역시 스승님의 뜻을 알고 있었습니다. 감히 법당 앞에 나아가지 않고, 사람들이 알아차리지 못하게 지냈습니다."

어느 날, 오조(五祖)께서 모든 문도를 불러 말씀하셨다. "내가 너희에게 말하노니, 세상 사람들에게 있어 생사의 문제는 가장 큰일이다. 그런데 너희들은 하루 종일 복전(福田)만을 구할 뿐4), 생사의 고해(苦海)에서 벗어나려

하지 않는구나. 만약 스스로의 본성을 깨닫지 못한다면, 복이 어찌 너희를 구제할 수 있겠느냐? 너희들은 각자 가서 자신의 지혜를 살펴보고, 본래 마음속의 반야(般若, 지혜)의 본성을 찾아 한 편의 게송(偈頌, 깨달음을 표현한 시)을 지어 나에게 가져오너라. 만약 그 뜻을 크게 깨달은 자가 있다면, 내가 그에게 법(法)과 가사를 전하여 제6대 조사가 되게 하리라. 매우 급하니 빨리 가라, 결코 지체해서는 안 된다. 생각으로 헤아려서 되는 것이 아니니라. 본성을 깨달은 사람이라면, 한마디의 말에도 즉시 깨달음을 얻을 것이다. 만약 그러한 경지에 이른다면, 설령 칼날이 빙빙 도는 전쟁터 한가운데에서도 본성을 볼 수 있을 것이다."(이 말씀은 근기가 예리한 자를 가리키는 비유이다.)

    제자들은 분부를 받고 물러나 서로 말하였다. "우리 같은 사람들이 굳이 마음을 가다듬고 게송을 지어 스승께 올린다고 한들, 무슨 소용이 있겠는가? 지금 신수(神秀) 상좌(上座)께서 이미 교수사(敎授師)로 계시니, 분명히 그분이 조사의 지위를 받을 것이다. 우리가 괜히 게송을 지어 보인다고 해도 헛되이 힘을 낭비하는 것뿐이다." 이 말을 들은 다른 이들도 모두 마음을 접고 말하였다. "우리야말로 장차 신수 스승을 따를 터인데, 무엇하러 애써 게송을 지으려 하겠는가?"

    이때 신수 스님은 홀로 깊이 생각하였다. '다른 사람들이 게송을 올리지 않는 것은, 내가 그들의 교수사이기 때문이다. 그러니 나는 반드시 게송을 지어 스승께 올려야

---

4) 단순히 불공을 드리거나 선행을 베푸는 것에만 집착하고, 깨달음을 얻어 자유인이 되고자 노력하지 않는 태도.

한다. 만약 올리지 않는다면, 스승께서 어찌 나의 깨달음의 깊이를 아실 수 있겠는가? 내가 게송을 올리는 것이 법을 구하기 위한 것이면 옳은 일이지만, 만약 조사의 지위를 얻고자 하는 마음이 있다면 그것은 그릇된 것이다. 그것은 도리어 범부의 마음과 다름없이 성인의 지위를 빼앗으려는 것과 무엇이 다르겠는가? 하지만 만약 게송을 올리지 않는다면, 끝내 법을 얻지 못할 것이다. 아, 어렵구나, 어려워!'

오조(五祖)의 법당 앞에는 세 칸짜리 복도가 있었는데, 마침 공봉(供奉)5) 노진(盧珍)에게 《능가경(楞伽經)》변상도(變相圖)와 오조의 법맥도(法脈圖)를 그려 후대에 전하고 예경하도록 하려 하였다. 이때 신수(神秀)는 게송을 완성한 뒤 여러 차례 스승께 올리려 했으나, 법당 앞에 이르기만 하면 마음이 흔들리고 온몸에 땀이 흘러 결국 올리지 못하였다. 이렇게 앞뒤로 나흘 동안, 열세 번이나 게송을 올리지 못하였다.

그러자 신수는 스스로 생각하였다. '차라리 복도 벽에 써 두고 스승께서 보시도록 하자. 만약 스승께서 이 게송을 좋다고 하시면 나아가 예배드리며, 이것이 제가 지은 것이라 말씀드리면 될 것이다. 하지만 만약 보잘것없다고 하시면, 이것은 내가 괜히 산속에서 수년 동안 머물며 사람들의 예배를 받았을 뿐일 터이니, 더 이상 무슨 수행을 할 수 있겠는가?'

그날 밤 삼경(三更, 밤11~01시)이 되어, 아무도 모르

---

5) 관직(官職) 이름

게 스스로 등불을 들고 남쪽 복도 벽에 게송을 써서 자신의 깨달음을 표현하였다. 게송은 다음과 같았다.

몸은 보리수[6]요 (身是菩提樹),
마음은 밝은 거울대[7]라 (心如明鏡臺).
때때로 부지런히 털고 닦아 (時時勤拂拭)
티끌과 먼지가 묻지 않게 하라 (勿使惹塵埃).

신수(神秀)는 게송을 쓴 후, 곧바로 방으로 돌아갔으나, 사람들은 그가 무엇을 했는지 알지 못했다. 신수는 다시 생각했다. "내일 오조께서 이 게송을 보시고 기뻐하시면, 그것은 내가 법과 인연이 있다는 뜻일 것이다, 그러나 만약 미흡하다고 하신다면, 그것은 다름 아닌 내가 미혹되어 숙업(宿業)의 장애가 크기 때문에 법을 얻을 수 없는 것일 게다. 성스러운 뜻은 가늠하기 어렵구나!" 방 안에서 생각에 잠겨, 앉고 눕고 하여도 마음이 편하지 않았다. 그렇게 밤을 새워 오경(五更, 새벽 3~5시)까지 계속되었다. 오조는 이미 신수가 아직 문(門)에 들어오지 못하고 자성(自性)을 깨닫지 못한 것을 알고 있었다.

날이 밝자, 오조(五祖)께서 화공(畵工)인 노공봉(盧供奉)을 불러 남쪽 복도의 벽에 변상도(變相圖)를 그리도록 하셨다. 그런데 뜻밖에도 벽에 적힌 게송(偈頌)을 발견하고

---

[6] 부처님이 보리수 아래에서 깨달음을 얻으셨다 하여 '수행과 깨달음'을 상징함 (깨달음이 이루어지게 되는 나무).
[7] 명경대(明鏡臺) 혹은 거울대(鏡臺)란 단순히 비추는 거울이 아니라, 거울이 놓여 있는 바탕, 즉 '기반'을 의미한다.

말씀하셨다. "공봉(供奉)은 굳이 그림을 그릴 필요가 없겠소. 멀리서 수고스럽게 와 주었는데 헛수고하게 되었구려. 경전에 이르기를,『모든 형상 있는 것은 다 허망한 것이다.』라고 하였소. 그냥 이 게송을 그대로 남겨두고, 사람들이 이를 외우고 간직하게 하면 되겠소. 이 게송에 따라 수행하면 악도(惡道)에 떨어지지 않을 것이며, 이 게송에 따라 수행하면 큰 이익을 얻을 것이오." 그리고 문도들에게 향을 사르고 공경히 예배한 후, 모두 이 게송을 암송하게 하셨다. 문도들이 게송을 외우면서 모두 감탄하며 찬탄하였다. "참으로 훌륭하구나!"

　　어느 날 밤 삼경(三更)에 오조(五祖)께서 신수(神秀)를 법당으로 불러 물으셨다. "이 게송(偈頌)은 네가 지은 것이냐?" 신수가 대답하였다. "참으로 제가 지은 것입니다. 감히 조사의 자리를 구하고자 한 것은 아니오니, 부디 스님께서 자비를 베푸시어, 제자가 조금이나마 지혜가 있는지 살펴 주십시오."

　　오조께서 말씀하셨다. "네가 지은 이 게송은 아직 본성을 보지 못한 것이다. 이는 문밖에 다다랐을 뿐, 문 안으로 들어오지는 못한 것과 같다. 이러한 깨달음으로는 무상보리(無上菩提, 최고의 깨달음)를 구해도 이를 수 없느니라. 무상보리는 한마디 말 속에서 스스로 본래 마음을 깨닫고, 스스로의 본성을 보아 그것이 생멸(生滅)이 없음을 알아야 한다. 언제나 생각 생각에 스스로 만법이 걸림이 없음을 보니, 하나가 참되니 일체가 참되고, 만 가지 경계가 스스로 여여(如如, 그대로 그러) 하며, 여여(如如)한 그 마음이 바로 진실한 것이다. 만약 이와 같이 본다면, 그것이 곧 무상보리의 본래 성품이다. 너는 당분간 가서 하루 이틀 동안 더 깊이 생각하고, 다시 한 편의 게송을 지어 나에게 가져오너라. 만약 그 게송이 문 안으로 들어올 수 있다면, 너에게 가사와 법을 전해 주겠다."

신수는 예를 올리고 물러났다. 그러나 며칠이 지나도록 새로운 게송을 완성하지 못하고, 마음이 혼란스러워지고 정신이 불안해졌다. 마치 꿈을 꾸는 것처럼 어지러웠고, 앉으나 서나 편치가 않았다.

어느 날, 이틀이 지난 후, 한 동자가 방앗간을 지나가며 신수(神秀)의 게송을 외우고 있었다. 혜능(惠能)은 그 소리를 듣자마자, 그 게송이 아직 본성을 보지 못한 것임을 알아차렸다. 비록 가르침을 직접 받아본 적은 없었으나, 이미 그 뜻을 깊이 이해하고 있었다. 혜능이 동자에게 물었다. "네가 외우고 있는 게송이 무엇이냐?" 동자가 대답했다. "너 같은 야만인은 알 리가 없지. 대사(五祖)께서 말씀하시길, '세상 사람들에게 있어 생사의 문제는 가장 큰일이다. 가사와 법(法)을 전하고자 하니 너희들은 게송을 지어 보이라. 만약 그 뜻을 크게 깨달은 자가 있다면, 그에게 법을 전할 것이다.'하셨는데, 신수 상좌께서 남쪽 복도 벽에 무상(無相)의 게송을 써 놓았고, 대사께서는 모든 사람이 그 게송을 외우게 하셨소. 이 게송을 따라 수행하면, 악도(惡道)에 떨어지지 않으며 큰 이익을 얻게 된다 하셨소."

혜능이 말했다. (다른 책본에는 '나 또한 이 게송을 외워서 내생(來生)의 인연을 맺고 싶다'라는 문장이 있음.) "상인(上人)[8]이여! 저는 이 방앗간에서 8개월 넘게 일했지만,

한 번도 법당 앞에 나가 본 적이 없습니다. 부디 저를 게송 앞까지 인도하여 예배드릴 수 있도록 해주십시오." 그러자 동자는 혜능을 게송이 쓰여 있는 벽 앞까지 데려갔고, 혜능은 게송을 향해 절을 올렸다. 그리고 말했다. "나는 글을 알지 못하니, 상인께서 읽어주시면 감사하겠습니다." 마침 그곳에 강서(江州)의 별가(別駕, 지방 관직)로 있던 장일용(張日用)이라는 사람이 있었는데, 그는 큰 소리로 게송을 읽어주었다. 혜능이 다 듣고 난 후 말했다. "저도 한 편의 게송을 지었으니, 별가님께서 써주실 수 있겠습니까?"

별가가 말했다. "네가 게송을 짓는다고? 그것 참 희한한 일이로군." 그러자 혜능이 별가에게 말했다. "무상 보리를 배우고자 한다면, 초학자를 가벼이 여겨서는 안 됩니다. 가장 낮은 지위에 있는 사람도 가장 높은 지혜가 있을 수 있으며, 가장 높은 지위에 있는 사람도 뜻과 지혜가 없는 사람이 있을 수 있습니다. 만약 사람을 업신여긴다면, 무량무변한 죄를 짓는 것입니다." 이에 별가가 말했다. "그럼 게송을 외우시게, 내가 그것을 쓰도록 할 테니. 만일 자네가 법을 얻게 되면, 제일 먼저 나를 제도해 주게. 이 말을 잊지 말게." 그리하여 혜능이 게송을 읊었다.

보리는 본래 나무가 없고 (菩提本無樹),
명경(明鏡) 또한 명경대(臺)에 있는 것이 아니네 (明鏡亦非臺).

---

8) 승려를 높여 이르는 말

본래 한 물건도 없는데 (本來無一物),
어디에 티끌과 먼지가 일겠는가 (何處惹塵埃)?

    이 게송이 써지자, 대중들은 모두 깜짝 놀라며 감탄하지 않는 이가 없었다. 서로 말하며 이르기를, "놀랍구나! 사람을 외모로만 판단해서는 안 되겠구나. "어찌 이렇게 오랫동안 그가 보살임을 알아보지 못했단 말인가?" 하였다. 오조(五祖)는 사람들이 크게 놀라며 수군거리는 것을 보고, 혹여나 누군가 혜능에게 해를 가할까 염려하여, 신발로 게송을 문질러 지워버리며 말씀 하셨습니다. "아직 본성을 보지 못하였다." 대중들은 그 말을 듣고 모두 그러하다고 여겼다.
    다음 날, 오조(五祖)께서 몰래 방앗간으로 가서 보니, 혜능(惠能)이 허리에 돌을 매고 방아를 찧고 있었다. 오조가 말씀하셨다. "도를 구하는 사람은 법을 위해 몸을 잊어야 하는 것인데, 마땅히 (너는) 그와 같은가?" 그러고 나서 물으셨다. "쌀이 다 익었느냐?"
    혜능이 대답하였다. "쌀은 오래전에 익었으나, 아직 체로 쳐내는 것이 부족합니다."
    오조는 지팡이로 절구를 세 번 치고 떠나셨다. 혜능은 곧장 오조의 뜻을 깨닫고, 밤 삼경(三更)에 방으로 들어갔다. 오조는 가사를 둘러쳐 가리고 아무도 보지 못하게 한 후, 《금강경》을 설하였다. 그러다 "머무는 바 없이 그 마음을 낸다(應無所住而生其心)"는 구절에 이르자, 혜능은 그 자리에서 크게 깨달았다; "일체의 만법이 자신의 본성에서 떠나지 않는 구나!" 그리하여 오조께 아뢰었다. :

어찌 알았으리오, 자성(自性)이 본래 청정한 줄을!
어찌 알았으리오, 자성이 본래 나지도 멸하지도 않는 줄을!
어찌 알았으리오, 자성이 본래 구족(具足)한 줄을!
어찌 알았으리오, 자성이 본래 흔들림이 없는 줄을!
어찌 알았으리오, 자성이 능히 만법을 낳는 줄을!

오조께서는 혜능이 본성을 깨달은 것을 아시고 말씀하셨다. "본래 마음(本性)을 알지 못하면, 법을 배워도 소용이 없느니라. 만약 스스로 본래 마음을 깨닫고 본성을 보면, 그것이야말로 장부(丈夫)이자, 천인(天人)의 스승이며, 부처(佛)라 할 것이다." 이렇게 하여 한밤중에 법을 전하셨으나, 그 누구도 이를 알지 못했다. 그리하여 혜능에게 돈오(頓悟)의 가르침과 법맥(衣鉢)을 전하며 말씀하셨다. "너는 이제 6대 조사(祖師)가 되느니라. 마땅히 스스로를 잘 보호하며 널리 중생을 제도하고, 이 법이 끊어지지 않도록 먼 미래까지 널리 퍼뜨리도록 하여라." 그리고 게송을 읊으셨다. :

유정(有情)이 와서 씨를 심으니,
그 원인된 땅에서 다시 열매가 나리라.
무정(無情)은 이미 씨가 없으니,
성품도 없고 생(生)도 없느니라.

조사가 다시 말했다. "옛날 달마 대사께서 처음 이 땅에 오셨을 때, 사람들이 그를 믿지 않았다. 그래서 이 가사를 전하여 믿음의 증표로 삼아, 대대로 이어지게 하셨다. 그러나 법(法)이란 마음에서 마음으로 전하는 것이며, 모두 스스로 깨닫고 이해하도록 하는 것이다. 예로부터 부처는 부처에게 본래의 진리를 전하고, 스승은 제자에게 본래의 마음을 은밀히 전해 주었느니라. 그러나 이 가사(衣)는 다툼의 원인이 될 것이니, 이제 너는 전하지 말아라. 만약 이 가사를 전하면, 네 목숨이 실에 매달린 것처럼 위태로울 것이다. 너는 서둘러 떠나거라, 사람들이 너를 해칠까 두렵다."

혜능이 여쭈었다. "어디로 가야 합니까?"

조사가 대답하였다. "회(懷)를 만나면 멈추고, 회(會)를 만나면 숨어 지내라."9) 혜능은 밤 삼경(三更)에 가사와 발우(衣鉢)를 전수받고 말했다. "저는 본래 남쪽 지방 출신이라, 이 산길을 잘 알지 못합니다. 어떻게 하면 강어귀까지 나갈 수 있겠습니까?"

오조가 말씀하셨다. "걱정할 필요 없다. 내가 너를 직접 데려다 주겠다." 조사는 혜능을 배웅하여 바로 구강역(九江驛)에 이르렀다. 혜능에게 배에 오르라고 하셨고, 직접 노(艣)를 저어 주었다. 이에 혜능이 말했다. "부디 스승께서는 앉으십시오, 제자가 마땅히 노를 젓겠습니다." 그러자 오조가 말씀하셨다. "마땅히 내가 너를 저쪽으로 건너가도록 하겠다." 혜능이 말했다. "미혹할 때는 스승이 제자를 건네주시지만, 깨달음에 이른 후에는 스스로 건너가야 합니다. 비록 '건넌다(度)'는 말은 같으나, 그 쓰임은

---

9) 회(懷)는 회집현(懷集縣)으로 현재 광둥성 서북부, 회(會)는 사회현(四會縣, 지금은 四會市)으로 광둥성 중서부 지역.

다릅니다. 저 혜능은 변방에서 태어나 말씨도 바르지 못하나, 스승님께 법을 전해 받고 이제 깨달음을 얻었습니다. 그러므로 오직 자성(自性)으로 스스로 건너는 것이 합당합니다."

오조가 말씀하셨다. "그렇고, 그렇다! 앞으로 불법(佛法)은 너로 인해 크게 행해질 것이다. 네가 떠난 후 3년이 지나면 내가 세상을 떠나게 되리라. 너는 이제 조심해서 남쪽을 향해 힘써 가거라. 너무 성급히 설법하지 말라. 불법(佛法)은 세우기 어렵느니라."

혜능(惠能)은 스승과 작별한 후 남쪽으로 길을 떠났다. 두 달 동안 걸어가 대유령(大庾嶺)에 이르렀다. [한편, 오조(五祖)께서는 돌아와서 며칠 동안 설법을 하지 않으셨다. 대중들이 의아하게 여겨 물었다. "스님께서는 병이 나셨습니까? 혹은 근심이라도 있으신지요?" 오조께서 말씀하셨다. "병은 없지만, 법과 가사는 이미 남쪽으로 갔느니라." 대중들이 다시 물었다. "누가 전수받았습니까?" 오조께서 대답하셨다. "(혜)능能이 그것을 얻었느니라." 이제야 대중들은 그 사실을 알게 되었다.]

그 후 몇 백 명이 혜능을 쫓아가 법의 상징인 가사와 발우(鉢)를 빼앗으려 하였다. 그중에 한 사람, 속성이 진(陳)이며 이름은 혜명(惠明)이라고 하는 승려가 있었다. 그는 원래 품계가 사품(四品) 장군이었으며, 성격이 거칠고 급했는데, 사력을 다해 쫓아 와서 무리에 제일 앞질러 혜능을 뒤 쫓았다. 혜능은 가사와 발우를 바위 위에 던지며 말했다. "이 가사는 믿음의 상징일 뿐이다. 힘으로 다툴 것이냐?" 그리고는 풀숲에 몸을 숨겼다. 혜명이 도착하여 가사를 집어 들려 하였으나 전혀 움직이지 않았다. 이에 소리쳐 불렀다. "행자(行者)여! 행자여! 나는 법을 구하러 온 것이지, 가사를 빼앗으러 온 것이 아니오!" 그러자 혜능이 나와 바위 위에 앉았다. 혜명이 예를 올리며 말했다. "행자께서 저를 위해 법을 설해 주시기를 바랍니다." 혜능이 말했다. "네가 이미 법을 구하러 왔다면, 모든 인연을 끊고 일체의 생각을 내지 말라. 그러면 내가 너를 위해 설하리라." 혜명이 침묵하며 고요히 했다.

그러자 혜능이 말했다. "선을 생각하지도 말고, 악을 생각하지도 말라. 바로 이와 같은 순간에, 그대의 본래 면목(本來面目)은 무엇인가?"

혜명은 그 자리에서 큰 깨달음을 얻었다. 그리고 다시 물었다. "방금 하신 깊은 말씀 외에, 또 다른 은밀한 가르침이 있습니까?"

혜능이 대답했다. "내가 네게 말한 것은 무슨 은밀한 것이 아니다. 네가 스스로 돌이켜 본다면, 그 은밀한 가르침은 바로 네 안에 있다."

혜명이 말했다. "저는 비록 황매에 있었으나, 사실 제 본래 면목을 알지 못했습니다. 그러나 이제 행자의 가르침을 받아 마치 사람이 물을 마시면 차고 더운 것을 스스로 알듯이 깨달음을 얻었습니다. 이제 행자가 바로 저의 스승이십니다."

혜능이 말했다. "네가 이와 같이 깨달았다면, 너와 나는 같은 스승인 황매 오조의 제자이다. 스스로 잘 지키도록 하라."

혜명이 다시 물었다. "이제 저는 어디로 가야 합니

까?"

혜능이 말했다. "원(袁)을 만나면 멈추고, 몽(蒙)을 만나면 머물도록 하시오."

혜명은 절을 올리고 작별하였다. [그 후 혜명은 대유령 아래로 내려가 무리들에게 말했다. '험한 산길을 올랐으나 그의 흔적을 찾을 수 없었으니, 다른 길로 찾아보자.' 뒤쫓던 무리들은 모두 그의 말에 그러려니 했다. 그 후 혜명은 자신의 이름을 '도명(道明)'으로 바꾸었는데, 이는 스승 혜능의 이름 '혜(惠)'자를 피하기 위함이었다.]

혜능은 이후 조계(曹溪)로 갔으나, 다시 악인들이 그를 찾아 쫓아왔다. 이에 사회(四會)에서 난을 피해 사냥꾼 무리 속에 숨어 지냈고, 그렇게 15년을 보냈다. 그는 사냥꾼들과 함께 지내면서 때때로 법을 설하였다. 사냥꾼들은 그에게 그물을 지키게 했으나, 그는 생명을 보면 모두 놓아주었다. 식사 때가 되면 채소를 고기 삶는 솥에 넣어 함께 끓였고, 누군가 이유를 묻자 "나는 고기 옆의 채소만 먹는다."라고 대답했다.

어느 날, 혜능은 이렇게 생각했다. "이제 때가 되었으니, 법을 널리 펼쳐야 한다. 끝까지 숨어 지낼 수는 없다." 이에 광주(廣州)의 법성사(法性寺)로 나아갔다. 그때 마침 인종(印宗) 법사가 《열반경(涅槃經)》을 강설하고 있었다. 그때, 바람이 깃발을 흔들자 한 스님이 "바람이 움직인다."라고 하였고, 다른 스님은 "깃발이 움직인다."라고 하며 논쟁을 벌이고 있었다. 혜능이 나아가 말하였다. "바람이 움직이는 것도 아니고, 깃발이 움직이는 것도 아니다. 움직이는 것은 다름 아닌 그대들의 마음이다." 이에 대중은 크게 놀라워했다. 인종 법사는 혜능을 높은 자리에 앉히고 깊은 뜻을 물었다. 그는 혜능이 말은 짧으나 이치에 맞고 문자에 의지하지 않는 것을 보고 말했다. "이 행자는 반드시 범상한 인물이 아니다. 오래전부터 황매(黃梅, 오조 홍인)가 법과 가사를 남쪽으로 전했다고 들었는데, 혹시 그대가 그 행자가 아닌가?" 혜능이 대답하였다. "그렇다고 말하려니 좀 …" 이에 인종 법사는 예를 갖추고, 혜능이 전수받은 법맥(衣鉢, 가사와 발우)을 대중에게 보여 줄 것을 요청하였다. 또한 인종 법사는 다시 물었다. "황매(홍인) 스님께서는 법을 어떻게 전수하셨습니까?"

혜능이 대답했다. "따로 가르침을 준 것은 없습니다. 다만 '본성을 깨닫는 것(見性)'을 말할 뿐, '선정(禪定)'이나 '해탈(解脫)'을 논하지 않았습니다."

인종이 물었다. "왜 선정과 해탈을 논하지 않는 것입니까?"

혜능이 대답했다. "그것은 두 가지 법이므로 불법(佛法)이 아닙니다. 불법은 '둘이 아닌 법(不二法)'입니다."

인종이 다시 물었다. "어떤 것이 '불이법(不二法)'입니까?"

혜능이 대답했다. : 법사께서 강설하신 《열반경》에 불성을 밝혀 놓았는데, 그것이 불법의 불이법(不二法)입니다. 고귀한 덕왕보살(高貴德王菩薩)이 부처님께 여쭙기를 "사중금계(四重禁戒)[10]를 범하거나 오역죄(五逆罪)[11]를 짓

---

10) 승려가 절대 범해서는 안 되는 네 가지 무거운 계율로 출가 수행자가 어기면 승단에서 추방되는 계율; 사바라이죄(波羅夷罪).

거나, 일천제(一闡提)12)라면 선근(善根)과 불성이 끊어지는 것입니까?" 하니, 부처님께서 대답하셨습니다. "선근에는 두 가지가 있으니, 그 하나는 '항상 하는 것(常)과 항상 하지 않는 것(無常)'이니라. 그러나 불성은 항상 하는 것도 아니고, 항상 하지 않는 것도 아니므로, 끊어지지 않는다. 이것을 바로 '불이(不二)'라 한다. 다른 하나는 '선한 것(善)과 선하지 않은 것(不善)'이다. 불성은 '선한 것도 아니고, 선하지 않은 것도 아니므로' 이것을 '불이(不二)'라 한다. 오온(蘊)과 십팔계(界)를 범부는 둘(二)이라 여기나, 지혜로운 이는 그 성품에 둘이 없음(無二)을 료달하니, 둘이 없음(無二)의 성품이 바로 불성이니라."

인종 법사는 이 말을 듣고 크게 기뻐하며 합장하고 말했다. "나의 강설은 마치 깨진 기와 조각 같고, 그대의 논의는 마치 순금(純金)과 같소이다!" 이에 그는 혜능에게 머리를 깎아주며 스승으로 모시겠다고 청하였다. 그리하여

살생(殺生): 사람을 죽이는 것
도둑질(偸盜): 남의 물건을 훔치는 것
사음(邪淫): 승려가 성적인 관계를 맺는 것
망어(妄語): 깨닫지 못한 자가 깨달았다고 거짓말하는 것
11) 가장 무거운 다섯 가지 죄; 지옥에 떨어지는 중대한 악업
살부(殺父): 아버지를 죽이는 것
살모(殺母): 어머니를 죽이는 것
살아라한(殺阿羅漢): 아라한(깨달은 성자)을 죽이는 것
출불신혈(出佛身血): 부처님 몸에 상처를 내어 피를 흘리게 하는 것
파화합승(破和合僧): 승단(僧團)을 분열시키는 것
12) 불법을 전혀 믿지 않거나 거부하는 자(불성을 부정하고, 깨달음을 추구하지 않는 사람); 초기 경전에서는 "구제받을 수 없는 존재"로 여겨졌으나, 대승불교에서는 모든 중생이 결국은 구제될 수 있다고 봄.

혜능은 보리수(菩提樹) 아래에서 '동산법문(東山法門)'을 열었다.

　　혜능이 말했다. "나는 동산(東山, 황매산)에서 법을 얻을 때, 온갖 고난을 겪었으며, 목숨이 마치 실에 매달린 듯 위태로웠소. 그러나 오늘, 이렇게 사군(使君=자사刺史)과 관료들, 스님들과 여러 재가자분들이 함께 모인 것은 여러 생에 걸쳐 맺어온 깊은 인연이고, 또한 과거 생에서 여러 부처님을 공양하며 함께 선근(善根)을 심었기에, 여러분들이 바야흐로 비로소 이상과 같은 돈교(頓敎)의 가르침을 듣고 깨달음을 얻는 인연이 된 것입니다. 이 가르침은 옛 성현들이 전해주신 것이지, 내 자신의 지혜가 아닙니다. 부디 선대 성현들의 가르침을 듣고자 하는 분들은, 각자가 마음을 깨끗이 하고, 듣고 난 후에는 스스로 의심을 버리기를 바랍니다. 그러면 옛 성인들과 다르지 않게 될 것이오." 그 말을 들은 모든 사람들은 크게 기뻐하며, 예를 올리고 물러갔다.

2. 반야품(般若品)

　다음 날, 위사군(韋使君)이 더 배우기를 청하였다. 스승께서 법좌에 올라 대중에게 말씀하셨다. "마음을 깨끗이 하여 '마하반야바라밀다(摩訶般若波羅蜜多)'를 염송하시오." 그리고 다시 말씀하셨다. "여러분! 보리(菩提)와 반야(般若)의 지혜는 세상 사람들이 본래부터 지니고 있는 것입니다. 다만 마음이 미혹하여 스스로 깨닫지 못할 뿐이니, 반드시 훌륭한 선지식(善知識)의 인도를 받아 본성을 보아야 합니다. 마땅히 알아야 할 것은, 어리석은 사람도 지혜로운 사람도 부처의 성품은 본래 차별이 없지만, 다만 미혹함과 깨달음의 차이로 인해 어리석음과 지혜로움의 차이가 생기는 것입니다. 이제 내가 마하반야바라밀 법을 설하여 여러분들이 각자 지혜를 얻도록 하겠으니, 정성을 다해 잘 들으십시오. 여러분들을 위해 설하겠습니다. 여러분! 세상 사람들은 하루 종일 반야를 입으로 외우지만, 자기 본성의 반야를 알지 못합니다. 이는 마치 음식에 대해 말하기만 하고 실제로 먹지 않아 배부르지 못한 것과 같습니다. 입으로만 '공(空)'을 말하고, 억겁의 세월이 흘러도 본성을 보지 못한다면, 아무런 이익이 없습니다. 여러분! '마하반야바라밀'은 범어(梵語)로 '큰 지혜로 저 언덕에 이른다'는 뜻입니다. 이는 마음으로 실천해야 하는 것이지, 입으로 외우는 데 있는 것이 아닙니다. 입으로 외우고 마음이 실천하지 않으면, 환상과 같고 허깨비와 같으며, 이슬과 같고 번개와 같은 것입니다. 입으로 외우면서 마음도 함께 실천하면, 마음과 입이 서로 상응합니다. 본성이 곧 부처이고, 본성을 떠나면 따로 부처가 없습니다. 무엇을 '마하(摩訶)'라 하는가? 마하는 '크다'는 뜻입니다. 마음의 품은 넓고 커서 허공과 같아 끝이 없으며, 네모지거나 둥글거나 크거나 작음도 없고, 청·황·적·백의 색깔도 없으며, 위아래나 길고 짧음도 없고, 성냄도 기쁨도 없으며, 옳고 그름도, 선과 악도, 처음과 끝도 없습니다. 모든 부처님의 세계는 허공과 같고, 세인의 묘한 성품은 본래 공(空)하여 하나의 법도 얻을 것이 없습니다. 자성(自性)의 진공(眞空) 또한 이와 같습니다. 여러분! 내가 '공'을 말한다고 하여 곧바로 '공'에 집착해서는 안 됩니다. 가장 먼저 '공'에 집착하지 말아야 합니다. 마음을 비운 채 가만히 앉아 있기만 하면, 이는 무기공(無記空)에 빠진 것입니다.

여러분! 이 세상의 허공은 만물의 형상을 담을 수 있어 해와 달, 별들, 산과 강, 대지, 샘과 계곡, 풀과 나무, 숲, 선한 사람과 악한 사람, 선한 법과 악한 법, 천당과 지옥, 큰 바다, 수미산과 같은 모든 것을 포함합니다. 세상 사람의 성품의 공(性空)도 이와 같습니다. 여러분! 자성(自性)은 만법을 포함할 수 있기에 크다고 하는 것이며, 모든 법이 사람들의 본성(性) 안에 있습니다. 만약 모든 사람, 선한 자와 악한 자를 보고도 집착하지 않고 버리지도 않으며 오염되지도 않는다면, 그 마음은 허공과 같으니 이를 '크다(摩訶)'고 합니다. 여러분! 미혹한 사람은 말로만 하지만, 지혜로운 사람은 마음으로 실천합니다. 또 미혹한 사람 가운데는 마음을 비운 채 조용히 앉아 아무런 생각도 하지 않으면서 자신이 위대하다고 하는 사람들이 있습니다. 이런 사람들과는 말을 섞을 수도 없습니다. 그들은 삿된 견해에 빠져있기 때문입니다.

여러분! 마음의 품이 넓고 크면 법계를 두루 통하여, 쓸 때는 분명히 알아차리며, 응용하면 곧 모든 것을 알게 됩니다. 모든 것은 하나이며, 하나가 곧 모든 것입니다. 자유롭게 오고 가며, 마음의 본체에 막힘이 없으니, 이것이 곧 반야입니다. 여러분! 모든 반야의 지혜는 다 자성(自性)에서 나오며, 외부에서 들어오는 것이 아닙니다. 뜻을 잘못 사용하지 마십시오. 이를 '참된 성품을 스스로 사용한다'고 하니, '하나가 진실하면 모든 것이 진실하다'는 것입니다. 마음의 품이 큰 자는 좁은 길을 가지 않습니다. 입으로는 온종일 '공(空)'을 말하면서 마음속으로 이를 실천하지 않는다면, 마치 평범한 사람이 스스로 왕이라 칭하는 것과 같아서 결국 왕이 될 수 없는 것과 같습니다. 이런 사람은 저의 제자가 아닙니다."

여러분! 무엇을 '반야(般若)'라고 합니까? '반야'란 우리말로 '지혜(智慧)'라는 뜻입니다. 모든 장소, 모든 시간 속에서 매 순간 어리석지 않고 늘 지혜롭게 행동하는 것이 곧 '반야의 실천'입니다. 한 순간 어리석으면 반야는 끊어지고, 한 순간 지혜로우면 반야가 생깁니다. 세상 사람들은 어리석고 미혹하여 반야를 보지 못하고, 입으로는 반야를 말하지만 마음속에는 늘 어리석음이 가득하여, 늘 스스로 말하기를 "나는 반야를 닦는다." 하면서도 매 순간 공(空)을 말할 뿐, 진정한 공을 알지 못합니다. 반야는 형상이 없으며, 지혜로운 마음이 곧 반야입니다. 만약 이렇게 이해한다면, 이를 '반야의 지혜'라고 합니다. 무엇을 '바라밀(波羅

蜜)'이라 합니까? 이는 인도 말이며, 우리말로 '저 언덕에 이른다(到彼岸)'는 뜻입니다. 그 의미는 '생멸(生滅)에서 벗어난다'는 것입니다. 경계(境)에 집착하면 생멸이 일어나니, 이는 마치 물에 물결이 있는 것과 같아서 '이 언덕(此岸)'이라고 합니다. 경계를 떠나 생멸이 없으면, 이는 마치 물이 항상 흐르는 것과 같아서 '저 언덕(彼岸)'이라고 하니, 그래서 이를 '바라밀'이라고 합니다. 여러분! 미혹한 사람은 입으로만 염송할 뿐, 염송할 때조차 망념과 잘못된 생각이 있습니다. 매 순간 실천하는 것이 곧 '참된 성품(眞性)'입니다. 이 법을 깨닫는 것이 '반야법(般若法)'이고, 이 행을 닦는 것이 '반야행(般若行)'입니다. 닦지 않으면 범부(凡夫)이고, 한결같은 마음의 수행은 스스로가 부처와 동등합니다. 여러분! 범부가 곧 부처이며, 번뇌가 곧 보리(菩提)입니다. 이전 순간 미혹하면 범부이고, 이후 순간 깨달으면 부처입니다. 이전 순간 경계에 집착하면 번뇌이고, 이후 순간 경계를 떠나면 보리입니다.

여러분! '마하반야바라밀(摩訶般若波羅蜜)'은 가장 존귀하고, 가장 뛰어나며, 가장 으뜸가는 법입니다. 그것은 머무름도 없고, 가고 옴도 없으며, 과거·현재·미래의 모든 부처님이 이 법에서 나옵니다. 마땅히 큰 지혜를 사용하여 오온(五蘊)과 번뇌의 티끌과 괴로움을 깨뜨려야 합니다. 이와 같이 수행하면 반드시 불도(佛道)를 이루게 되며, 탐·진·치(貪瞋癡) 삼독(三毒)을 계·정·혜(戒定慧)로 변화시킬 수 있습니다. 여러분! 내가 말하는 이 법문(法門)은 하나의 반야에서 비롯되어 팔만사천(八萬四千) 가지의 지혜를 낳습니다. 왜냐하면, 세상 사람들에게는 팔만사천 가지의 번뇌와 티끌이 있기 때문입니다. 만약 번뇌와 티끌이 없다면, 지혜는 항상 드러나고 자성을 떠나지 않습니다. 이 법을 깨닫는 사람은 곧 '무념(無念, 생각)'이며, '무억(無憶, 기억)'이요, '무착(無著, 집착)'이며, 거짓된 망상을 일으키지 않습니다. 자신의 진여(眞如)의 본성을 사용하여 지혜로써 관조하면 모든 법에서 취함도 버림도 없으니, 이것이 곧 자성을 보고 부처의 길을 이루는 것입니다. 여러분! 만약 깊고 심오한 법계(法界)와 반야삼매(般若三昧)에 들어가고자 한다면, 반드시 반야행을 닦고 《금강반야경(金剛般若經)》을 독송해야 합니다. 그러면 곧 자성을 보게 될 것입니다. 이 경전의 공덕은 한량없고 끝이 없음을 마땅히 알아야 됩니다. 경문 속에서도 분명히 찬탄하고 있지만 온전히 다 말할 수가 없습니다.

　　이 법문은 가장 높은 가르침(最上乘)이며, 큰 지혜를 지닌 사람들에게 설하는 것이며, 뛰어난 근기를 지닌 사람들에게 설하는 것입니다. 근기가 작고 지혜가 부족한 사람은 이 법문을 들어도 믿음을 내지 못합니다. 왜 그럴까요? 비유컨대 마치 큰 용(龍, 구름들)이 땅(閻浮提)에 비를 내리면, 성읍과 마을이 몽땅 떠내려가 마치 대추 잎처럼 표류하는 것과 같습니다. 그렇지만 바다에 비가 내리면 바다는 조금도 줄어들거나 불어나지 않습니다. 만일 대승인(大乘人)과 최상승인(最上乘人)이 《금강경》을 들으면 마음이 열리고 깨달음을 얻을 것입니다. 그러므로 본래 자성이 반야의 지혜를 갖추고 있어서, 스스로 그 지혜를 사용하여 항상 관조(觀照)하기 때문에 문자에 의존하지 않는다는 것을 알아야 합니다. '비유컨대 마치 빗물이 하늘에서 생기는 것이 아니라, 구름들이 일어나 모든 중생, 모든 풀과 나무, 유정(有情)·무정(無情) 모두가 그 은혜를 입고, 모든 강과 시냇물은 결국 큰 바다로 흘러들어 하나가 되듯이, 중생의 본성에 깃든 반야의 지혜도 이와 같습니다.'13) 여러분! 근기가 작은 사람들은 이 돈교(頓敎)를 들으면 마치 뿌리가 약한 풀과 나무가 큰비를 만나는 것과 같습니다. 실로 모든 것이 스스로 쓰러지고 성장하지 못하는데 근기가 작은 사람들도 또한 그와 같습니다. 원래 있는 반야의 지혜는 대지혜인(大智人)과 본질적으로 다를 것이 없는데, 왜 법문을 듣고서 스스로 깨닫지 못하는 것일까요? 삿된 견해(邪見)의 장애가 깊고, 번뇌의 뿌리가 깊기 때문입니다. 마치 두터운 구름이 태양을 가려서, 바람이 불지 않으면 햇빛이 드러나지 못하는 것과 같습니다. 반야의 지혜에는 본래 크고 작음이 없지만, 모든 중생 스스로의 마음에 미혹함과 깨달음이 같지가 않아서 (지혜의 크고 작음)이 있습니다. 미혹한 마음으로 바깥을 찾아 수행하며 부처를 구할 뿐, 자성을 깨닫지 못하니 이것이 바로 근기가 작은 사람입니다. 만약 돈교를 깨달으면 밖에서 부처를 구할 필요가 없으며, 오직 자신의 마음속에서 항상 바른 견해(正見)를 일으킴으로, 번뇌와 티끌이 결코 물들지 못하니, 이것이 곧 자성을 보는 것(見性) 입니다. 여러분! 안팎에 머물지 않고,

---

13) * 하늘에 있는 구름들의 작용을, 용이 하늘에서 움직이는 모습으로 형상화한 표현으로 보며 '구름 작용'이라 번역함.
  * 이 비유는 <u>지혜와 본성을 비와 큰 바다</u>에 대비하여 표현하고 있음.

가고 옴이 자유롭고, 능히 집착하는 마음을 제거하면, 통달하여 막힘이 없습니다. 이러한 수행을 실천할 수 있다면 《반야경》과 조금도 차별이 없게 됩니다.

여러분! 모든 수다라(修多羅, 경전)와 문자, 대승·소승의 가르침, 십이부경(十二部經)은 모두 사람으로 인해 세워진 것입니다. 지혜의 본성(智慧性)이 있기 때문에 비로소 성립된 것입니다. 만약 세상 사람이 없다면, 일체 만법(萬法)은 본래 존재하지 않습니다. 그러므로 모든 법은 사람으로 인해 생긴 것임을 알아야 합니다. 모든 경전(經書)도 사람이 말했기에 존재하는 것입니다. 사람 가운데 어리석은 자와 지혜로운 자가 있으니, 어리석은 자는 소인(小人)이고, 지혜로운 자는 대인(大人)입니다. 어리석은 자가 지혜로운 자에게 물으면, 지혜로운 자가 어리석은 자에게 법을 설합니다. 어리석은 자가 문득 깨달아 마음이 열리면, 지혜로운 자와 다를 것이 없습니다. 여러분! 깨닫지 못하면 부처도 중생이요, 한 생각 깨달으면 중생이 곧 부처입니다. 그러므로 모든 법은 오직 자신의 마음 안에 있는 것입니다. 어째서 자기 마음에서 곧장 '진여 본성(眞如本性)'을 보지 못하는 걸까요?《보살계경(菩薩戒經)》에 이르기를, "내 본래 자성은 원래 청정하니, 만약 자기 마음을 알아 자성을 보면 모두 부처의 길을 이룬다." 하였으며, 《정명경(淨名經)》에서는 "즉시에 툭 트이니 본래 마음을 되찾는다." 하였습니다. 여러분! 나는 인(忍) 화상(和尙)의 가르침을 듣고, 한 마디 말씀에 바로 깨달아 곧 진여 본성을 보았습니다. 그래서 이 가르침을 널리 전하여 수행하는 자들이 즉각 보리를 깨닫게 하고자 합니다. 각자 자신의 마음을 관조하여 스스로 본성을 보아야 합니다. 스스로 깨닫지 못하면, 반드시 큰 선지식(善知識)을 찾아야 합니다. 가장 뛰어난 가르침(最上乘)을 깨달은 이가 곧장 바른 길을 가르쳐 줄 것입니다. 이러한 선지식은 큰 인연을 지닌 존재로서, 중생을 인도하여 자성을 보게 합니다. 모든 선법(善法)은 선지식이 있기 때문에 비로소 드러날 수 있는 것입니다. 과거·현재·미래의 모든 부처님과 십이부경(十二部經)은 본래 사람의 본성 안에 갖추어져 있습니다. 스스로 깨닫지 못하면 선지식의 가르침을 받아야 비로소 자성을 볼 수 있으며, 스스로 깨닫는다면 굳이 밖에서 구할 필요가 없습니다. 만약 항상 '다른 선지식을 통해서만 해탈할 수 있다'고 주장한다면, 그것은 옳지 않습니다. 왜냐하면, 자기 마음속에도 이미 선지식이 있어서, 스스로 깨달을 수 있기 때문입니다. 만약 삿된 미혹과 망념이 일어나고, 전도된 생각을 하면, 비록 바깥의 선지식이 가르쳐 주어도 구제받을 수가 없습니다. 그러나 만약 바른 반야(般若)의 지혜로 관조하면, 찰나의 순간에 망념이 모두 사라집니다. 만약 자성을 안다면 한 번의 깨달음으로 곧장 부처의 경지에 이를 것입니다. 여러분! 지혜로 관조하면 안팎이 모두 밝아지고, 스스로 본래 마음(本心)을 알게 됩니다. 본래의 마음을 알면, 곧 본래의 해탈(解脫)입니다. 해탈을 얻으면, 이것이 바로 반야삼매(般若三昧)요, 무념(無念) 입니다. 무엇을 무념이라 하는가? 모든 법을 보되 마음이 집착하지 않는 것, 이것이 무념(無念) 입니다. 그 작용은 모든 곳에 두루 하지만, 어떠한 곳에도 집착하지 않습니다. 다만 본래의 마음을 청정하게 하여, 여섯 가지 식(識)이 여섯 문(門)으로 나아가되,

여섯 가지 경계(塵) 속에서 물들지 않고 섞이지 않으며, 오고 감이 자유롭고, 막힘 없이 작용하는 것, 이것이 곧 반야삼매요, 자유로운 해탈이며, 무념의 실천입니다. 만약 모든 것들을 (아예) 생각하지 않으려고 한다면, 생각을 끊으려고 하는 것인데, 그것은 도리어 법(法)에 매이게 되는 것이며, 한쪽에 치우친 견해(邊見)입니다. 여러분! 무념의 법을 깨달으면 모든 법을 두루 통달할 것이며, 무념의 법을 깨달으면 모든 부처의 경계를 보게 될 것이며, 무념의 법을 깨달으면 부처의 지위(地位)에 이를 것입니다.

여러분! 훗날 나의 법을 얻은 사람이 장차 이 돈오(頓悟) 법문을, 같은 견해와 같은 실천 속에서 발원하고 수지한다면, (이것은) 부처님을 섬기는 것과 같으므로, 종신토록 물러나지 않고 반드시 성인의 경지에 이를 것입니다. 그러나 모름지기 전해줌(傳授)은 예로부터 (이심전심의) 묵전(默傳)으로 분부(分付)한 것이니 그 바른 법(이심전심으로 전함)을 은닉해서는 안 됩니다. 만약 같은 견해와 같은 수행이 아니라, 다른 법에 속한 사람에게는 전수해서는 안 됩니다. 그것은 앞선 선인(先人)들에게 손해를 끼치고, 결국 아무런 이익도 되지 못할 것입니다. 걱정스럽게도 어리석은 사람이 이 법문을 이해하지 못하고, 비방한다면, 백겁천생(百劫千生) 동안 부처의 씨앗을 끊어버리게 될 것입니다. 여러분! 제게 한편의 무상송(無相頌)이 있으니, 모두 이를 외워 지니고, 재가자든 출가자든 이에 따라 수행해야 합니다. 만약 스스로 수행하지 않고, 단지 내 말을 기억만 한다면, 아무런 이익이 없을 것입니다. 저의 게송을 잘 들어 보십시오. :

설법에 통달하고 마음에 통달하니 마치 해가 허공에 있는 것과 같도다.

오직 견성법(見性法)을 전하니, 세상에 나타나 잘못된 가르침을 타파하네.

법에는 돈(頓)과 점(漸)이 없지만, 미혹함과 깨달음에서 더디고 빠름이 있네.

다만 이 견성문(見性門)은 어리석은 사람은 알 수가 없다네.

설(說)하는 법이 비록 만 가지라 해도, 이치를 합하면 결국 하나로 돌아오네.

번뇌의 어두운 집 속에서도 항상 지혜의 해를 떠오르게 해야 하리.

삿된 것이 오면 번뇌가 일어나고, 바른 것이 오면 번뇌가 사라지리.

삿됨과 바름을 함께 쓰지(用) 않으면, 청정함이 남김없이 이루어지리라.

보리는 본래 자신의 성품이니, 마음을 일으키면 그것이 곧 망상이라.

청정한 마음은 망상 속에서도 존재하니, 다만 바름을 지키면 삼장(三障)이 없으리라.

세상 사람이 도(道)를 닦고자 한다면, 모든 것이 다 방해되지 않을 것이고,

항상 스스로 자기의 허물을 보면 곧 도와 상응하는 것이리라.

모든 존재는 저마다의 도가 있어, 서로 방해하거나 해치지 않으니,

도를 떠나 따로 도를 찾는다면, 평생토록 보지 못하리라.

헤매고 헤매다 한평생을 보내고, 끝내는 스스로 후회하리라.

참된 도를 보고자 한다면, 행(行)이 바름이 곧 도이니라.

스스로 도를 찾지 않는다면, 어둠 속을 걷듯이 도를 보지 못하리라.

참된 수도인(修道人)은 세간(世間)의 허물을 보지 않느니라.

만약 남의 그름을 본다면, 스스로의 그름이고 도리어 잘못된 것이 라네.

남이 그르고 나는 그르지 않다면, 나의 그름으로써 스스로의 허물이 되니.

다만 스스로 그른 마음을 물리치면, 번뇌를 제거하여 깨뜨리게 되리라.

미움과 사랑에 마음 두지 않으면, 두 다리 길게 뻗고 눕게 되리라.

남을 교화하고자 한다면, 스스로 모름지기 방편이 있어야 하니,

사람들에게 의심이 남아있지 않게 하면 곧 자성이 드러나게 될 것이니라.

부처님의 법은 세간에 있으니, 세간을 떠나서는 깨달음이 없네.

세간을 떠나 보리를 구한다면, 흡사 토끼의 뿔을 찾는 것과 다를 바 없으리.

바른 견해는 출세간이라 하고, 삿된 견해는 세간이라 하지만,
　　　삿됨과 바름을 다 물리치니, 보리의 본성이 온전히 드러나네.
　　　이 게송은 돈교(頓敎)이고, 또한 큰 법의 배(大法船)라 이름하니,
　　　미혹하여 들으면 누겁을 경과하고, 깨달으면 찰나에 이르리라.

　　스승(惠能)께서 다시 말씀하셨다. "오늘 대범사(大梵寺)에서 이 돈오 법문을 설하노니, 온 법계의 중생들이, 이 말을 듣고 곧장 자성을 보아 부처가 되기를 바랍니다." 그 때 위사군(韋使君)과 관리들, 도·속(道俗) 모두가 스님의 말씀을 듣고, 깨달음을 얻지 못한 이가 없었다. 모두 합장하여 예를 올리고, 감탄하며 말하였다. "참으로 훌륭하십니다! 어찌 예상이나 했으리오, 영남(嶺南)에 부처가 출세하시다니!"

3. 의문품(疑問品)

　　어느 날, 위자사(韋刺史)가 선사를 위해 대회재(大會齋)를 베풀었다. 재가 끝난 후, 자사가 선사에게 좌석에 오르도록 청하자, 동료 관리들과 선비, 서민들이 엄숙하게 다시 절하며 물었다. "제자가 듣자니, 선사님의 법문은 참으로 불가사의합니다. 지금 약간의 의문이 있으니, 대자비로 특별히 설명해 주시기를 바랍니다."
　　선사가 말씀하셨다. "의문이 있으면 물어 보시오. 설명해 주리다."
　　위공(韋公)이 말했다. "선사께서 말씀하신 것은 달마대사(達磨大師)의 종지(宗旨)가 아니겠습니까?"
　　선사가 말씀하셨다. "그렇소."
　　공이 말했다. "제자가 듣기로는, 달마대사가 처음 양무제(梁武帝)를 교화했을 때, 황제가 묻기를, '짐이 일생 동안 절을 짓고 스님들을 도우며, 보시하고 재를 베풀었는데, 어떤 공덕이 있겠습니까?' 하니, 달마대사가 답하기를, '실로 공덕이 없습니다.' 했는데, 제자가 이 이치를 깨닫지 못하니, 스님께서 설명해 주시기를 바랍니다."
　　선사가 말씀하셨다. "실로 공덕이 없습니다. 옛 성인의 말씀을 의심하지 마십시오. 무제의 마음이 삿되어 정법(正法)을 알지 못했습니다. 절을 짓고 스님을 도우며, 보시하고 재를 베푸는 것을 복(福)을 구하는 것이라 하는데, 복을 공덕으로 여기지 마십시오. 공덕은 법신(法身) 가운데 있지, 복을 닦는 데 있지 않습니다." 선사가 또 말씀하셨다.

"성품을 보는 것이 공(功)이고, 평등한 것이 덕(德)입니다. 생각마다 막힘이 없이 항상 본성을 보며, 진실하고 걸맞게 응용하는 것을 공덕이라 합니다. 마음속으로 겸손한 것이 공이고, 밖으로 예를 행하는 것이 덕입니다. 자성(自性)으로 만법(萬法)을 세우는 것이 공이고, 마음의 본체가 생각을 떠난 것이 덕입니다. 자성을 떠나지 않는 것이 공이고, 응용에 물들지 않는 것이 덕입니다. 만약 공덕 법신을 찾는다면, 이대로 하십시오. 이것이 진정한 공덕입니다. 만약 공덕을 닦는 사람이라면, 마음이 가볍지 않고 항상 두루 공경해야 합니다. 마음이 항상 남을 가볍게 여기고, 아만(我慢)이 끊어지지 않으면 스스로 공이 없고, 자성이 허망하여 진실하지 않으면 스스로 덕이 없습니다. 아만이 스스로 커서 항상 모든 것을 가볍게 여기기 때문입니다. 여러분! 생각마다 간격이 없는 것이 공이고, 마음이 평직(平直)한 것이 덕입니다. 스스로 성품을 닦는 것이 공이고, 스스로 몸을 닦는 것이 덕입니다. 여러분! 공덕은 반드시 자성 안에서 보아야 하니, 보시와 공양으로 구하는 것이 아닙니다. 이 때문에 복덕(福德)과 공덕은 다릅니다. 무제가 진리를 알지 못했을 뿐, 우리 조사(祖師)의 잘못이 아닙니다."

자사가 또 물었다. "제자가 항상 승속(僧俗)들이 아미타불(阿彌陀佛)을 염하며 서방(西方, 극락세계)에 태어나기를 원하는 것을 보았습니다. 스님께 청(請)건데, 그들이 서방에 태어날 수 있는지요? 의문을 풀어주시기를 바랍니다."

선사가 말씀 하셨다. "사군(使君)은 잘 들으시오. 말씀드리겠습니다. 세존(世尊)이 사위성(舍衛城)에서 서방을 말씀하시면서 사람들을 인도하며 교화하셨습니다. 경문(經文)에는 분명히 여기서 멀지 않다고 했습니다. 만약 상(相)으로 말한다면, 거리가 십만 팔천 리(十萬八千里)이니, 몸 안의 십악(十惡)과 팔사(八邪)가 멀다는 말입니다. 멀다고 말하는 것은 하근기(下根)를 위한 것이고, 가깝다고 말하는 것은 상근기(上智)를 위한 것입니다. 사람은 두 종류가 있으나, 법은 두 가지가 아닙니다. 미혹(迷惑)과 깨달음(悟)이 다르니, 보는 것이 빠르고 느림이 있습니다. 미혹한 사람은 염불하여 저 서방에 태어나기를 구하고, 깨달은 사람은 스스로 마음을 깨끗이 합니다. 그래서 부처님께서 말씀하셨습니다. '마음이 깨끗하면 곧 불토(佛土)가 깨끗하다.' 사군이여, 동방 사람이 마음이 깨끗하면 죄가 없고, 서방 사람도 마음이 깨끗하지 않으면 허물이 있는 것입니다. 동방 사람은 죄를 짓고는, 염불하여 서방에 태어나기를 구한다고 하지만, 서방 사람이 죄를 지으면 염불하여 어느 나라에 태어나기를 구하겠습니까? 어리석은 사람은 자성을 깨닫지 못하고 몸 안의 정토(淨土)를 알지 못하여 동쪽을 원하고 서쪽을 원합니다. 깨달은 사람은 어디에 있든 한결같으니, 그래서 부처님께서 말씀하시길, '머무는 곳마다 항상 안락하다.' 하셨습니다. 사군이여, 마음에 불선(不善)이 없으면 서방이 여기서 멀지 않습니다. 만약 불선한 마음을 품고 있으면, 염불하여 왕생하기 어렵습니다. 이제 여러분들에게 권하노니, 먼저 십악을 제거하면 곧 십만 리를 간 것이고, 뒤에 팔사를 제거하면 곧 팔천 리를 넘어선 것입니다. 생각마다 성품을 보고 항상 평직(平直)하게 행하면, 순식간에 아미타불을 볼 것입니다. 사군이여, 그저 십선(十

善)을 행하면 어찌 다시 왕생을 원하겠습니까? 십악의 마음을 끊지 않으면, 어느 부처가 와서 맞이하겠습니까? 만약 무생(無生)의 돈법(頓法)을 깨닫는다면, 서방을 보는 것이 순간입니다. 깨닫지 못하고 염불하여 왕생을 구하면, 길이 멀어 어떻게 도달하겠습니까? 제가 여러분과 함께 서방을 한 순간에 옮겨, 지금 바로 보이겠습니다. 모두 보기를 원하십니까?"

모두가 머리를 조아리며 말했다. "만약 여기서 볼 수 있다면, 어찌 다시 왕생을 원하겠습니까? 선사께서 자비로 서방을 나타내어 모두 보게 해 주십시오."

선사가 말씀하셨다. "여러분! 세상 사람의 몸은 성(城)이요, 눈 귀 코 혀는 문입니다. 밖에 다섯 문이 있고, 안에 의문(意門)이 있습니다. 마음은 땅이요, 성품은 왕입니다. 왕이 마음의 땅에 거(居)하니, 성품이 있으면 왕이 있고, 성품이 없으면 왕이 없습니다. 성품이 있으면 몸과 마음이 존재하고, 성품이 없으면 몸이 무너집니다. 부처는 성품 안에서 이루니, 몸 밖에서 구하지 마십시오. 자성이 미혹하면 중생이고, 자성이 깨달으면 부처입니다. 자비는 관음(觀音)이고, 희사(喜捨, 기쁜 마음으로 베품)는 세지(勢至)이며, 능정(能淨, 능히 청정케 함)은 석가(釋迦)이고, 평직(平直, 평등하고 곧음)은 미타(彌陀)입니다. 인아(人我)14)는 수미

---

14) 나와 남을 구분하는 분별심. (사대四大로 이루어진) 몸이라는 세계 가운데 '인아(人我)'라는 산이 있고, 인아라는 산 가운데 '번뇌'라는 금광석이 있으며, 번뇌라는 광물 속에 '불성'이라는 보배가 있고, 불성이라는 보배 가운데 지혜로운 기술자가 있습니다. 지혜로운 기술자가 '인아'라는 산을 파고 뚫어 번뇌라는 금광석을 보고, 깨달음의 불(금강불성)로 이 번

산(須彌山)이고, 탐욕은 바닷물이며, 번뇌는 파도이고, 독해(毒害, 악의)는 악룡(惡龍)이며, 허망은 귀신(鬼神)이고, 진로(塵勞)는 어별(魚鱉, 물고기와 자라)입니다. 탐진(貪瞋)은 지옥이고, 우치(愚癡)는 축생(畜生)입니다. 여러분! 항상 십선을 행하면 천당에 이를 것이고, 인아를 제거하면 수미산이 무너지고, 탐욕을 버리면 바닷물이 마르며, 번뇌가 없으면 파도가 사라지고, 독해(毒害)를 제거하면 어룡(魚龍)15)이 끊어지고, 마음의 땅에서 성품을 깨달으면, 여래(如來)가 큰 광명을 비출 것입니다. 밖으로 육문(六門)을 깨끗이 비추어 육욕(六欲)의 모든 하늘을 깨뜨리고, 자성이 안으로 비추어 삼독(三毒)을 제거하면, 지옥 등의 죄가 한꺼번에 소멸하여 안팎이 환히 밝아 서방과 다르지 않습니다. 이렇게 닦지 않으면 어떻게 저곳에 도달하겠습니까?"

    대중이 이 말을 듣고 분명히 성품을 보고 모두 절하며 찬탄하면서 소리 내어 말했습니다. "법계(法界)의 모든 중생들이 이 말을 듣고 한꺼번에 깨달음을 얻기를 바랍니다."

    선사가 말씀하셨습니다. "여러분! 만약 수행하려면 집에서도 할 수 있고, 절에 있지 않아도 됩니다. 집에서 잘 행하면 동방 사람의 마음이 선(善)한 것과 같고, 절에 있으면서 닦지 않으면 서방 사람의 마음이 악(惡)한 것과 같습니다. 다만 마음이 청정하면 곧 자성의 서방정토입니다."

뇌를 녹여 없앱니다. ---육조혜능대사의 금강경 서문 중에서
15) 물고기와 용, 독해(毒害)가 있는 환경에서 살아가는 존재, 해로운 요소가 사라지면 그것을 기반으로 존재하던 것들도 더 이상 유지될 수 없다.

위공이 또 물었다. "집에서 어떻게 수행해야 합니까? 가르쳐 주시기를 바랍니다."

선사가 말씀하셨습니다. "내가 대중에게 무상송(無相頌)을 말하겠습니다. 이대로 닦으면 항상 나와 함께 있는 것과 다름이 없고, 만약 이대로 닦지 않으면 머리를 깎고 출가한다 해도 도(道)에 무슨 이익이 있겠습니까?" 송(頌)은 이렇습니다. :

마음이 평등하면 어찌 계율을 지킬 필요가 있으며, 행실이 곧으면 어찌 선(禪)을 닦을 필요가 있으랴!
은혜로움은 부모를 효도로 봉양함이고, 의로움은 위아래가 서로 아낌이라.
양보함은 존비(尊卑)가 화목함이고, 참음은 모든 악이 시끄럽지 않음이라.
만약 나무를 문질러 불을 일으킬 수 있다면, 흙 속에서도 반드시 붉은 연꽃이 피어나리라.
쓴맛은 곧 좋은 약이고, 거슬리는 말은 반드시 충언이라.
허물을 고치면 반드시 지혜가 나고, 단점을 감추면 마음속이 어질지 않음이라.
날마다 항상 다른 사람을 이익 되게 한다 해도, 도를 이루는 것은 복을 베푸는 데 있지 않다.
보리(菩提)는 오직 마음에서 찾으니, 어찌 밖을 향해 신비함을 구하랴.
이 말을 듣고 이대로 수행하면, 서방이 바로 눈앞에 있으리라.

선사가 또 말했다. "여러분! 반드시 게송대로 수행하여 자성을 보아 곧 불도를 이루어야 합니다. 시간은 기다리지 않으니, 모두 돌아가시고 저는 조계(曹溪)로 돌아갈 것입니다. 만약 의문이 있으면 다시 와서 묻도록 하십시오."

이때, 자사와 관리들, 모인 선남신녀(善男信女)들이 모두 깨달음을 얻고, 믿고, 받들어 행하였다.

4. 정혜품(定慧品)

　　선사가 대중에게 말씀하셨다. "여러분! 나의 이 법문은 정(定)과 혜(慧)를 근본으로 합니다. 대중들이여! 미혹되어 정과 혜가 다르다고 말하지 마십시오. 정과 혜는 한 몸이지 둘이 아닙니다. 정(定)은 혜(慧)의 본체이고, 혜(慧)는 정(定)의 작용입니다. 혜(慧)가 있을 때 정(定)은 혜(慧) 안에 있고, 정(定)이 있을 때 혜(慧)는 정(定) 안에 있습니다. 만약 이 뜻을 안다면, 곧 정(定)과 혜(慧)를 고르게 배우는 것입니다. 모든 도를 배우는 사람들은, 먼저 정(定)을 닦아 혜(慧)가 나오거나, 먼저 혜(慧)를 닦아 정(定)이 나온다고 각각 다르게 말해서는 안 됩니다. 이러한 견해를 가진 사람은 법을 두 모습으로 보는 것입니다. 입으로는 선한 말을 하지만, 마음속은 선하지 않으며, 헛되이 정과 혜를 갖추었으나, 정과 혜가 균등하지 못한 것입니다. 만약 마음과 입이 모두 선하고, 안팎이 하나라면, 정과 혜가 곧 균등한 것입니다. 스스로 깨달아 수행하는 것은 다툼에 있지 않습니다. 만약 먼저(先)와 나중(後)을 다투면, 곧 미혹한 사람과 같아져, 이기고 짐을 끊지 못하고, 도리어 아집과 법집을 더하며, 사상(四相)16)을 떠나지 못합니다. 여러분! 정과 혜는 무엇과 같을까요? 비유하자면, 등불과 빛 같습니다. 등불이 있으면 빛이 있고, 등불이 없으면 어둡게 됩니다. 등불은 빛의 본체이고, 빛은 등불의 작용입니다. 이름은 비

---

16) 네 가지 잘못된 집착, 아상(我相): '나', 인상(人相): '남', 중생상(衆生相): '중생', 수자상(壽者相): '수명'.

록 둘이지만, 본체는 본래 하나입니다. 이 정과 혜의 법도 또한 그와 같습니다."

선사가 대중에게 말씀하셨다. "여러분! 일행삼매(一行三昧)란 모든 곳에서 행주좌와(行住坐臥)할 때 항상 한결같은 마음으로 행하는 것입니다. 《정명경(淨名經)》에 말하기를, '곧은 마음이 도량(道場)이고, 곧은 마음이 정토(淨土)이다.'라고 합니다. 마음으로 아첨하고 굽은 행을 하면서 입으로만 곧다고 말해서는 안 됩니다. 입으로 일행삼매를 말하면서 곧은 마음을 행하지 않는다면 소용이 없습니다. 다만 곧은 마음을 행하고, 모든 법에 집착하지 말아야 합니다. 미혹한 사람은 법의 모양에 집착하고, 일행삼매에 집착하여 말하기를, '항상 앉아서 움직이지 않고, 망념을 일으키지 않으면 곧 일행삼매이다.'라고 합니다. 이러한 해석을 하는 사람은 무정물(無情物)과 같아져, 도리어 도를 가로막는 인연이 됩니다. 여러분! 도는 흘러 통해야 하는데, 어찌 막혀 있겠습니까? 마음이 법에 머물지 않으면 도는 흘러 통하고, 마음이 법에 머물면 스스로 속박되는 것입니다. 만약 항상 앉아서 움직이지 않는 것이 옳다면, 사리불(舍利弗)이 숲속에서 편안히 앉아 있었을 때, 왜 유마힐(維摩詰)에게 꾸지람을 들었겠습니까? 여러분! 또 어떤 이는 앉아서 마음을 보고 고요함을 관하며, 움직이지 않고 일어나지 않음으로써 공을 쌓으라고 가르치는데, 미혹한 사람은 이를 이해하지 못하고, 집착하여 전도되어 버립니다. 이와 같은 사람이 많아서 서로 이렇게 가르치니, 그런 것들은 크게 잘못된 것임을 알아야 합니다."

선사가 대중에게 말씀하셨다. "여러분! 본래의 바른

가르침에는 돈(頓)과 점(漸)이 없으나, 사람의 성품에 예리함과 둔(鈍)함이 있습니다. 미혹한 사람은 점차로 닦고, 깨달은 사람은 단번에 계합합니다. 스스로 자기의 본심을 알고, 스스로 자기의 본성을 보면 차별이 없으므로, 돈과 점이라는 가명(假名)을 세운 것입니다. 여러분! 나의 이 법문은 예로부터 먼저 무념(無念)을 종지(宗旨)로 삼고, 무상(無相)을 체(體)로 삼으며, 무주(無住)를 근본으로 삼습니다. 무상이란 상(相)에 있으면서 상을 떠나는 것이요, 무념이란 염(念)에 있으면서 염이 없는 것이요, 무주란 사람의 본성입니다. 세간의 선악(善惡)과 미추(美醜), 원수와 친구, 언어로 다투고 속이는 일이 있을 때에도 모두 공(空)으로 여겨 보복할 생각을 하지 말고, 염념(念念) 중에 앞의 경계를 생각하지 않아야 합니다. 만약 전념(前念), 금념(今念), 후념(後念)이 염념상속(念念相續)하여 끊이지 않으면 이를 계박(繫縛, 묶여 속박됨)이라 합니다. 모든 법에 대하여 염념주(念念住)하지 않으면 곧 속박이 없는 것이니, 이것이 무주를 근본으로 삼는 것입니다. 여러분! 밖으로 일체의 상을 떠나는 것을 무상이라 합니다. 상을 떠날 수 있으면 곧 법체(法體)가 청정한 것이니, 이것이 무상을 체로 삼는 것입니다. 여러분! 모든 경계에 대하여 마음이 물들지 않는 것을 무념이라 합니다. 자기의 염상(念上)에서 항상 모든 경계를 떠나고, 경계에 대하여 마음을 내지 않는 것입니다. 만약 그저 모든 것들을 생각하지 않고 생각을 다 제거하면, 결국 한 생각마저 끊어지니 곧 죽어, 다른 곳에 태어나니, 이것은 큰 잘못입니다. 도를 배우는 사람들은 이를 생각해 보십시오. 만약 법의 뜻을 알지 못하면 스스로 잘못하는 것은 그렇다 치더라도, 더욱이 다른 사람을 그르치게 하고, 스스로 미혹하여 보지 못하면서 또 불경(佛經)을 비방하니, 그러므로 무념을 종지로 세운 것입니다. 여러분! 어째서 무념을 종지로 세우겠습니까? 다만 입으로 성품을 보았다고 말하는 미혹한 사람이 경계에 대하여 염(念)을 내고, 염(念)에서 사견(邪見)을 일으켜 일체의 진로망상(塵勞妄想)이 여기에서 생기기 때문입니다. 자성(自性)은 본래 한 법도 얻을 것이 없으니, 만약 얻은 바가 있다고 하여 허망히 화복(禍福)을 말하면 곧 진로사견(塵勞邪見)이니, 그러므로 이 법문은 무념을 종지로 세우는 것입니다. 여러분! '무(無)'란 무엇이 없다는 것이고 '념(念)'이란 무엇을 생각한다는 것일까요? 무(無)란 두 가지 상(二相)이 없고 모든 진로(塵勞)의 마음이 없는 것이요, 염이란 진여본성(眞如本性)을 염하는 것입니다. 진여는 곧 염의 체(體)요, 염은 곧 진여의 용(用)입니다. 진여자성(眞如自性)이 염을 일으키는 것이지, 눈, 귀, 코, 혀로 염할 수 있는 것이 아닙니다. 진여에 성품이 있기 때문에 염을 일으키는 것이요, 진여가 만약 없으면 눈, 귀, 색, 성(聲)이 당장에 무너지는 것입니다. 여러분! 진여자성에서 염을 일으키면 육근(六根)이 비록 보고 듣고 느끼고 아는 바가 있으나 만 가지 경계에 물들지 않고 진성(眞性)이 항상 자재(自在)합니다. 그러므로 경에서 말씀하시기를, '능히 모든 법의 모양을 잘 분별하되 제일의(第一義)에 있어서는 움직이지 않는다.'고 한 것입니다."

5. 좌선품(坐禪品)

　　선사가 대중에게 말씀하셨다. : "이 문(門)에서 말하는 좌선(坐禪)은 원래 마음에 집착하지도 않고, 청정(淸淨)에 집착하지도 않으며, 또한 움직이지 않는 것도 아닙니다. 만약 마음에 집착한다고 말한다면, 마음은 원래 허망한 것이라서, 마음이 환(幻)과 같음을 알기 때문에 집착할 바가 없는 것입니다. 만약 청정에 집착한다고 말한다면, 인간의 본성은 본래 청정하나, 망념(妄念) 때문에 진여(眞如)가 덮여 있는 것입니다. 다만 망상이 없으면 성품은 저절로 청정해지니, 마음을 내어 청정에 집착하면 도리어 '청정'이라는 망상을 일으키게 됩니다. 망상은 처소가 없으니, 집착하는 것이 바로 망상입니다. 청정은 형상이 없는데, 청정한 형상을 세우고 이를 공부(工夫)라고 말합니다. 이러한 견해를 갖는 사람은 자신의 본성을 가로막고, 도리어 청정에 속박되게 됩니다. 여러분! 만약 움직이지 않음(不動)을 닦는다면, 모든 사람을 볼 때 그 사람의 시비선악(是非善惡)과 과환(過患, 과오와 근심)을 보지 않는 것이 바로 자성(自性)이 움직이지 않는 것입니다. 여러분! 미혹한 사람은 몸은 비록 움직이지 않지만, 입을 열면 남의 시비장단(是非長短)과 호오(好惡)를 말하니, 도(道)와 어긋나는 것입니다. 만약 마음에 집착하고 청정에 집착하면 곧 도를 가로막는 것입니다."

　　선사가 대중에게 말씀하셨다. : "여러분! 무엇을 좌선(坐禪)이라 합니까? 이 (돈교)법문 가운데 장애가 없고 막힘이 없으며, 밖으로는 일체의 선악(善惡) 경계에 대해 마음의 생각이 일어나지 않는 것을 '좌(坐)'라 하고, 안으로는 자신의 성품이 움직이지 않음을 보는 것을 '선(禪)'이라 합니다. 여러분! 무엇을 선정(禪定)이라 합니까? 밖으로 상(相)을 떠나는 것이 선(禪)이고, 안으로 어지럽지 않음이 정(定)입니다. 밖으로 상(相)에 집착하면 안으로 마음이 어지러워지고, 밖으로 상을 떠나면 마음이 어지럽지 않게 됩니다. 본성은 본래 스스로 청정하고 스스로 고요하나, 다만 경계를 보고 그 경계를 생각하면 어지러워지는 것입니다. 만약 모든 경계를 보아도 마음이 어지럽지 않다면, 이것이 진정한 정(定)입니다. 여러분! 밖으로 상(相)을 떠나는 것이 선(禪)이고, 안으로 어지럽지 않음이 정(定)입니다. 밖으로는 선(禪)을 이루고 안으로는 정(定)을 이루는 것이 바로 선정(禪定)입니다. 《보살계경(菩薩戒經)》에서 말씀하시기를, '나의 본래 성품은 스스로 청정하다'고 했습니다. 여러분! 생각생각(念念) 가운데에서 자신의 본성이 청정함을 보고, 스스로 닦고 스스로 행하여, 스스로가 불도(佛道)를 이루는 것입니다."

6. 참회품(懺悔品)

　　그때, 대사(大師)가 광주(廣州)와 소주(韶州) 그리고 사방에서 온 사람들이 산중에 모여 법을 듣는 것을 보시고, 이에 법좌에 오르셔서 대중에게 말씀하셨다. : 자, 여러분! 이 일은 반드시 자신의 일에서 시작되어야 하며, 모든 때에 생각생각(念念)마다 자신의 마음을 청정하게 하여야 합니다. 스스로 닦고 스스로 행하여, 자신의 법신(法身)을 보고, 자신의 마음속 부처를 보며, 스스로 깨달아 스스로 계율을 지켜야만 비로소 헛되이 여기에 온 것이 아니게 됩니다. 이미 먼 곳에서 와서 이곳에 함께 모였으니, 모두가 인연이 있는 것입니다. 이제 각자 무릎을 꿇고 앉으십시오. 먼저 자성(自性)의 오분법신향(五分法身香, 다섯 가지 법신의 향기)을 전하고, 다음에 무상참회(無相懺悔)를 전하겠습니다.

　　대중이 무릎(호궤, 胡跪)을 꿇었다.

　　선사가 말씀하셨다. : "첫째, 계향(戒香)입니다. 즉 자신의 마음속에 잘못이 없고 악이 없으며, 시기와 질투가 없고, 탐욕과 성냄이 없으며, 빼앗거나 해치려는 마음이 없는 것을 계향이라 합니다.

　　둘째, 정향(定香)입니다. 즉 모든 선악(善惡)의 경계를 보아도 자신의 마음이 어지럽지 않은 것을 정향이라 합니다.

　　셋째, 혜향(慧香)입니다. 자신의 마음에 걸림이 없어 항상 지혜로써 자성을 관조(觀照)하며, 모든 악을 짓지 않고, 비록 많은 선을 닦아도 마음에 집착하지 않으며, 윗사람을 공경하고 아랫사람을 생각하며, 외롭고 가난한 사람을 가엾이 여기는 것을 혜향이라 합니다.

넷째, 해탈향(解脫香)입니다. 즉 자신의 마음이 선악(善惡)에 매이지 않고, 선을 생각하지도 악을 생각하지도 않으며, 자재롭고 걸림이 없는 것을 해탈향이라 합니다.

다섯째, 해탈지견향(解脫知見香)입니다. 자신의 마음이 이미 선악에 매이지 않았으나, 공(空)에 빠져 고요함만 지키지 말고, 반드시 널리 배우고 많이 들어서 자신의 본심(本心)을 깨달아 모든 부처의 이치에 통달하며, 빛을 감추고 중생을 접하여 나와 남이 없이 곧바로 보리(菩提)에 이르되, 참된 성품이 변하지 않는 것을 해탈지견향이라 합니다. 여러분! 이 향은 각자가 스스로 내면에서 그윽하게 하는 것이니, 바깥에서 찾으려 하지 마십시오."

"이제 여러분에게 무상참회(無相懺悔)를 전하여, 삼세(三世)의 죄를 없애고 삼업(三業)이 청정해지게 하겠으니 여러분은 모두 저의 말을 따라 하십시오. : '제자 등은 앞의 생각, 지금의 생각, 그리고 뒤의 생각에 이르기까지, 생각생각마다 어리석음과 미혹에 물들지 않겠습니다. 이전에 지은 모든 악업과 어리석음, 미혹 등의 죄를 모두 참회하오니, 한꺼번에 소멸되어 다시는 일어나지 않게 하소서. 제자 등은 앞의 생각, 지금의 생각, 그리고 뒤의 생각에 이르기까지, 생각 생각마다 교만과 속임에 물들지 않겠습니다. 이전에 지은 모든 악업과 교만, 속임 등의 죄를 모두 참회하오니, 한꺼번에 소멸되어 다시는 일어나지 않게 하소서.' 여러분! 이상이 무상참회(無相懺悔)입니다. 무엇을 참(懺)

이라 하고, 무엇을 회(悔)라 할까요? 참(懺)이란, 이전의 허물을 참회하는 것이니, 이전에 지은 모든 악업과 어리석음, 미혹, 교만, 속임, 시기, 질투 등의 죄를 모두 다 참회하여 다시는 일어나지 않게 하는 것을 참(懺)이라 합니다. 회(悔)란, 이후의 허물을 뉘우치는 것이니, 지금 이후로 모든 악업과 어리석음, 미혹, 교만, 속임, 시기, 질투 등의 죄를 이미 깨달아 모두 영원히 끊고 다시는 짓지 않는 것을 회(悔)라 합니다. 그래서 이를 참회(懺悔)라고 합니다. 범부(凡夫)는 어리석고 미혹하여, 다만 이전의 허물만 참회할 뿐, 앞으로 지을 잘못을 뉘우치지는 못합니다. 뉘우치지 않기 때문에 이전의 허물이 없어지지 않고, 이후의 허물이 다시 생깁니다. 이전의 허물이 이미 사라지지 않고, 이후의 허물이 또 다시 생긴다면, 이것을 어찌 참회(懺悔)라 부를 수 있겠습니까?"

    여러분! 참회를 마쳤으니, 이제 선지식들과 함께 사홍서원(四弘誓願)을 발(發)하겠습니다. 각자 마음을 바르게 하고 귀 기울여 들으십시오.

    제 마음의 중생이 끝없이 많으니, 맹세코 모두 제도하겠나이다.
    제 마음의 번뇌가 끝없이 많으니, 맹세코 모두 끊겠나이다.
    제 성품의 법문이 다함이 없으니, 맹세코 모두 배우겠나이다.
    제 성품의 무상한 불도(佛道)를 맹세코 이루겠나이다.

여러분! 모든 분들이, 어째서 '중생이 끝없이 많으니 맹세코 제도 하겠나이다'라고 말하지 않겠습니까? (당연히 그런 서원을 말해야지요), 그렇게 말한다고 해서 제가(혜능이) 제도한다는 것은 아닙니다. 여러분! 마음속의 중생이란, 이른바 사악하고 미혹한 마음, 거짓되고 망령된 마음, 선하지 않은 마음, 시기와 질투의 마음, 악독한 마음 등과 같은 마음들입니다. 이러한 마음들이 모두 중생입니다. 각자 자신의 성품으로 스스로 제도해야 하니, 이를 참다운 제도라 합니다. 무엇을 '자성으로 스스로 제도 한다'고 합니까? 이는 자기 마음속의 사견(邪見)과 번뇌, 어리석음의 중생들을 바른 견해(正見)로 제도하는 것입니다. 바른 견해를 갖추면, 반야지혜(般若智慧)로 어리석고 미혹한 중생들을 깨뜨려 각자 스스로 제도하게 됩니다. 사악함이 오면 바름으로 제도하고, 미혹함이 오면 깨달음으로 제도하며, 어리석음이 오면 지혜로 제도하고, 악이 오면 선으로 제도합니다. 이와 같이 제도하는 것을 참다운 제도라고 합니다. 또한, '번뇌가 끝없이 많으니 맹세코 모두 끊겠다'는 것은, 자기 성품의 반야지혜로 허망한 생각과 마음을 제거하는 것입니다. 또한, '법문이 다함이 없으니 맹세코 모두 배우겠다'는 것은, 반드시 자신의 성품을 보고 항상 바른 법을 행하는 것입니다. 이를 참다운 배움이라고 합니다. 또한, '위없는 불도를 맹세코 이루겠다'는 것은, 항상 마음을 낮추어 진실 되고 바르게 행하며, 미혹을 떠나고 깨달음도 떠나서 항상 반야(般若)를 일으키는 것입니다. 진실함과 허망함을 제거하면 곧 불성을 보게 되고, 곧 언하에 불도를 이루는 것입니다. 항상 염(念, 마음에 두고 생각)하고 수행하는 것이 서원의 힘입니다.

여러분! 이제 사홍서원(四弘誓願)을 발하였으니, 다시 여러분에게 무상삼귀의계(無相 三歸依 戒)를 전하겠습니다. 여러분! 깨달음(覺)의 양족존(兩足尊)에 귀의하고, 바름(正)인 이욕존(離欲尊)에 귀의하고, 청정함(淨)인 중중존(衆中尊)에 귀의하십시오. 오늘부터 깨달음을 스승으로 삼고, 다시는 삿된 마귀와 외도(外道)에 귀의하지 말며, 자신의 성품 삼보(自性三寶)로 스스로를 증명하고, 자신의 성품 삼보에 귀의할 것을 여러분에게 권합니다. 불(佛)은 깨달음(覺)이고, 법(法)은 바름(正)이며, 승(僧)은 청정함(淨)입니다. 자신의 마음이 깨달음에 귀의하면, 사악함과 미혹이 생기지 않고, 소욕(少欲)으로 지족(知足)하며, 능히 재물과 색욕을 떠날 수 있으니, 이를 양족존(兩足尊)이라 합니다. 자신의 마음이 바름(正)에 귀의하면, 생각 생각마다 삿된 견해가 없고, 삿된 견해가 없으므로 나와 남을 구별하며 교만하거나, 탐욕과 집착이 없으니, 이를 이욕존(離欲尊)이라 합니다. 자신의 마음이 청정함에 귀의하면, 모든 번뇌와 애욕의 경계에 대해 자신의 성품이 더럽혀지지 않으니, 이를 중중존(衆中尊)이라 합니다. 이와 같이 수행하는 것이 바로 스스로 귀의(自歸依)하는 것입니다.

(그러나) 범부(凡夫)는 이를 깨닫지 못하고, 낮부터 밤까지 (형식적인) 삼귀의계(三歸依戒)를 받습니다. 만약 '불(佛)에 귀의 한다'고 말한다면, 불(佛)은 도대체 어디에 있는가? 불을 보지 못한다면, 무엇을 의지해 귀의한다는 말인가? 하면서, 이런 말들로 도리어 허망함을 만듭니다.

여러분! 각자 자신을 관찰하고, 마음을 잘못 쓰지 마십시오. 경문(經文)은 분명히 '스스로 불에 귀의 한다'고 말했지, '다른 불에 귀의 한다'고 말하지 않았습니다. 자신의 불(自佛)에 귀의하지 않으면, 의지할 곳이 없습니다. 이제 이미 스스로 깨달았으니, 각자 자신의 마음 삼보(自心三寶)에 귀의해야 합니다. 안으로는 마음과 성품을 다스리고, 밖으로는 다른 사람을 공경하는 것이 바로 스스로 귀의(自歸依)하는 것입니다.

여러분! 이미 자심의 삼보(自心三寶)에 귀의하였으니, 각자 마음을 다잡고, 제가 여러분에게 일체삼신자성불(一體三身自性佛)을 설명하여, 여러분으로 하여금 삼신(三身)을 분명히 보고 스스로 자성을 깨닫게 하겠습니다. 모두 저를 따라 말하십시오. : '나의 색신(色身)에 청정법신불(淸淨法身佛)에 귀의합니다. 나의 색신에 원만보신불(圓滿報身佛)에 귀의합니다. 나의 색신에 천백억화신불(千百億化身佛)에 귀의합니다.'

여러분! 색신은 집과 같아서 귀의할 대상이 아닙니다. 앞서 말한 삼신불(三身佛)은 자성(自性) 안에 있으며, 세상 사람들은 모두 가지고 있습니다. 다만 스스로 마음이 미혹하여 내면의 성품을 보지 못하고, 밖에서 삼신여래(三身如來)를 찾으니, 자신 안에 삼신불이 있음을 보지 못하는 것입니다. 이제 대중들은 잘 들으십시오. 여러분들은 자신 안에 있는 자성의 삼신불을 볼 수 있도록 해야 합니다. 이 삼신불은 자성에서 생겨난 것이지, 밖에서 얻는 것이 아닙니다. 무엇을 청정법신불(淸淨法身佛)이라 하는가? 세상 사람들의 성품은 본래 청정하며, 모든 법은 자성에서 생겨납니다. 모든 악한 일을 생각하면 악한 행동이 생기고, 모든 선한 일을 생각하면 선한 행동이 생깁니다. 이와 같이 모든 법은 자성 안에 있으니, 하늘은 항상 맑고, 해와 달은 항상 밝으나, 뜬구름에 덮여 위는 밝고 아래는 어둡습니다. 바람이 불어 구름이 흩어지면 위아래가 모두 밝아지고, 모든 현상이 드러납니다. 세상 사람들의 성품도 항상 떠돌아다니니, 저 하늘의 구름과 같습니다. 여러분! 지혜(智)는 해와 같고, 총명(慧)은 달과 같아서 지혜는 항상 밝지만, 밖의 경계에 집착하면 망념(妄念)의 뜬구름이 자성을 덮어 밝게 빛나지 못합니다. 만약 선지식을 만나 참된 법을 듣고 스스로 미혹과 망상을 제거하면, 안팎이 환히 밝아져 자성 안에서 만법이 모두 나타나게 됩니다. 성품을 본 사람도 또한 이와 같으니 이를 청정법신불이라 합니다.

여러분! 자심(自心)이 자성(自性)에 귀의하는 것이 참된 부처에 귀의하는 것입니다. 자신에게 귀의한다는 것은 자성 안의 불선심(不善心), 질투심(嫉妬心), 아첨하는 마음(諂曲心), 아만심(吾我心), 속이는 마음(誑妄心), 남을 업신여기는 마음(輕人心), 남을 경멸하는 마음(慢他心), 사견(邪見心), 교만심(貢高心) 및 모든 때의 불선한 행동을 제거하고, 항상 자신의 허물을 보고 남의 좋고 나쁨을 말하지 않는 것이 자신에게 귀의하는 것입니다. 항상 마음을 낮추어 두루 공경을 행하는 것이 곧 성품을 보고 통달한 것으로서, 더 이상 막힘이 없게 되니, 이것이 자신에게 귀의한다는 것입니다.

무엇을 원만보신(圓滿報身)이라 하는가? 비유컨대 한 등불이 천 년의 어둠을 없애고, 한 지혜가 만 년의 어리석음을 소멸시키는 것과 같습니다. 과거를 생각하지 마십시요. 이미 지나간 것은 얻을 수가 없습니다. 항상 앞을 생각하여, 생각 생각마다 원만하고 밝게 하여 스스로 본성을 보십시요. 선악은 비록 다르나, 본성은 둘이 아닙니다. 둘이 아닌 성품을 실성(實性)이라고 합니다. 실성 안에서는 선악에 물들지 않으니, 이를 '원만보신불(圓滿報身佛)'이라고 합니다. 자성에서 한 생각 악을 일으키면 만 겁의 선한 인연이 소멸되고, 자성에서 한 생각 선을 일으키면 항하사(恒河沙) 같은 악이 다 없어집니다. 무상보리(無上菩提)에 이르기까지 생각 생각마다 자신의 본래 마음을 보되, 그 본래 마음을 잃지 않는 것을 '보신(報身)'이라고 합니다.

무엇을 천백억화신(千百億化身)이라 하는가? 만약 모든 법을 생각하지 않으면 성품은 본래 공(空)과 같고, 한 생각을 일으키면 이를 변화라 합니다. 악한 일을 생각하면 지옥으로 변화하고, 선한 일을 생각하면 천당으로 변화합니다. 독해(毒害)는 용과 뱀으로 변화하고, 자비는 보살로 변화하며, 지혜는 상계(上界)로 변화하고, 어리석음은 하방(下方)으로 변화합니다. 자성의 변화는 매우 많으나, 미혹한 사람은 이를 깨닫지 못하고 생각 생각마다 악을 일으켜 항상 악도(惡道)를 행합니다. 한 생각을 선하게 돌이키면 지혜가 즉시 생기니, 이를 '자성화신불(自性化身佛)'이라 합니다.

여러분! 법신(法身)은 본래 구족하니, 생각 생각마다 자성을 스스로 보는 것이 곧 보신불(報身佛)이고, 보신에서 생각하는 것이 곧 화신불(化身佛)입니다. 스스로 깨닫고 스스로 닦아 자성의 공덕을 이루는 것이 참된 귀의(歸依)입니다. 피부와 살은 색신(色身)이요, 색신은 집과 같아서 귀의할 대상이 아닙니다. 다만 자성의 삼신(三身)을 깨달으면 곧 자성불(自性佛)을 아는 것입니다. 여기 하나의 무상게(無相偈)가 있으니, 만약 이를 받들어 지니면 말씀 아래에서 여러분이 쌓은 겁의 미혹과 죄악이 한꺼번에 소멸될 것입니다. 게(偈)는 이러합니다. :

　　미혹한 사람은 복은 닦아도 도를 닦지 않아, 복을 닦는 것이 곧 도라 말하네.
　　보시와 공양으로 복은 무변하나, 마음속의 삼악(三惡)은 원래대로(처음부터 계속해서) 짓고 있네.
　　복을 닦아 죄를 없애려 하나, 후세에 복을 얻어도 죄는 남아 있네.
　　다만 마음속에서 죄의 인연을 없애면, 이름 하여 자성(自性)의 참된 참회라 하네.
　　홀연히 대승의 참된 참회를 깨달으면, 삿됨을 버리고 바름을 행하니 곧 죄가 없음이라.
　　도(道)를 배움은 항상 자성을 관(觀)하는 것이니, 곧 모든 부처와 동일한 부류가 되리라.
　　우리 조사(祖師)는 오직 이 돈법(頓法)을 전하셨고, 모두가 견성하여 한 몸이 되기를 원하셨네.
　　만약 장래에 법신을 찾고자 하면, 모든 법상(法相)을 떠나 마음을 씻으라.
　　노력하여 스스로 보라, 게으르지 말라, 후념(後念)이 홀연히 끊어지면 한 생이 끝나리.
　　대승을 깨달아 견성을 하려면, 공경히 합장하고 지극한 마음으로 구하라.

선사가 말씀하셨다. : 여러분! 모두 이를 외워 받들어 수행하십시오. 말씀 아래에서 성품을 볼 것입니다. 비록 나와 천 리를 떨어져 있어도 항상 내 곁에 있는 것과 같습니다. 이 말씀 아래에서 깨닫지 못하면, 곧 마주하고 있다 해도 천 리와 같으니, 어찌 애써 멀리서 올 필요가 있겠습니까? 몸 건강히, 잘들 가십시오.

대중은 법문을 듣고 깨닫지 못한 사람이 없었고, 기뻐하며 받들어 행하였다.

7. 기연품(機緣品): 근기와 인연에 따른 가르침

선사는 황매산에서 법을 얻고 소주(韶州) 조후촌(曹侯村)으로 돌아왔으나, 사람들은 선사를 알아보지 못하였다. (다른 본에는 '선사가 떠날 때 조후촌에 이르러 9개월 이상 머물렀다'고 하지만, 선사는 스스로 '30여 일을 넘기지 않고 황매산에 도착했다'고 말씀하셨다. 도를 구하는 마음이 간절했는데, 어찌 머물러 있었겠는가? '선사가 떠날 때'라는 기록은 옳지 않다.) 당시에 유학자 유지략(劉志略)이라는 사람이 있었는데, 선사를 매우 후하게 대접하였다. 유지략에게는 무진장(無盡藏)이라는 비구니 고모가 있었는데, 항상 《대반야경(大般若經)》을 외우고 있었다. 선사는 잠시 경전을 듣고는 곧 그 깊은 뜻을 알아차리고, 이에 비구니에게 해설을 해주셨다. 비구니가 경전을 들고 글자를 물으니, 선사가 말씀하셨다. "글자는 모르니, 뜻으로 물어주시오." 비구니가 말했다. "글자도 모르는데 어떻게 뜻을 이해한단 말인가요?" 선사가 말씀하셨다. "모든 부처님의 깊은 이치는 글자와 상관이 없습니다." 비구니는 놀라워하며 마을의 덕이 높은 어른들에게 널리 알렸다. "이는 도를 깨달은 사람이니, 모시고 공양해야 합니다." 위魏(일설에는 진晉)나라 무후(武侯)의 먼 자손인 조숙량(曹叔良)과 주민들이 다투어 선사를 찾아와 예를 올렸다. 이때 옛 절 보림사(寶林古寺)는 수나라 말기 전란으로 이미 폐허가 되어 있었는데, 마침내 옛 터 위에 절을 다시 짓고 선사를 모시니,

곧 보배로운 도량이 되었고, 선사는 9개월 이상 머무셨다. 그러나 악당들이 선사를 찾아와 쫓기자, 선사는 앞산으로 피신했는데, 그들이 풀과 나무에 불을 지르자, 선사는 몸을 숨겨 바위틈에 들어가 위기를 모면했는데, 그 바위에는 지금도 선사가 결가부좌한 무릎 자국과 옷 주름이 남아 있어, 이를 피난석이라 부른다. 선사는 오조 홍인 대사의 '회(懷)에서는 멈추고(止) 회(會)에서는 숨으라(藏)'는 당부를 떠올리고, 두 고을에 은둔하며 지내셨다.

법해(法海) 스님은 소주 곡강(韶州曲江) 사람이다. 처음 조사(祖師)를 참배하며 물었다. "즉심즉불(卽心卽佛)이라 하는데, 무슨 뜻인지 가르쳐 주십시오." 선사가 말씀하셨다. "앞의 생각이 생기지 않는 것이 마음이고, 뒤의 생각이 멸하지 않는 것이 부처이다. 모든 상(相)을 이루는 것이 마음이고, 모든 상을 떠나는 것이 부처이다. 내가 만일 자세히 말하려면 겁(劫)을 다해도 다하지 못하리라. 내 게송을 들으라.":

마음을 곧 지혜라 이름하며, 부처는 곧 선정이다.
선정과 지혜를 평등하게 지니면 뜻이 청정하리라.
이 법문을 깨닫는 것은 너의 습성에서 비롯된다.
본래 생겨남이 없는 근본을 사용하며, 선정과 지혜를 함께 닦는 것이 바른 길이다.

법해는 이 말에 크게 깨달아 게송으로 찬탄하였다. :

마음이 본래 부처이니, 깨닫지 못해 스스로 굽히는구나.

내 이제 선정과 지혜의 인연을 알았으니, 둘을 함께 닦아 모든 것을 떠나리라.

법달(法達) 스님은 홍주(洪州) 사람으로, 일곱 살에 출가하여 항상《법화경(法華經)》을 외웠다. 조사를 참배하러 왔으나 머리를 땅에 대지 않았다. 선사가 꾸짖으며 말씀하셨다. "예를 올리되 머리를 땅에 대지 않는다면, 예를 올리지 않는 것과 무엇이 다르냐? 너의 마음속에 반드시 한 가지 걸림이 있구나. 평소 무엇을 익혔느냐?" 법달이 말했다. "《법화경》을 외운 것이 이미 3천 번입니다." 선사가 말씀하셨다. "네가 만일 1만 번을 외워 경의 뜻을 얻고도 그것을 뛰어나다고 여기지 않는다면, 나와 함께할 수 있으리라. 너는 지금 이 일을 자랑으로 여기고, 잘못을 전혀 알지 못하는구나. 내 게송을 들어라.":

예는 본래 교만을 꺾는 것이니, 머리가 어찌 땅에 닿지 않는가?
나(我)가 있으면 죄가 생기고, 공(功)을 잊으면 복이 비할 데 없느니라.

선사가 또 물으시길, "네 이름이 무엇이냐?" 하니, "법달(法達) 입니다." 하매, 선사가 말씀하시길, "네 이름이 법달(法達)이지만, 어찌 일찍이 법에 통달한 적이 있겠는가?" 다시 게송으로 말씀하셨다. :

너의 지금의 이름은 법달이니, 부지런히 외우기를 그
치지 않았도다.
　헛되이 외우며 소리만 좇을 뿐, 마음을 밝혀야 보살이
라 이름 하네.
　네가 이제 인연이 있으니, 내가 너를 위해 말하리라.
　다만 부처님은 말이 없음(佛 無言)을 믿는다면, 연꽃이
입에서 피어나리라.

　법달은 게송을 듣고, 뉘우치며 사죄했습니다. "이제부
터는 모든 일에 겸손하고 공경하겠습니다. 제자가 《법화
경》을 외웠으나 경의 뜻을 이해하지 못해 마음에 항상 의
심이 있었습니다. 스님의 지혜는 넓고 크시니, 간략히 경의
뜻을 말씀해 주소서." 선사가 말씀하셨다. "법달아! 법은
심히 통달되어 있으나, 네 마음이 통달하지 못한 것이다.
경전에는 본래 의심될 것이 없으나, 네 마음이 스스로 의
심하는 것이다. 네가 이 경을 외울 때, 무엇을 종지(宗旨)
로 삼았느냐?" 법달이 말했다. "학인은 근성이 어둡고 둔
하여, 지금까지 단지 글자만 따라 외웠을 뿐이니, 어찌 종
취(宗趣)를 알겠습니까?" 선사가 말씀하셨다. "나는 글자를
알지 못하니, 그대가 경전을 가져다가 한 번 외워 보아라.
내가 너를 위해 설명해 주리라." 법달이 즉시 큰 소리로
경을 외우다가 비유품(譬喩品)에 이르자, 선사가 말씀하셨
다. "그만! 이 경전은 본래 인연으로 세상에 나온 것을 종
지로 삼았다. 비록 여러 가지 비유를 말하더라도 이를 벗
어나지 않는다. 어떤 인연인가? 경전에 이르기를, '모든 부
처 세존은 오직 한 가지 큰일의 인연으로 세상에 나타났

다'고 했다. 한 가지 큰일이란 부처님의 지견(知見)이다. 세상 사람들은 밖으로는 상(相)에 미혹되고, 안으로는 공(空)에 미혹된다. 만약 상을 떠나 상에 집착하지 않고, 공을 떠나 공에 집착하지 않는다면, 그것이 곧 안팎으로 미혹되지 않는 것이다. 만약 이 법을 깨닫는다면, 한 생각에 마음이 열리니, 이것이 바로 '부처님의 지견(佛知見)'을 연다는 것이다. 부처는 깨달음이다. 네 가지 문으로 나누어, (중생들에게) 깨달음의 지견을 열고, 깨달음의 지견을 보이고, 깨달음의 지견을 깨닫게 하고, 깨달음의 지견에 들어가게 하는 것이다. 만약 열고 보임을 듣고 곧 깨닫고 들어간다면, 곧 깨달음의 지견이니, 본래의 참 성품이 나타나는 것이다. 너는 삼가 경의 뜻을 잘못 이해하지 말라. 다른 이가 말하기를, '열고 보이며 깨닫게 하고 들어가게 함(開示悟入)은 본래 부처의 지견이니, 우리에게는 해당하지 않는다.'고 한다. 만약 이렇게 이해한다면, 이는 경전을 비방하고 부처를 훼손하는 것이다. 그분은 이미 부처님이시라, 이미 지견을 갖추었는데, 어찌 다시 열 필요가 있겠는가? 너는 이제 믿어라. 부처의 지견이란 오직 네 마음일 뿐이니, 별도의 부처가 없다. 모든 중생은 스스로 빛을 가리고, 번뇌의 경계를 탐내어 밖의 인연에 마음이 어지러워져, 기꺼이 채찍에 몸을 맡긴다. 그러므로 수고로이 저 세존께서 삼매에서 일어나 여러 가지 간절한 말로 권하시기를, '쉬고 멈추라, 바깥에서 구하지 말라. 그러면 부처와 다르지 않다'고 하셨다. 그러므로 (법화경에) 가로되, '부처의 지견을 열라'고 한 것이다. 나도 모든 사람에게 권하노니, 자기 마음속에서 항상 부처의 지견을 열라. 세상 사람들은 마음이 삿되고 어리석고 미혹하여 죄를 짓고, 입으로는 선을 말하나 마음으로는 악을 품으며, 탐욕과 성냄과 시기와 아첨과 아만으로 남을 침해하고 물건을 해치니, 스스로 중생의 지견을 여는 것이다. 만약 마음을 바르게 하여 항상 지혜를 내고, 자기 마음을 관찰하여 악을 그치고 선을 행한다면, 이는 스스로 부처의 지견을 여는 것이다. 너는 생각 생각마다 부처의 지견을 열고, 중생의 지견을 열지 말라. 부처의 지견을 여는 것이 곧 세상을 벗어나는 것이요, 중생의 지견을 여는 것이 곧 세속에 머무는 것이다. 네가 만일 수고롭게 (독송에 대한) 생각에 집착하여 (법화경 독송을) 공부의 성과로 삼는다면, 이는 들소가 꼬리를 사랑하는 것과 무엇이 다르겠는가."[17]

법달이 말했다. "그렇다면, 다만 뜻을 이해하고 경을 외우는 수고는 하지 않아도 됩니까?"

선사가 말씀하셨다. "경전에 무슨 허물이 있겠는가? 어찌 네가 외우는 것을 막겠는가? 다만 미혹과 깨달음이 사람에게 있고, 이익과 손해가 자기에게 달려 있을 뿐이다. 입으로 외우고 마음으로 행하면 곧 네가 경전을 굴리는 것이요, 입으로 외우고 마음으로 행하지 않으면 곧 경전이 너를 굴리는 것이다. 내 게송을 들어라." :

마음이 미혹되면 법화경이 굴리고, 마음이 깨달으면 법화경을 굴린다.

경을 오래 외워도 밝히지 못하면, 뜻과 원수가 되느니

---

[17] 수행은 마음의 변화와 자성의 깨달음에 있는데, 형식이나 공덕의 양에 집착하는, 헛된 집착에 대한 비유.

라.

없는 생각(無念의 念)이 곧 바르고, 있는 생각(有念의 念)이 곧 사악하니,

있고 없음을 모두 헤아리지 않으면, 항상 흰 소 수레(白牛車; 일불승, 一佛乘)를 몰고 다니리.

법달이 게송을 듣고 감동하여 눈물을 흘리며 언하에 크게 깨닫고 선사께 말씀 드렸다. : "법달은 지금까지 진정으로 《법화경》을 굴리지 못하고, 오히려 《법화경》이 저를 굴렸습니다." 다시 여쭈었다. : "경전에 이르기를, '모든 대성문(大聲聞)과 보살들도 함께 생각하고 헤아려도 부처의 지혜를 측량할 수 없다'고 했습니다. 그런데 이제 범부에게 다만 자신의 마음을 깨달으라고 하여 이를 '부처의 지견(知見)'이라 합니다. 상근(上根)이 아닌 사람들은 의심하고 비방 할 수밖에 없을 것입니다. 또 경전에서는 세 가지 수레(三車), 즉 양차(羊車), 녹차(鹿車), 우차(牛車)와 흰 소 수레(白牛車)18)를 말씀하셨는데, 이들은 어떻게 구별됩

---

18) *양차(羊車, 양 수레) → 성문승(聲聞乘): 성문(聲聞, 아라한)은 부처님의 가르침을 듣고 깨달음을 얻는 수행자를 뜻합니다. 자기의 해탈을 목적으로 하며, 소승(小乘)으로 분류됩니다.
*녹차(鹿車, 사슴 수레) → 연각승(緣覺乘, 독각승): 연각(緣覺, 독각)은 부처 없이 스스로 깨달음을 얻은 자를 뜻합니다. 주로 인연을 관찰하여 진리를 깨닫는 수행 방식을 따릅니다. 마찬가지로 소승(小乘)에 속합니다.
*우차(牛車, 소 수레) → 보살승(菩薩乘): 보살(菩薩)은 깨달음을 구하면서도 중생을 제도하는 존재입니다. 성문승과 연각승보다 더 높은 수행의 길로, 대승(大乘)에 해당합니다. 그렇지만

니까? 선사께서 다시 가르쳐 주시기 바랍니다."

　　선사가 말씀하셨다. : "경전의 뜻은 분명한데, 너 스스로 미혹되어 등을 돌렸을 뿐이다. 모든 삼승(三乘, 성문·연각·보살)의 사람들이 부처의 지혜를 측량하지 못하는 것은 헤아리려는 데 문제가 있다. 그들이 아무리 생각하고 추론해도 오히려 더 멀어질 뿐이다. 부처는 본래 범부를 위해 설법한 것이지, 부처를 위해 설법한 것이 아니다. 이 이치를 믿지 못하는 사람들은 그에 따라 자리를 떠났는데, 흰 소 수레에 타고 있으면서도 오히려 문 밖에서 세 가지 수레를 찾고 있음을 전혀 알지 못하고 있다.19) 더욱이 경전의 문구가 분명히 너에게 말하고 있지 않느냐, '오직 일불승(一佛乘)만이 있을 뿐, 둘이나 셋 같은 다른 승(乘)은 없다.' 또한 수많은 방편과 갖가지 인연과 비유와 말씀은 모두 일불승을 위한 것이다. 너는 왜 살피지(省) 못하느냐?

　　일승(一乘)으로 가는 과정 중 하나로 봅니다.
*白牛車(백우차) → 큰 흰 소 수레(一乘, 하나의 큰 가르침)을 의미합니다. 즉, 부처님이 최종적으로 설하고자 한 법화경의 가르침, 대승불교의 궁극적인 진리를 뜻합니다. 처음에는 중생을 위해 삼승(三乘)을 설했지만, 궁극적으로는 오직 하나의 길(一乘)만이 존재한다는 것을 강조합니다.
19) 법화경의 내용 중에 설법을 믿지 않는 대중들은 자리에서 물러나 떠나간 것을 예를 들어 말하고 있습니다. (방편품 제2장) : "爾時世尊。止聲聞眾。勿復懷懼。於我所說。當生信力。世尊重宣此義。諸聲聞眾。增上慢者。千二百人。即從座起。作禮佛足。而退去矣。그때 세존께서, 성문 대중에게 그치라고 하시며, 다시는 두려워하지 말고, 내가 말한 것에 대해 믿음을 가져야 한다고 말씀하셨다. 세존께서 이 뜻을 거듭 말씀하시자, 성문 대중 중에 교만한 자 1,200명이 즉시 자리에서 일어나 부처님의 발에 예를 올리고 물러갔다."

세 가지 수레는 거짓이며, 옛날을 위한 것이고, 한 수레(一乘)는 진실이며, 지금을 위한 것이다. 다만 너에게 거짓을 버리고 진실로 돌아가라고 가르칠 뿐이다. 진실로 돌아간 후에는 진실 또한 이름이 없느니라. 마땅히 알아야 하느니라. 모든 보배는 너에게 속해 있으며, 네가 사용할 뿐이다. 아버지라고 생각하지도 말고, 아들이라고 생각하지도 말며, 사용한다는 생각도 없어야 한다. 이것을 《법화경》을 지닌다고 말하는 것이니, 겁(劫)에서 겁으로 두 손에 경전을 놓지 않으며, 낮부터 밤까지 항상 염(念)하지 않는 때가 없다."

법달은 가르침을 받고 뛸 듯이 기뻐하며 게송으로 찬탄하여 말했다. :

경전을 삼천 번 읽었지만, 조계(曹溪)의 한 마디에 모두 사라졌네.
출세(出世, 세상을 벗어남)의 뜻을 알지 못했으니, 어찌 여러 생의 미망(迷妄)을 그치리오.
양차(羊車), 녹차(鹿車), 우차(牛車)는 방편으로 설정되었고, 초·중·후의 선(善)20)을 드날렸네.
누가 알았으리요? 불길 속 집 안에 원래 법 중의 왕이 있었음을.

선사가 말씀하셨다. "너는 이제야 비로소 경전을 읽는

---

20) 성문승(羊車), 연각승(鹿車), 보살승(牛車)의 수행 과정도 방편이지만 선(善)한 것이며, 궁극적으로 일승(白牛車)으로 회통됨을 의미합니다.

스님이라 할 만하다." 법달은 이로부터 깊은 가르침을 깨닫고, 또한 경전 읽기를 멈추지 않았다.

지통(智通)스님은 수주 안풍(壽州 安豐) 사람으로, 처음에 《능가경》을 천여 번 읽었지만, 삼신(三身)과 사지(四智)를 이해하지 못하였다. 그리하여 선사를 참예하고 그 뜻을 풀이해 달라고 청하였다.

선사가 말씀하셨다. "삼신(三身)을 말하자면, 청정법신(淸淨法身)은 너의 성품(性)이고, 원만보신(圓滿報身)은 너의 지혜(智)이며, 천백억 화신(千百億化身)은 너의 행동(行)이다. 만약 본성(本性)을 떠나서 따로 삼신을 말한다면, 이는 몸만 있고 지혜가 없는 것이다. 만약 삼신에 자기 성품(自性)이 없음을 깨닫는다면, 곧 사지(四智)와 보리(菩提)를 밝히게 될 것이다. 내 게송을 들어라.":

자성(自性)은 삼신을 갖추고, 발명(發明)하여 사지(四智)가 되느니라.
보고 듣는 인연을 떠나지 않으면서도, 초연히 부처의 경지에 오르느니라.
내가 지금 너를 위해 말하노니, 진실로 믿어 영원히 미혹되지 말라.
밖을 향해 치달려 구함을 배우지 말라, 온종일 보리(菩提)만 말로 할 뿐이다!

지통이 다시 여쭈었다. "사지(四智)의 뜻을 들을 수 있겠습니까?"

선사가 말씀하셨다. "이미 삼신(三身)을 이해했다면, 사지(四智)를 곧바로 알 수 있거늘, 왜 다시 묻느냐? 만약 삼신을 떠나서 따로 사지를 말한다면, 이는 지혜만 있고 몸이 없는 것이다. 이런 지혜는 결국 지혜가 아니게 된다." 다시 게송으로 말씀하셨다. :

　　대원경지(大圓鏡智)는 성품이 청정하고, 평등성지(平等性智)는 마음에 병이 없으며,
　　묘관찰지(妙觀察智)는 보는 데에 공력(功力)을 들이지 않고,21) 성소작지(成所作智)는 원경(圓鏡)과 같으니라.
　　오식(五識)과 팔식(八識)은 과보(果報)에서 전환되고, 육식(六識)과 칠식(七識)은 인(因)에서 전환되나22), 다만 언

---

21) 묘관찰지란 비공(非功), 즉 힘을 들이지 않고 보는 것이니, 분별을 잘 하되 난상(亂想)을 일으키지 않으며, 걸리고 막힘이 없는 자재(自在)함을 얻는 것을 말한다.
22) * 우리의 마음이 부처님과 같은 지혜로운 마음으로 바뀌어지는 구조를 밝힌 것이 유식(唯識)에서 말하는 전식득지(轉識得智)의 구조입니다. 불교에서는 인간의 인식 작용을 8가지 식(識)으로 나눕니다. 이 식들은 미혹(迷)의 상태에서 깨달음(覺)의 상태로 전환될 때, 각각 해당하는 지혜(智)로 바뀝니다.
전오식(前五識): 눈, 귀, 코, 혀, 몸의 감각적 인식
제육식(第六識): 의식(意識), 즉 사고와 분별 작용
제칠식(第七識): 말나식(末那識), 즉 자아의식과 집착
제팔식(第八識): 아뢰야식(阿賴耶識), 즉 저장된 모든 업(業)과 종자(種子)의 근원
* 이 식들은 깨달음을 통해 다음과 같은 지혜로 전환됩니다:
전오식 → 성소작지(成所作智): 모든 일을 완성하는 지혜
제육식 → 묘관찰지(妙觀察智): 모든 현상을 명확히 관찰하는 지혜

어의 개념을 사용할 뿐 참된 성품은 없느니라.
번잡함이 끊임없이 일어나도 영원히 나가정(那伽定)23)에 머무느니라.

[위와 같이 식(識)이 전환되어 지혜(智)가 된다. 교법(敎法)에서는 전오식(前五識)이 성소작지(成所作智)로, 제육식(第六識)이 묘관찰지(妙觀察智)로, 제칠식(第七識)이 평등성지(平等性智)로, 제팔식(第八識)이 대원경지(大圓鏡智)로 전환된다고 한다. 비록 육식과 칠식은 인(因)에서 전환되고, 오식과 팔식은 과(果)에서 전환되지만, 다만 이름만 바뀔 뿐 그 체(體)가 바뀌는 것은 아니다.]

제칠식 → 평등성지(平等性智): 모든 것에 평등하게 대하는 지혜
제팔식 → 대원경지(大圓鏡智): 모든 것을 비추는 거울 같은 지혜
* 육식과 칠식은 인(因)에서 전환된다는 의미: 육식(의식)과 칠식(말나식)은 수행 과정에서 직접적으로 전환이 되어, 이들은 수행의 원인(因)으로 작용하며, 수행자가 마음을 다스리고 집착을 버리는 과정에서 지혜로 전환됨: 제육식(의식)은 분별과 사고를 버리고 묘관찰지로 전환되며, 제칠식(말나식)은 자아의 집착을 버리고 평등성지로 전환된다는 것을 의미합니다.
* 오식과 팔식은 과(果)에서 전환된다는 의미: 오식(전오식)과 팔식(아뢰야식)은 수행의 결과(果)로서 자연스럽게 전환되어, 이들은 수행의 원인이 아니라, 수행의 결과로써 지혜로 바뀌게 됨: 전오식은 수행의 결과로 성소작지로 전환되고, 아뢰야식은 수행의 결과로 대원경지로 전환된다는 것을 의미입니다.
23) 나가(那伽)라는 말은 용(龍)을 뜻하는데 부처님이 선정에 들어 자유자재하심이 마치 용이 허공이나 바다에서 자유자재하게 노니는 것과 같음을 비유하여 나가정(那伽定)이라고 한 것이다.

지통은 몰록 성품의 지혜를 깨닫고, 게송을 지어 바쳤다. :

삼신(三身)은 원래 나의 몸이고, 사지(四智)는 본래 마음의 밝음이네.
몸과 지혜가 융합하여 걸림이 없으니, 대상에 응하고 형편에 따라 맡김이라.
마음을 일으켜 수행한다면 모두 망령된 움직임이고, 지켜 머무는 것도 참된 본질이 아니네.
오묘한 뜻을 스승의 가르침으로 깨달으니, 마침내 오염된 이름이 없어지게 되었네.

지상(智常)스님은 신주 귀계(信州 貴溪) 사람으로, 어려서 출가하여 뜻이 깨달음(見性)을 구(求)함에 있었다. 어느 날 선사를 참예(參禮)하니 선사가 물으셨다. : "너는 어디에서 왔으며, 무엇을 구하려 하느냐?"
지상이 대답했다. "학인(學人)은 최근에 홍주(洪州) 백봉산(白峯山)에 가서 대통(大通) 스님을 참배하고, '견성성불(見性成佛)'에 대한 가르침을 들었습니다. 그러나 여전히 의심이 풀리지 않아 멀리 와서 참배하오니, 선사께서 자비(慈悲)로 가르쳐 주시기 바랍니다."
선사가 말씀하셨다. "그 스님이 무슨 말씀을 하셨느냐? 한번 말해 보아라."
지상이 대답했다. 「"지상이 그곳에 가서 석 달을 머물렀지만, 가르침을 받지 못했습니다. 법을 구하는 마음이 간절하여 어느 날 밤 방에 들어가 여쭈었습니다. '제 본심

(本心)과 본성(本性)은 무엇입니까?'"

대통 스님이 말씀 하셨습니다. "너는 허공을 보느냐?"
제가 대답 했습니다. "네, 봅니다."
대통 스님이 말씀 하셨습니다. "너는 허공에 형상이 있는 것을 보았느냐?"
제가 대답 했습니다. "허공은 형체가 없는데, 무슨 형상이 있겠습니까?"
대통 스님이 말씀 하셨습니다. "너의 본성은 허공과 같아서, 한 물건도 볼 수가 없으니, 이것을 정견(正見)이라 하고, 한 물건도 알 수가 없으니, 이것을 참된 앎(眞知)이라 한다. 푸르거나 누르거나 길거나 짧은 것이 없으며, 다만 본원(本源)이 청정하고 깨달음의 체(體)가 원만하고 밝은 것을 보면, 이것을 견성성불(見性成佛)이라 하고, 또한 여래지견(如來知見)이라 한다."」

"학인은 이 말을 들었지만, 여전히 이해가 되지 않습니다. 선사께 가르침을 청합니다."

선사가 말씀하셨다. "그 스승의 말은 아직도 '보는 것'과 '아는 것'에 머물러 있기 때문에 네가 이해하지 못한 것이다. 내가 너에게 한 게송을 보여 주리라.":

한 법도 보지 않음은 무견(無見)을 보존하는 것인데, 이는 마치 뜬구름이 해를 가리는 것과 같고,
한 법도 알지 않음은 공지(空知, 공에 대한 개념적 앎)를 지키는 것이니, 이는 마치 허공에 번개가 치는 것과 같으니라.[24]

이러한 지견(知見)이 언뜻 일어날 때에, 잘못 알면, 어

찌 방편25)을 이해할 수 있겠는가?

너는 마땅히 한 생각에 그른 줄 알라, 그러면 너의 영묘한 빛이 항상 드러나리라.

지상은 게송을 듣고 마음이 활짝 열려, 이에 게송을 지어 바쳤다. :

부질없이 지견(知見)을 일으키고, 형상에 집착하여 보리(菩提)를 구하며,
한 생각 깨달았다는 식정(識情)을 간직하니, 어찌 옛날의 미혹(迷惑)을 넘어서리오.
자성(自性)은 깨달음의 근원체(源體)인데, 비추는 대로 헛되이 옮겨 흐른다.
조사(祖師)의 방에 들어가지 않았다면, 아득히 두 갈래 길로 나아갔으리.

지상이 어느 날 선사께 여쭈었다. "부처님은 삼승법(三乘法)을 말씀하시고, 또 최상승(最上乘)을 말씀하셨습니다. 제자가 이해하지 못하오니, 가르쳐 주십시오."
선사가 말씀하셨다. "너는 자신의 본심(本心)을 보라. 외부의 법상(法相)에 집착하지 말라. 법에는 네 가지 승(乘)이 없고, 사람의 마음에 차등이 있을 뿐이다. 보고 듣

---

24) 천둥번개는 구름들 속에서 일어나는 현상인데, 멀쩡한 허공에서 갑자기 번개가 치는 것처럼 말도 안 된다, 부질없다는 뜻.
25) 중생을 깨우치기 위한 부처님의 가르침.

고 외우는 것은 소승(小乘)이고, 법을 깨닫고 뜻을 이해하는 것은 중승(中乘)이며, 법에 따라 수행하는 것은 대승(大乘)이고, 만법(萬法)을 모두 통달하고, 만법을 모두 갖추어, 모든 것에 물들지 않고, 모든 법상(法相)을 떠나, 아무것도 얻지 않는 것을 최상승(最上乘)이라 한다. 승(乘)은 행(行)한다는 뜻이지, 입으로 다툴 것이 아니다. 너는 스스로 닦아야 하니, 나에게 묻지 말라. 모든 때에 자성(自性)이 스스로 그러하니라."

지상 스님은 예를 갖추어 감사하며, 선사의 생애가 다할 때까지, 스승을 섬기고 시중들었다.

지도(志道) 스님은 광주 남해(廣州南海) 사람인데, 선사께 가르침을 받고자 물었다. "학인이 출가한 이래로 《열반경(涅槃經)》을 10년 이상 보았으나, 그 대의(大意)를 분명히 이해하지 못하겠습니다. 선사께서 가르쳐 주시기 바랍니다."

선사가 말씀하셨다. "너는 어디에서 이해하지 못했느냐?"

지도가 말했다. "'제행(諸行)26)은 무상(無常)하여 생멸(生滅)의 법(法)이며, 생멸이 멸한 뒤 적멸(寂滅)이 즐거움이다'라는 구절에서 의심이 생깁니다."

선사가 말씀하셨다. "너는 어떻게 생겨난 의심을 짓는 것이냐?"

지도가 말했다. "모든 중생은 두 가지 몸이 있습니다.

---

26) 인연 화합에 의해 만들어진 모든 것, 인연 따라 형성된 것은 인연이 다하면 항상 변화하고 사라지게 된다.

색신(色身)과 법신(法身)입니다. 색신은 무상하여 생멸이 있지만, 법신은 항상(常住)하여 지각(知覺)함이 없습니다. 경전에서 말한 '생멸이 멸하여 없어지니, 적멸이 즐거움이 된다.'라는 구절에서, 어떤 몸이 적멸하는지, 어떤 몸이 즐거움을 받는지 분명하지 않습니다. 만약 색신이라면, 색신이 멸할 때 사대(四大)가 분산되어 모두 고통뿐인데, 고통을 즐거움이라 말할 수는 없습니다. 만약 법신이 적멸한다면, 이것은 곧 (저 지각없는) 초목(草木)이나 기와, 돌과 같은 것인데, 누가 즐거움을 받겠습니까? 또 법성(法性)은 생멸의 체(體)이고, 오온(五蘊)은 생멸의 작용(用)입니다. 하나의 체에 다섯 가지 작용(用)으로 생멸이 항상(常) 합니다. 생(生)은 체에서 용이 일어나는 것이고, 멸(滅)은 용이 체로 돌아가는 것입니다. 그런데 만약 다시 태어난다면, 유정(有情)의 종류는 끊어지지 않고, 멸하지 않을 것입니다. 그러나 다시 태어나지 않는다면, 영원히 적멸에 돌아가 무정물(無情物)과 똑같아질 것입니다. 이렇게 되면 모든 법이 열반에 의해 금복(禁伏, 제어하고 누름)되어[27] 여전히 태어날 수 없는 것인데, 무슨 즐거움이 있겠습니까?"

선사가 말씀하셨다. "너는 부처님의 제자인데, 어찌 외도의 단상(斷常, 단멸론과 영원론)의 사견(邪見)을 익혀 최상승법(最上乘法)을 논하느냐? 네가 말한 바에 따르면, 색신 밖에 따로 법신이 있고, 생멸을 떠나 적멸을 구하는 것이 된다. 또 열반의 상락(常樂)을 추론하여, 어떤 몸이 있어 그것을 받아들인다고 말한다. 이것은 생사(生死)에 집착

---

27) 열반으로 모든 것이 죽고 사라져 버림.

하고 세속의 즐거움에 탐닉하는 것이다. 너는 지금 마땅히 알아야 한다. 부처님은 '모든 미혹한 중생이 오온(五蘊)의 화합을 자기 몸의 모습으로 여기고, 모든 것들을 분별하여 바깥세상의 모습(外塵相, 바깥 경계의 모습)으로 삼고, 삶을 좋아하고 죽음을 싫어하며, 생각생각이 끊임없이 변해 가는데, (이것들이) 꿈과 환상처럼 허망한 것임을 알지 못하고, 헛되이 윤회(輪廻)를 받고, 항상 즐거움인 열반(常樂涅槃)을 거꾸로 괴로운 모습으로 만들어 종일토록 쫓아다니니', 이것을 가엾게 여겨 열반의 참된 즐거움을 보이신 것이다. 한 순간도 생(生)하는 모습이 없고, 한 순간도 멸(滅)하는 모습이 없으며, 다시 소멸할 생멸(生滅)의 모습이 없으니, 이것이 바로 눈앞에 드러나 있는 적멸이다. 적멸이 드러날 때에 드러났다는 생각 또한 없으니, 이것을 일러 항상 하는 즐거움(常樂)이라고 한다. 이 즐거움은 받는 자도 없고, 받지 않는 자도 없다. 그러므로 어찌 하나의 체에 다섯 가지 용이 있다는 개념이 있겠는가? 하물며 더욱이 열반이 모든 법을 금복(禁伏)하여 영원히 생겨나지 못하게 한다고 말한다면, 이것은 곧 부처를 비방하고 법을 훼손하는 것이다.[28] 나의 게송(偈)을 들으라.":

---

28) 지금 지도(志道)스님은 두 가지 질문을 하고 있습니다. 이것은 두 가지 견해라 할 수 있습니다. 하나는 사람이 죽게 되면 아무것도 남겨지는 것이 없이 완전한 무(無)로 돌아간다는 것입니다. 다른 하나는 모든 것은 생멸을 반복하고 그래서 계속해서 존재한다는 것입니다. 지도(志道)스님의 질문은 위와 같은 이해로부터 만들어진 것입니다.

불교에서는 이러한 견해를 두 가지 사견(혹은 변견邊見)이라고 하고, 올바른 견해인 중도의 정견을 가져야 한다고 말

무상대열반(無上大涅槃)이여, 원만하고 밝아 항상 고요히 비추나,

어리석은 범부는 죽음이라 하고, 외도(外道)는 단멸(斷滅)이라 집착하네.

모든 이승(二乘)을 구(求)하는 사람들은, 그것(열반)을 무작(無作, 짓지 않음)이라 여긴다.

이 모두가 망정(妄情)의 계산일 뿐, 육십이견(六十二見, 모든 견해)의 근본(뿌리)이로다.

헛되이 가짜 이름을 세우니, 어찌 진실한 뜻이라 하리오?

오직 깨달은 사람만이, 취하고 버림 없이 통달하리라.

오온(五蘊)의 법과 그 속의 '나'를 아니(知),

바깥에 나타나는 여러 색상(色象), 각각의 소리들,

평등하여 꿈과 같으니, 범성(凡聖)의 견해도 일어나지 않으며,

열반도 생각하지 않으니, 이변삼제(二邊三際)29)가 끊어

합니다. 중도(中道)란 두 가지 사견을 떠난 연기적 관점입니다. '연기(緣起) 혹은 중도(中道)'의 이해가 없으면 영원주의(상견常見, eternalism)나 허무주의(단견斷見, annihilation)의 입장을 취합니다. 모든 것은 연기적으로 존재하기 때문에 자신의 (독립적) 실체를 가지고 있지 않습니다. (독립된) 실체가 없이 연기적으로 존재합니다. 그러므로 다음과 같이 말해 집니다. : <열반경>에 "불성은 존재한다고도 할 수 없고, 존재하지 않는다고도 할 수 없다." 이것은 존재임과 동시에 존재가 아닙니다(비존재). 이 두 가지가 하나로 된 것을 중도(中道)라고 부릅니다. '불성'은 존재나 비존재로 생각되어서는 안 됩니다. 다른 모든 것도 마찬가지입니다.

29) 이변(二邊): 변견(邊見), 양 극단에 치우친 견해. 유무(有無),

지네.

　항상 제근(諸根, 六根)에 응(應)하여 쓰되, 쓴다는 생각이 일지(起) 않고,

　모든 법을 분별하되, 분별한다는 생각이 일지 않는다.

　겁화(劫火)가 바다 밑을 태우고, 바람이 산을 두드려 서로 부딪쳐도,

　진실하고 영원한 적멸의 즐거움, 열반의 모습이 이와 같으니라.

　내 이제 억지로 말함은, 너의 사견(邪見) 버리게 하려 함이니,

　말만 따라 해석하지 않으면, 네게 앎이 조금은 있다고 허락하리라.

　지도(志道)는 이 게송을 듣고 크게 깨달아, 뛸 듯이 기뻐하며 예배하고 물러났다.

　행사선사(行思禪師)는 길주(吉州) 안성(安城)의 유씨(劉氏) 집안에서 태어났다. 조계(曹溪)의 법석(法席)이 성대하다는 말을 듣고 곧장 참예(參禮)하러 와서 물었다. "어떻게 해야 계급(階級)에 떨어지지 않겠습니까?"

　선사가 말씀하셨다. "그대는 일찍이 무엇을 하다 왔는가?"

　행사가 대답했다. "성제(聖諦, 성인의 진리)도 하지 않았습니다."

단상(斷常) 등.
삼재(三際): 혹은 삼세(三世), 즉 과거, 현재, 미래.

선사가 말씀하셨다. "그렇다면 어떤 계급에 떨어져 있단 말인가?"

행사가 대답했다. "성제도 하지 않는데, 무슨 계급이 있겠습니까?"

선사는 깊이 그릇으로 여겨, 행사로 하여금 대중의 수좌(首座)가 되게 하였다.

어느 날 선사가 그에게 말했다. "그대는 마땅히 한 곳을 나누어 교화하여 법이 끊어지지 않게 하라."

행사는 법을 얻은 후, 길주 청원산(靑原山)으로 돌아가서 법을 널리 펴고 교화를 이었다. (시호諡號는 홍제선사弘濟禪師이다.)

회양선사(懷讓禪師)는 금주(金州) 두씨(杜氏)의 아들이었다. 처음에는 숭산(嵩山)의 안국사(安國師)를 참배했는데, 안국사는 그를 조계(曹溪)로 보내 참학(參學)하게 하였다. 회양이 도착하여 예를 올리자, 선사가 말씀하셨다. "어디에서 왔는가?"

회양이 대답했다. "숭산에서 왔습니다."

선사가 말씀하셨다. "무슨 물건이 어떻게 왔는가?"

회양이 대답했다. "한 물건이라 해도 맞지 않습니다."

선사가 말씀하셨다. "그렇다면 닦아 증득할 수 있겠는가?"

회양이 대답했다. "닦고 증득함은 없지 않지만, 오염되지는 않습니다."

선사가 말씀하셨다. "바로 이 오염되지 않음이 모든 부처님들이 보호하고 염원하시는 바이다. 그대가 이와 같고, 나 또한 이와 같다. 서천(西天)의 반야다라(般若多羅, 보리달마의 스승)께서 예언하기를, '그대의 발아래서 한 마리의 망아지가 나와 천하 사람들을 밟아 죽이리라.' 하였으니, 마땅히 마음에 간직하고 서둘러 말할 필요는 없다." (어떤 판본에는 '서천 이하 27자'가 없다.) 회양은 문득 깨달아 스님을 좌우로 모시며 15년 동안 지냈고, 나날이 점점 깊고 심오한 경지에 이르렀다. 이후 남악(南嶽)으로 가서 선종(禪宗)을 크게 펼쳤다. [칙명으로 대혜선사(大慧禪師)라는 시호를 받았다.]

영가현각선사(永嘉玄覺禪師)는 온주(溫州) 대씨(戴氏)의 아들이었다. 어려서부터 경론(經論)을 공부하고 천태종(天台宗)의 지관법문(止觀法門)에 정통했다. 《유마경(維摩經)》을 읽고 마음의 근본을 깨달았다. 우연히 육조 선사의 제자 현책(玄策)이 찾아와 그와 깊은 대화를 나누었는데, 하는 말들이 은연중에 여러 조사(祖師)들의 가르침과 맞아 떨어졌다. 현책이 물었다. "그대가 법을 얻은 스승은 누구입니까?"

현각이 대답했다. "내가 방등경론(方等經論, 여러 대승불교의 경전과 논서들)을 배움에는, 각각의 경론에서 그 각각의 스승들이 전승하신 가르침을 따라 배웠소. 그 후 《유마경》에서 부처의 마음 종지를 깨달았으나, 아직 증명해 줄 이가 없소."

현책이 말했다. "위음왕(威音王)[30] 이전이라면 몰라도,

---

30) <법화경>에 등장하는 최초의 부처님으로 아주 먼 과거를 비유하는 관용적인 표현, 예) 위음왕불 이전, 부모미생전(父母未

위음왕 이후에 스승 없이 스스로 깨친 자는 모두 천연외도(天然外道, 정법의 인가 없이 스스로 깨달았다고 하는 사람)요."

현각이 말했다. "바라건대 그대가 나를 증명해 주시오."

현책이 말했다. "저는 감당할 수 없으니, 조계(曹溪)에 육조 대사가 계시니, 사방에서 사람들이 모여들어 모두 법을 받고 있소. 만약 가겠다면 함께 가겠소."

현각은 현책과 함께 조계로 찾아가 스님을 세 바퀴 돌고 석장(錫杖)을 울리며 서 있었다.

선사가 말씀하셨다. "출가자는 삼천 위의(三千威儀)와 팔만 세행(八萬細行)을 갖추어야 하는데, 대덕(大德)은 어디에서 왔기에 이렇게 큰 아만(我慢)을 내는가?"

현각이 대답했다. "생사(生死)가 큰일이고, 무상(無常)이 빠르기 때문입니다."

선사가 말씀하셨다. "그렇다면 어찌 무생(無生)을 체득하여 빠름이 없음을 료달하려 하지 않는가?"

현각이 대답했다. "체득이란 곧 생함이 없음(無生)이요, 료달함은 본래 빠름이 없습니다."

선사가 말씀하셨다. "그렇고, 그렇다!"

이에 현각이 비로소 위의를 갖추어 예를 올리고 곧 하직을 청했다.

선사가 말씀하셨다. "돌아가는 것이 너무 빠르지 않은가?"

生前).

현각이 대답했다. "본래 움직임이 없는데, 어찌 빠름이 있겠습니까?"

선사가 말씀하셨다. "누가 움직임이 없음을 아는가?"

현각이 대답했다. "선사께서 분별하고 계십니다."

선사가 말씀하셨다. "그대는 참으로 무생의 뜻을 얻었구나."

현각이 말했다. "무생에 어찌 뜻이 있겠습니까?"

선사가 말씀하셨다. "뜻이 없다면, 누가 분별하는가?"

현각이 대답했다. "분별 또한 뜻이 아닙니다."

선사가 말씀하셨다. "훌륭 하구다! 하룻밤 머물러 가거라."

이때의 인연으로 사람들이 일숙각(一宿覺)이라 불렀다. 후에 그가 지은 《증도가(證道歌)》가 세상에 널리 퍼졌다. [시호는 무상대사(無相大師), 당시 사람들은 그를 진각(眞覺)이라 불렀다.]

선승(禪僧) 지황(智隍)은 처음에 오조 홍인(五祖弘忍) 스님을 참배하고 스스로 깨달음을 얻었다고 여겼다. 그는 오두막에 머물며 오랫동안 좌선하면서, 무려 20년을 보냈다. 육조 선사의 제자 현책(玄策)이 방랑하던 중 하북(河朔) 지방에 이르러 지황의 소문을 듣고 암자에 찾아가 물었다. "당신은 여기서 무엇을 하십니까?"

지황이 대답했다. "선정(禪定)에 든 중이오."

현책이 말했다. "당신이 선정에 든다고 하는데, 마음이 있어서(有心) 들어간 것인가요, 마음 없이(無心) 들어간 것인가요? 만약 마음이 없이 (선정에) 들어간 것이라면, 모든 무정물(草木瓦石)도 선정에 들 수 있어야 할 것이요. 만약 마음이 있어서 들어간 것이라면, 모든 유정중생(含識之流, 마음과 의식을 가진 존재)도 선정에 들 수 있어야 할 것입니다."

지황이 말했다. "내가 바르게 선정에 들 때는, 유무(有無)의 마음이 있음을 보지 않습니다."

현책이 말했다. "유무의 마음이 보이지 않는다면, 그것은 이미 항상적인 선정(常定)인데, 어찌 들어가고 나옴이 있겠습니까? 만약 들어가고 나옴이 있다면, 그것은 참다운 대정(大定)이 아닙니다."

지황은 대답하지 못하고 한참 있다가 물었다. "스님은 누구의 법을 이었습니까?"

현책이 대답했다. "저의 스승은 조계(曹溪)의 육조(六祖)이십니다."

지황이 물었다. "육조 스님은 무엇을 선정(禪定)이라 하십니까?"

현책이 말했다. "우리 스님께서 말씀하시길, '묘하게 고요하고 오롯이 적멸(寂滅)하며, 체(體)와 용(用)이 여여(如如)하다. 오온(五陰)은 본래 공(空)하고, 육진(六塵)은 존재하지 않으니, 나가지도 않고 들어오지도 않으며, 안정도 아니고 산란함도 아니다. 선(禪)의 성품은 머무름이 없어서, 머무름을 떠난 것이 선적(禪寂)이고, 선(禪)의 성품은 생함(生)이 없어서, 생함(生)을 떠난 것이 선상(禪想)이다. 마음이 허공 같아, 허공이라는 헤아림조차 없다'고 하셨습니다."

지황은 이 말을 듣고 곧장 육조 스님을 찾아가 예를

올렸다.

　　선사가 말씀하셨다. "그대는 어디에서 왔는가?"

　　지황은 앞서 있었던 일을 자세히 말했다.

　　선사가 말씀하셨다. "참으로 말한 그대로다. 그대는 다만 마음을 허공과 같이 하여, 공(空)이라는 견해에 집착하지 말고, 응용함에 장애가 없고, 동정(動靜)에 무심(無心)하며, 범부니 성인이니 하는 식정(識情)을 잊어야 할 것이다. 능(能, 주체)과 소(所, 대상)가 모두 사라지고, 성(性)과 상(相)이 여여(如如)하면, 어느 때라도 선정이 아닌 때가 없을 것이다." (다른 판본에는 '그대는 다만...' 이하 35자가 없고, 대신 '스님은 그가 먼 곳에서 온 것을 가엾게 여겨 깨우쳐 주셨다'고만 기록되어 있다.)

　　지황은 이 말을 듣고 크게 깨달았으며, 지난 20년 동안 얻었다고 생각했던 모든 것이 자취 없이 사라졌다. 그날 밤 하북의 사람들은 공중에서 소리가 나는 것을 들었다. "지황 선사가 오늘 도(道)를 얻었다." 지황은 이후 육조 선사께 예를 올리고 하북으로 돌아가, 사방의 대중을 교화하였다.

　　한 스님이 선사께 물었다. "황매(黃梅, 오조 홍인)의 뜻은 누가 얻었습니까?"

　　선사가 말씀하셨다. "불법을 아는 자가 얻었다."

　　그 스님이 다시 물었다. "스님께서는 얻으셨습니까?"

　　선사가 말씀하셨다. "나는 불법을 알지 못한다."

　　선사가 하루는 전수받은 가사를 씻을 만한 좋은 샘이

없어, 절 뒤로 5리쯤 가니 산림이 울창하고 상서로운 기운이 소용돌이치고 있었다. 선사가 지팡이를 떨치고 땅에 세우니, 샘이 솟아나 연못을 이루었다. 선사는 무릎을 꿇고 돌 위에서 옷을 빨았다. 그때에 갑자기 한 스님이 와서 예배하며 말했다. "방변(方辯)은 서촉(西蜀) 사람입니다. 어제 남천축국(남인도)에서 달마 대사를 뵈었는데, 저에게 당나라로 빨리 가라 하셨습니다. 대사께서 마하가섭의 정법안장과 승가리(僧伽梨, 대가사大袈裟)를 전하셨는데, 지금까지 6대에 걸쳐 소주 조계(曹溪)에 전해지고 있으니, 가서 예배하라 하셨습니다. 제가 멀리서 왔사오니 바라건대 스승이 전한 가사와 발우를 볼 수 있겠습니까?"

선사가 보여주고 물으셨다. "스님은 무슨 일을 주로 하시오?"

"조각을 잘합니다."

선사가 진지하게 말씀하셨다. "그럼 한번 (나의 상을) 만들어 보시오."

방변은 당황하여 어찌할 바를 몰랐다. 그러던 중 며칠 후 실물과 같은 7촌(寸) 높이로 만들어 냈는데, 그 정교함이 극에 달했다. 선사가 웃으며 말씀하셨다. "그대는 조각의 성품은 알지만, 불성은 알지 못하는구나." 선사는 손을 펴서 방변의 머리를 쓰다듬으며 말씀하셨다. "영원히 인간과 하늘의 복 밭이 될지어다." [선사가 또 법의(가사)를 보답으로 주니 방변은 법의를 셋으로 나누어 하나는 조각상에 걸치고, 하나는 자신이 간직하며, 하나는 종(棕, 종려나무)으로 싸 땅에 묻고, 맹세하며 말했다. "이후에 이 법의를 얻는 자는, 곧 내가 (다시) 세상에 나타나는 것이니, 이

곳에 주지로 머물며 전각을 재건할 것이다." 송나라 가우(嘉祐) 8년(1063년), 유선(惟先) 스님이 이 전각을 수리하다 땅을 파니 옷이 새것 같았다. 조각상은 고천사(在高泉)에 모셔져 기도하면 항상 응답이 있었다.]

한 스님이 와륜(臥輪) 선사의 게송을 들어 말했다. :

와륜은 재주가 있어
능히 백 가지 생각을 끊으니
경계를 대함에 마음이 일지 않고
보리(菩提)가 날로 자라네.

선사가 그 게송을 듣고 말씀하셨다. "이 게송은 아직 마음자리를 밝히지 못했으니, 따라 행하면 더욱 속박될 뿐이다." 그리고는 게송을 보여 말씀하셨다. :

혜능은 재주가 없어
백 가지 생각을 끊지 않는다.
경계를 대하면 마음을 자주 일으키니
보리가 어떻게 자라나리요.

8. 돈점품(頓漸品): 단박과 점차

때(時)에 조사(祖師)께서는 조계(曹溪)의 보림사(寶林)에 계시고, 신수대사(神秀大師)는 형남(荊南)의 옥천사(玉泉寺)에 계셨다. 이때 두 종파가 크게 교화되어 사람들이 모두 남쪽의 혜능(南能)과 북쪽의 신수(北秀)라 칭하였으므로, 남북 두 종파의 돈(頓)과 점(漸)의 구분이 생겼다. 그러나 학자들은 그 종지(宗趣)를 알지 못하였다. 선사께서 대중에게 말씀하셨다. "법(法)은 본래 한 종파인데 사람에게 남북이 있을 뿐이요, 법은 같은 하나인데 깨달음에 빠르고 느림이 있을 뿐이다. 무엇을 돈(頓)과 점(漸)이라 하는가? 법에는 돈과 점이 없으나 사람에게 예리함과 둔함(利鈍)이 있으므로 돈과 점이라 이름 하는 것이다." 그러나 신수의 제자들이 남종(南宗)의 조사를 비웃으며, "글자 하나도 모르는데 무슨 장점이 있겠는가?" 하였다. 신수가 말했다. "그는 스승 없이 지혜(無師之智)를 얻어 상승(上乘)을 깊이 깨달았으니, 내가 미치지 못하는 바이다. 또한 나의 스승 오조(五祖)께서 친히 가사와 법을 전하셨으니 어찌 헛되이 하셨겠는가! 내가 그분이 있는 곳으로 가서 친근히 하지 못하고, 헛되이 나라의 은혜를 받고 있음이 한스러울 뿐이다. 너희들은 여기에 머물러 있지 말고 조계로 가서 묻고 깨달음을 얻도록 하라."

하루는 제자 지성(志誠)에게 명하여 말씀하셨다. "너는 총명하고 지혜가 많으니 나를 위해 조계에 가서 법을 듣거라. 만약 들은 바가 있으면 마음 다해 기억해 두었다가 돌아와 나에게 말하라." 지성이 명을 받들어 조계에 가서 대중을 따라 참례하고 청법(請法)하였으나, 자신의 온 곳을 말하지 않았다. 이때 선사께서 대중에게 말씀하셨다. "지금 법을 훔치는(盜法) 사람이 이 모임에 잠입해 있다." 지성이 곧 나와 예배하고 자초지종을 아뢰었다. 스승께서 말씀하셨다. "네가 옥천사에서 왔으니 분명 첩자(細作)로다."

지성(志誠)이 대답했다. "아닙니다."

선사께서 말씀하셨다. "어찌 그렇지 않을 수 있겠는가?"

지성이 대답했다. "말하지 않았을 때는 그렇지만, 말한 후에는 아닙니다."

선사께서 말씀하셨다. "네 스승은 어떻게 대중에게 보이시는가?"

지성이 대답했다. "항상 대중을 가르치시되, 마음을 머물게 하고 고요함을 관(觀)하며, 오래 앉고 눕지 말라고 하십니다."

선사께서 말씀하셨다. "마음을 머물게 하고 고요함을 관하는 것은 병(病)이요 선(禪)이 아니며, 오래 앉아 몸을 구속하는 것이 이치(理)에 무슨 이익이 있겠는가? 내 게송을 들어라.":

살아서는 앉아 눕지 않고
죽어서는 눕고 앉지 않으니,
한 무더기 냄새나는 뼈다귀다.
어찌 공부를 이루리오?

지성(志誠)이 다시 절하며 말했다. "제자가 신수대사(神秀大師) 회상에서 도를 배운 지 9년이 되었으나, 깨달음을 얻지 못했는데, 이제 화상(和尙)의 말씀을 듣고 곧 본심(本心)에 계합했습니다. 제자는 생사의 문제가 매우 중대하니, 화상께서 큰 자비를 베푸시어 다시 한 번 가르침을 내려 주십시오."

선사가 말씀하셨다. "내가 듣건대 네 스승은 학인(學人)에게 계(戒)·정(定)·혜(慧)의 법을 가르치신다 하니, 네 스승이 말한 계·정·혜의 실천 방식(行相)이 어떠한지 나에게 말해 보라."

지성이 말했다. "신수대사께서 말씀하시기를, '모든 악을 짓지 않는 것을 계(戒)라 하고, 모든 선을 받들어 행하는 것을 혜(慧)라 하며, 자기 마음을 스스로 깨끗이 하는 것을 정(定)이라 한다.'고 하셨습니다. 그분의 가르침은 이와 같은데, 화상께서는 어떤 법으로 사람을 가르치십니까?"

선사가 말씀하셨다. "내가 만약 법이 있어 누군가에게 준다고 말한다면, 그것은 너를 속이는 것이다. 다만 방편으로 속박을 풀어줄 뿐이니, 임시로 삼매(三昧)라 이름 할 뿐이다. 네 스승이 말한 계·정·혜는 참으로 불가사의(不可思議)하나, 내가 보는 계·정·혜는 또 다르다."

지성이 말했다. "계·정·혜는 한 가지인 것이 합당할 터인데, 어떻게 다시 다릅니까?"

선사가 말씀하셨다. "네 스승의 계·정·혜는 대승인(大乘人)을 제접하는 것이고, 나의 계·정·혜는 최상승인(最上乘人)을 제접하는 것이다. 깨닫고 이해함이 다르고, 견해에 빠르고 느림이 있다. 너는 내 말이, 너의 스승의 법문과 같은지 들어보라. 내가 설하는 법은 자성(自性)을 떠나지 않는다. 체(體)를 떠나 법을 말하는 것은 '모양으로 말하는 것(相說)'이며, 자성에 항상 미혹(迷惑)한 것이다. 모든 만법(萬法)이 다 자성(自性)에서 일어나 작용함을 알아야 하니, 이것이 참된 계·정·혜 법이다. 내 게송을 들으라.":

마음자리에 그릇됨이 없음이 자성의 계요,
마음자리에 어리석음 없음이 자성의 혜요,
마음자리에 어지러움 없음이 자성의 정이라.
늘지도 않고 줄지도 않고 본래가 금강(金剛)이니,
몸이 가고 옴이 본래 삼매로다.

지성이 게송을 듣고 뉘우치며 사죄하고, 한 게송을 지어 바쳤다. :

오온(五蘊)의 허환(虛幻)한 몸,
허환(虛幻)함이 어찌 최종적인 경지이겠는가?
진여(眞如)로 다시 돌아가려 한다면,
법은 이미 맑지 못하네!

선사는 그렇다 여기시고, 다시 지성에게 말씀하셨다. "네 스승의 계·정·혜는 소근(小根)의 지혜를 가진 이들에게 권하는 것이고, 나의 계·정·혜는 대근(大根)의 지혜를 가진 이들에게 권하는 것이다. 만약 자성을 깨달으면, 보리(菩提)도 열반(涅槃)도 세우지 않으며, 해탈지견(解脫知見)도 세우지 않느니라. 한 법(法)도 얻을 것이 없어야 비로소 만법(萬法)을 세울 수 있다. 이 뜻을 안다면 그것을 곧 '불신(佛身)'이라 하고, '보리·열반'이라 하고, '해탈지견'이라 하느니라. 자성을 본 이는 세워도 좋고 세우지 않아도 좋으며, 오고 감이 자유롭고 막힘과 걸림이 없어, 행해야 할 때는 따라 행하고, 말해야 할 때는 따라 대답하며, 널리 화신(化身)을 나타내나 자성을 떠나지 않으니, 곧 자재신통(自在神通)과 유희삼매(遊戱三昧)를 얻은 것이니, 이를 견성(見性)이라 하느니라."

지성이 다시 여쭈었다. "어떤 것이 '세우지 않음(不立)'의 뜻입니까?"

선사가 말씀하셨다. "자성에는 그릇됨(非)도, 어리석음(癡)도, 어지러움(亂)도 없으니, 생각마다 반야(般若)로 관조(觀照)하며 항상 법의 형상(法相)을 떠나 자유자재하다. 종횡으로 다 얻으니 무엇을 세우겠는가? 자기의 성품이 스스로 깨닫는 것이요, 돈오(頓悟)와 돈수(頓修)라 점차(漸次)가 없느니라. 그러므로 일체 법을 세우지 않으니, 모든 법이 적멸(寂滅)한데 무슨 차례(次第)가 있겠는가?"

지성이 정성스럽게 절하며 선사를 모시고 아침저녁으로 게을리 하지 않겠다고 서원 하였다. (지성志誠은 길주吉州 태화太和 사람이다.)

지철(志徹) 스님은 강서(江西) 사람으로, 본래 성은 장(張), 이름은 행창(行昌)이며, 젊어서는 의협심이 강했다. 남북종(南北宗)이 분화된 이후, 두 종파의 스승들(宗主, 혜능과 신수)은 서로 배척하지 않았지만(亡彼我), 제자들

사이에는 다투어 애정과 미움이 일었다. 당시 북종(北宗)의 제자들은 스스로 신수(神秀)를 제6조(第六祖)로 삼고, 혜능 조사에게 전해진 가사가 천하에 알려질 것을 시기하여, 행창(行昌)을 보내 혜능을 암살하려 했다. 선사는 타심통(他心通)으로 미리 이 일을 아시고, 자리 옆에 금 10냥을 놓아두셨다. 어느 날 밤, 행창이 조사실(祖室)에 들어와 혜능을 해치려 하자, 선사는 목을 펴서 내미셨다. 행창이 칼을 세 번 휘둘렀으나, 실로 아무런 상해도 입히지 못했다.

선사께서 말씀하셨다. "올바른 칼은 삿되지 않고, 삿된 칼은 올바르지 않다. (전생에) 네게 금(金)을 빚졌을 뿐, 네게 목숨을 빚진 것은 아니다."

행창은 놀라 쓰러졌다가 한참 후 깨어나, 용서를 구하며 허물을 뉘우치고, 곧 출가하기를 원했다.

선사께서는 금을 주며 말씀하셨다. "너는 일단 가거라. 내 제자들이 너를 해칠까 염려되니, 후에 모습을 바꾸어 온다면, 내가 너를 받아들이리라."

행창은 그 말씀을 듣고 밤에 피하였다. 훗날 승가(僧伽)에 몸을 맡겨 출가하여 계(戒)를 받고 정진하였다. 어느 날 선사의 말씀이 생각나 멀리서 와서 예를 갖추어 알현했다.

선사가 말씀하셨다. "내가 오래도록 너를 생각했었는데, 어찌 이제야 왔느냐?"

행창이 대답했다. "전에 스님께 용서받고 출가해 고행을 하였지만, 은혜를 다 갚기 어렵습니다. 그것은 오직 법을 전해 중생을 제도하는 것뿐일 듯합니다! 제가 항상 《열반경》을 보지만, '상(常)'과 '무상(無常)'의 뜻을 알 수 없습니다. 화상께서 자비로 간략히 설명해 주시기를 청합니다."

선사가 말씀하셨다. "무상(無常)이 바로 불성(佛性)이요, 상(常)이란 모든 선악과 제법(諸法)을 분별하는 마음이다."

행창이 의아해하며 말했다. "스님의 말씀은 경전과 크게 어긋납니다."

선사가 말씀하셨다. "나는 부처님께서 마음에서 마음으로 서로 인가한 법(心印)을 전하는데, 어찌 감히 부처님의 경전에 어긋날 수 있겠느냐?"

행창이 말했다. "경전에서는 불성이 항상(常)하다고 말씀하셨는데, 화상께서는 도리어 무상(無常)하다고 말씀하십니다. 또한, 선악의 법(善惡之法)과 심지어 보리심(菩提心)까지도 모두 무상하다고 하였는데, 화상께서는 도리어 항상(常)하다고 말씀하십니다. 이것은 서로 모순되니, 수행하는 저로 하여금 더욱 의혹이 깊어지게 합니다."

선사께서 말씀하셨다. "《열반경(涅槃經)》을, 예전에 내가 비구니 무진장(無盡藏)이 독송하는 것을 한 번 듣고, 곧바로 설법하였는데, 단 하나의 글자도, 단 하나의 뜻도 경전의 내용과 어긋난 것이 없었다. 너를 위해서도 끝까지 두 가지로 말하지 않을 것이다."

행창이 말했다. "학인이 식견이 얕고 우매하니, 원컨대 화상께서 자세히 가르쳐 주십시오."

선사께서 말씀하셨다. "너는 아느냐? 만약 불성(佛性)이 항상 하는 것(常)이라면, 무슨 선악과 제법(諸法)을 말하겠으며, 나아가서 영원토록 한 사람도 보리심(菩提心)을

발(發)하는 사람이 없을 것이다. 그래서 내가 '무상(無常)'
이라 말한 것이다. 바로 이것이 부처님이 말씀하신 '참된
상(眞常)'의 도리다. 또한, 만약 모든 법이 무상(無常)이라
면, 모든 사물이 제각기 자성(自性)을 가지고 생사를 받아
들일 터인데, 그렇다면 참된 상(眞常)의 성품이 두루 하지
못한 곳이 생긴다. 그러므로 내가 '상(常)'이라 말한 것이
다. 바로 이것이 부처님이 말씀하신 '참된 무상(眞無常)'의
뜻이다.31) 부처님께서는 대조적(比)으로32) 범부와 외도들이

---

31) 앞서 7장에서 지도(志道)스님에게 주었던 가르침은 유무중
도(有無中道)에 대한 내용이었습니다. 즉, 유견·무견 이라는
치우진 견해를 벗어나서 중도라는 정견으로 보아야 한다는
말입니다. 지금 여기서 말해지는 내용은 단상중도(斷常中道)
에 대한 내용입니다. 단상중도란 상견과 단견(무상견)의 한쪽
으로 치우진 견해에 빠지지 말고, 중도로서 올바로 보아야 한
다는 것입니다. 상견(常見)이란 변함없이 영원히 항상 한다는
견해이고, 단견(斷見, 무상견無常見)은 단절되고 끊어져 소멸
하는 것으로 항상 하지 않는다는 견해입니다. '일체중생 실유
불성'이란 모든 중생이 다 불성을 가지고 있다는 말인데, 이
佛性 -부처님의 성품- 이란 中道를 말합니다. 중도로서 보는
눈이 正眼이고, 중도로서 보는 견해가 正見입니다. 불교의 근
본 사상은 연기론입니다. 이 연기의 기본 개념은, "이것이 있
으므로 저것이 있고, 이것이 일어남으로 저것이 일어난다. 이
것이 없으므로 저것이 없고, 이것이 소멸하므로 저것이 소멸
한다."는 상의상관성(相依相關性, 서로 의존하고 서로 관계함)
을 말합니다. 그래서 모든 존재하는 것들은 서로 의지하여 일
어나는 것이고 서로 의지되어 있으므로 하나가 소멸하면 다
른 것도 소멸됩니다. 어떤 실체가 있는 것이 아니고 인연따라
생기하고 인연따라 소멸한다는 것입니다. 실체가 있는 것이
아니기 때문에 있다·없다(有無)라고 말할 수 없습니다(非有非
無). 그렇지만 이 일체의 현상은 인연따라 연기하여 나타나고
인연따라 연기하여 소멸하여 있기도 하고 없기도 합니다(亦有

그릇된 상(邪常)에 집착하고, 모든 이승(二乘)의 사람들은 상(常)을 무상(無常)으로 오해하여 함께 여덟 가지 전도(八倒)33)를 이루니, 이에 《열반경》의 궁극적 가르침(了義敎)

亦無). 그래서 모든 존재의 실상을 바로 보는 중도 정견에서 세상은 있는 것도 아니고 없는 것도 아니면서 있기도 하고 없기도 합니다(非有非無亦有亦無). 이와 같이 연기의 관점에서 존재의 실상을 여실히 보는 것을 중도라고 합니다. 뗏목이 강물을 따라 잘 흘러가려면 양쪽의 강변에 걸리지 않아야 하듯이, 常見도 여의고 無常見 여의어서 중도의 견해를 가져야 한다는 것을 여기서 육조 선사는 지적을 하고 있습니다. 진상(眞常)이란 그저 모든 것을 상(常)이라 여겨서 변하지 않는 실체가 있는 것으로 여겨서는 안 되고 상역불상(常亦不常)으로서 항상 하면서도 또한 항상 하지 않는 도리가 진상(眞常)이라 말씀하시고, 또한 무상(無常)을 단절되고 소멸되는 개체적인 것으로, 허무한 것으로 보는 관점 또한 잘못된 것으로, 참된 무상(眞無常)은 무상역상(無常亦常)으로 무상하면서도 또한 항상함이 있다는 가르침을 보이는 대목입니다. 반야심경에 '색불이공 공불이색 색즉시공 공즉시색' 이란 대목이 있습니다. '색은 색이고, 공은 공이다'가 아니고, 색이 공과 다르지 않고 공이 색과 다르지 않으며 색이 곧 공이고 공이 곧 색이란 말입니다. 마찬가지로 지금의 내용은, 상(常)은 불상(不常)과 다르지 않고 불상(不常)은 상(常)과 다르지 않으며 상(常)이 곧 불상(不常)이고 불상(不常)이 곧 상(常)이라는 뜻입니다.

32) 여기서 대조(比)란: 부처님은 다른 그룹(凡夫·外道·二乘)의 그릇된 견해와 <u>대조적으로</u>, 《열반경》에서 진리를 설하셨다는 것을 말한다.

33) 범부는 본능적으로 불변하는 존재와 영원한 행복을 추구하여, 욕망과 집착 때문에 생사의 본질을 올바르게 보지 못하고, 윤회를 즐겁고 아름다운 것으로 여기고, 외도는 불교 외의 사상을 가진 사람을 말하는데, 잘못된 철학과 관념에 집착하여 벗어나지 못한다. 그래서 범부와 외도는 생사윤회의 <u>無常·苦·無我·不淨</u>을 <u>常·樂·我·淨</u>으로 오해하고, 이승인(二乘人,

으로 그 편견을 깨뜨리시고, 진상(眞常)·진락(眞樂)·진아(眞我)·진정(眞淨)을 드러내 말씀하셨다. 그런데 너는 지금 말(言)만 좇고 뜻(義)은 등져, 단멸적인 무상(斷滅無常)과 굳어져 죽은 상(確定死常)으로써 부처님의 원만하고 오묘한 최후의 미묘한 말씀(圓妙最後微言)을 그르쳐 이해하고 있다. 설령 (경전을) 천 번을 본다한들 무슨 이익이 있겠는가?"

행창은 홀연히 대오하여, 게송을 말하여 이르기를 :

무상(無常)하다 생각하는 마음을 고수하니,
부처님은 유상(有常)의 성품을 말씀하셨네.
방편(方便)을 알지 못하는 사람은,
마치 봄 연못에서 조약돌을 줍는 것과 같다.34)
나는 이제 애써 노력하지 않아도, 부처님의 성품이 나타나 있네.
스승이 주신 것도 아니요, 나 또한 얻은 바가 없네.

선사가 말씀하셨다. "너는 이제 철저히 통달하였으니, 이름을 '지철(志徹)'이라 하라."

지철은 큰 절로 감사를 표한 뒤 물러났다.

성문·연각)은 생사의 고통에서 벗어나는 것을 목표로 삼아 열반을 단절된 무(無), 단순한 소멸(멸진)로 착각하기 때문에 常·樂·我·淨을 無常·苦·無我·不淨 으로 오해한다.

34) 진리의 연못은 보지 못하고, 편견과 전도견(顚倒見)으로 어리석음에 빠져 있음을 비유.

한 동자(童子)가 있었는데 이름은 신회(神會)로, 양양(襄陽) 고씨(高氏)의 아들이었다. 나이 열세 살에 옥천사(신수 스님이 머물던 절)에서 찾아와 예를 올리니, 선사가 말씀하셨다. "수좌(首座)는 먼 길 오느라 고생이 많았겠구먼! 본래 면목을 가지고 왔는가? 만약 본래 면목이 있다면 마땅히 주인을 알 터이니, 한번 말해 보거라."

신회가 대답했다. "머무름 없음(無住)을 근본으로 삼고, 보는 것(見)이 바로 주인입니다."

선사가 말씀하셨다. "이 사미(沙彌)가 어찌 그런 경솔한 말을 하는가?"

신회가 다시 물었다. "화상께서는 좌선하실 때 보십니까, 보지 않으십니까?"

선사가 지팡이로 세 번을 때리며 말씀하셨다. "내가 너를 때리니 아픈가?"

신회가 대답했다. "아프기도 하고 아프지 않기도 합니다."

선사가 말씀하셨다. "나도 보기도 하고 보지 않기도 하느니라."

신회가 물었다. "어떤 것이 보기도 하고 보지 않기도 하는 것입니까?"

선사가 말씀하셨다. "내가 보는 것은 항상 내 마음의 허물이요, 남의 옳고 그름이나 좋고 나쁨은 보지 않는다. 그러므로 보기도 하고 보지 않기도 하느니라. 네가 말하기를 '아프기도 하고 아프지 않기도 하다' 했는데, 그것은 어떠한 것인가? 만약 아프지 않으면 그것은 나무나 돌과 같고, 만약 아프다면 범부와 같아서 성냄을 일으킬 것이다.

네가 앞에서 말한 '본다, 보지 않는다'한 것은 두 극단(二邊)에 떨어진 것이요, '아프다, 아프지 않다'한 것은 생멸(生滅)이다. 너는 자신의 성품조차 보지 못하면서 감히 사람을 희롱하는가!" 신회는 예배하고 뉘우치며 감사해 하였다.

선사가 또 말씀하셨다. "만약 네 마음이 미혹하면 보지 못하니, 선지식에게 물어서 길을 찾아라. 만약 네 마음이 깨달았다면 스스로 성품을 볼 것이니 법에 따라 수행하라. 네가 스스로 미혹해 스스로의 마음도 보지 못하면서, 도리어 내게 보는지, 보지 않는지를 묻는가? 내가 보는 것은 나만 알 터이니, 어찌 너의 미혹을 대신하겠느냐? 네가 스스로 본다면, 또한 내 미혹을 대신하지 않으리라. 어찌 스스로 알고 스스로 보지 못하며, 나에게 보는지, 보지 않는지를 묻느냐?"

신회는 다시 백여 번을 절하며 허물을 빌고, 부지런히 스승을 모시며 좌우를 떠나지 않았다.

하루는 선사께서 대중에게 말씀하셨다. "내게 한 물건이 있으니, 머리도 없고 꼬리도 없으며, 이름도 없고 글자도 없고, 등도 없고 얼굴도 없다. 너희들은 아느냐?"

신회가 나서서 말하였다. "이는 모든 부처의 근원이요, 신회의 불성입니다."

선사가 말씀하셨다. "너에게 '이름도 없고 글자도 없다'했는데, 너는 도리어 '근원이니 불성'이니 하며 이름을 지어 부르니, 네가 이후에 어느 곳에 주지(把茆蓋頭)[35]가 되어 머문다 해도, 그저 지해(知解)에 매인 종도(宗徒)에 불과할 것이다."

　조사께서 열반하신 후, 신회는 낙양에 들어가 조계의 돈교(頓敎)를 크게 펴고 《현종기(顯宗記)》를 저술하여 세상에 널리 퍼뜨렸다 [이분이 하택(荷澤) 선사다].

　육조 선사께서는 여러 종파들이 서로 어려운 질문들을 하며 다투고 악심을 일으키는 것을 보시고, 많은 사람들이 그의 법좌 아래에 모였을 때, 그들을 불쌍히 여기며 이렇게 말씀하셨다. "도를 배우는 사람은 모든 선한 생각과 악한 생각을 다 없애야 한다. 이름 붙일 수 없는 것을 '자성(自性)'이라 하고, 둘이 없는 성품이 진실한 성품이다. 이 진실한 성품 위에 모든 교문(敎門)이 세워지니, 언하에 곧 스스로 보아야 한다."
　대중이 이 말씀을 듣고 모두 절하며, 스승으로 모실 것을 청하였다.

---

35) 묘(茆)는 띠풀인데, 초가집을 짓는 재료다. 파묘개두(把茆蓋頭)는 파모개두(把茆蓋頭)와 같은 말로, 띠풀로 머리를 덮다, 띠풀로 초암을 짓고 머리 위를 덮음으로써 비바람을 막는다는 뜻이다. 스스로 독립하여 대중을 이끄는 지위가 되거나 일가의 종사가 된다는 뜻이다.

9. 선조품(宣詔品): 조정에서의 초대

　　신룡 원년(神龍元年, 705년) 상원일(上元日, 1월 15일), 측천(則天)황후와 중종(中宗)이 조서를 내렸다. "짐(朕, 임금이 자신을 가리키는 말)이 안(慧安)과 수(神秀) 두 스님을 궁중에 모시어 공양하며, 바쁜 가운데서도 틈을 내어 늘 일승(一乘)을 배우고자 했습니다. 두 스님이 사양하며 말씀하시기를, '남방에 혜능(慧能) 선사가 계시니, 비밀히 홍인(弘忍) 대사의 의법(衣法)을 전수받고 부처의 심인(心印)을 전하였으니, 그를 청하여 물으소서.' 하시니, 이제 내시(內侍) 설간(薛簡)을 보내어 조서를 받들어 모시고자 하오니, 스님은 자비로 여기시어 속히 상경(上京)하시길 바랍니다."
　　선사께서는 상표(上表)를 올려 병을 이유로 사양하고, 남은 여생을 산중에서 머물고자 하였다.
　　설간이 말하였다. "경성(京城)의 선덕(禪德)들은 모두 말하기를, '도를 깨치려면 반드시 좌선(坐禪)을 하여 선정(定)을 익혀야 하고, 선정을 닦지 않고 해탈을 얻은 사람은 아직 없었다.' 하였는데, 스님의 가르침은 어떠하십니까?"
　　선사께서 대답하셨다. "도는 마음으로 깨닫는 것이니, 어찌 앉음에 있겠습니까? 경전에 이르되, '만약 여래가 앉거나 눕는다고 말하는 자는 사도(邪道)를 행하는 자이다.' 하였으니, 무슨 까닭이겠습니까? 온 곳도 없고, 갈 곳도 없기 때문입니다. 생함도 없고 멸함도 없음이 여래의 청정선(淸淨禪)이요, 모든 법이 공적(空寂)함이 여래의 청정좌(淸

淨坐)입니다. 궁극적으로 증득할 바가 없는데, 하물며 앉음이겠습니까?"

설간이 말하였다. "제가 돌아가면 주상(主上)께서 반드시 물으실 것입니다. 스님께서 자비로 여기시어 마음의 요체(心要)를 가르쳐 주시어, 양궁(兩宮, 측천무후와 중종)과 경성의 학도들에게 전하게 하소서. 비유하자면 한 등불이 수많은 등불을 켜듯이, 어두운 사람들은 모두 밝아져 밝음이 다함이 없을 것입니다."

선사가 말씀하셨다. "도에는 밝음과 어두움이 없으니, 밝음과 어둠은 서로 바뀌는 뜻(代謝之義)일 뿐입니다. '밝음이 다함이 없다'는 것도 또한 다함이 있는 것이니, 상대적으로 세워진 이름이기 때문입니다.36) 《유마경》에 이르되, '법에는 비교할 바가 없으니, 서로 대립할 것이 없기 때문이다.' 하였습니다."

설간이 말하였다. "밝음은 지혜를 비유하고, 어둠은 번뇌를 비유합니다. 수도하는 사람이 만약 지혜로 번뇌를 비추어 깨뜨리지 않는다면, 무시(無始) 이래의 생사를 무엇으로 벗어나겠습니까?"

선사가 말씀하셨다. "번뇌가 곧 보리(菩提)이니, 두 가

---

36) 상대입명(相待立名)은 모든 개념이나 명칭(이름)은 상대적인 비교 속에서 성립한다는 뜻으로, 우리가 어떤 것을 '무한(無盡)'이라고 부르는 것도, 사실 '유한(有盡)'이라는 개념이 있기 때문에 가능한 것입니다. 즉, 절대적인 "무한"이 존재하는 것이 아니라, "유한"과의 대비 속에서 "무한"이라는 개념이 성립하는 것입니다. 그러므로 "무한한 것(無盡)"도 사실 상대적인 개념이며, "유한한 것(有盡)"과의 관계 속에서만 존재하는 이름입니다.

지가 없고 차별이 없습니다. 만약 지혜로 번뇌를 비추어 깨뜨린다면, 이것은 이승(二乘)의 소견이요, 양(羊)과 사슴(鹿) 등의 근기(根機)입니다. 높은 지혜를 가진 큰 근기들은 모두 이와 같지 않습니다."

설간이 말하였다. "어떤 것이 대승(大乘)의 견해입니까?"

선사가 말씀하셨다. "밝음과 어두움을 범부는 둘로 보지만, 지자(智者)는 그 성품이 둘이 아님을 통달합니다. 둘이 아닌 성품이 바로 실성(實性)입니다. 실성(實性)이라는 것은, 범부와 어리석은 이에게 있어도 줄지 않고, 현자와 성인에게 있어도 늘지 않으며, 번뇌에 머물러도 어지럽지 않고, 선정에 거처해도 고요하지 않습니다. 끊어짐도 없고 항상함도 없으며, 오지도 않고 가지도 않으며, 중간과 그 안팎에 있지도 않고, 생하지도 멸하지도 않으며, 성품과 모양이 여여(如如)하여 항상 머물고 옮기지 않으니, 이것을 이름하여 도(道)라고 합니다."

설간이 말하였다. "스님께서 말씀하신 '생하지도 멸하지도 않는다'는 것은 외도(外道)와 무엇이 다릅니까?"

선사가 말씀하셨다. "외도가 말하는 '생멸이 없다'는 것은, 멸(滅)로써 생함을 멈추려 하고, 생(生)으로써 멸(滅)을 드러내어, 멸(滅)이 오히려 불멸(不滅)이고, 생(生)을 불생(不生)이라 말하는 것입니다. 제가 말하는 '불생불멸(不生不滅)'은 본래 자체가 생(生)이 없고 지금도 불멸(不滅)이니, 그러므로 외도와 다릅니다. 당신이 만약 마음의 요체를 알고자 한다면, 오직 모든 선악을 생각하지 마십시오. 자연히 청정한 마음 체성에 들어가, 맑고 항상 적멸(寂滅)

하며, 오묘한 작용이 항하사(恒河沙)와 같을 것입니다."

설간이 가르침을 받고 홀연히 크게 깨달았다. 예를 올리고 궁궐로 돌아가 선사의 말씀을 조서에 기록하여 아뢰었다.

그해 9월 3일, 다시 조서를 내려 선사를 칭송하였다. "선사께서는 늙고 병들었다고 사양하시며, 짐(朕)을 위해 수도하시니, 이는 나라의 복전(福田)입니다. 선사께서는 유마거사(維摩詰)가 비야(毘耶, 인도 바이샬리)에서 병을 빙자하여 대승(大乘)을 펼치듯, 제불의 마음을 전하시며 불이법(不二法)을 말씀하시는 것과 같습니다. 설간이 전한 선사의 가르침은 여래의 지견(知見)을 전한 것이니, 짐이 쌓은 선(善)업의 남은 복덕(餘慶)으로, 전생에 심은 선근(善根)이 있어 선사의 출세(出世)를 만나 상승(上乘)을 단박에 깨달았습니다. 선사의 은혜에 감사함을 머리 숙여 다할 길 없습니다."

그리하여 마납(磨衲) 가사와 수정 발우를 보내며, 소주(韶州) 자사(刺史)에게 명하여 사원을 수리하게 하고, 선사의 옛 거처를 '국은사(國恩寺)'로 부르게 하였다.

10. 부촉품(咐囑品): 당부와 - 전법

　　선사께서 어느 날 문인인 법해(法海)、지성(志誠)、법달(法達)、신회(神會)、지상(智常)、지통(智通)、지철(志徹)、지도(志道)、법진(法珍)、법여(法如) 등을 불러 말씀하셨다.: 너희들은 다른 사람들과 다르니, 내가 멸도한 후에 각기 한 지역의 스승이 될 것이다. 내가 이제 너희에게 설법하는 법을 가르치리니, 근본종지(本宗)를 잃지 않도록 하라. 먼저 삼과법문(三科法門)을 들어야 하며, 그 다음으로 삼십육쌍(三十六對)으로 대비되는 개념을 사용해야 한다. 또한, 어떤 법문을 설하든(出沒), 항상 양극단(兩邊)을 떠나야 한다. 모든 법을 말할 때 자성(自性)을 떠나지 말라. 갑자기 누군가 너에게 법을 묻거든, 말을 내놓을 때 다 쌍으로 하여 대법(對法)을 취하고, 오고 감이 서로 인(因)이 되게 하라. 궁극적으로 두 법을 다 제거하여 더 갈 곳이 없어야 한다.37)

　　삼과법문이란 음(陰)·계(界)·입(入)이다. 음(陰)은 오음(五陰)으로 색수상행식(色·受·想·行·識)이 그것이다. 입(入)은 12입으로 외육진 -- 색성향미촉법(外六塵: 色·聲·香·味·

---

37) 세 가지로 분류한 법문(三科法門)이라는 오온, 십이처, 십팔계란 일체법(모든 것)에 대한 설명으로, 모든 것이 연기(緣起)적 존재로서 실체가 없다는 것을 설명하는 것입니다. 마찬가지로 삼십육대법(三十六對法)이라는 것도 상대적 개념의 상호의존성을 말하는 것으로, 궁극적 실체란 존재하지 않으며 일체는 서로가 서로의 원인과 결과가 되어 상호의존적으로 존재한다는 불교의 핵심 가르침인 연기법(緣起法)을 가르쳐 주어야 한다는 것입니다.

觸·法) -- 과 내육문 -- 안이비설신의(內六門: 眼·耳·鼻·舌·身·意) -- 이 그것이다. 계(界)는 18계로서 육진(六塵)·육문(六門)·육식(六識)이 그것이다. 자성은 능히 만법을 포함하니 '함장식(含藏識)'이라 이름 한다. 만약 사량(思量)을 일으키면 곧 '전식(轉識)'이 되어 육식(六識)을 내고, 육문(六門)을 출입(통)해서 육진(六塵)을 보느니, 이와 같은 18계는 모두 자성에서 일어나는 작용이다. 자성이 사특하면 18사(邪)가 일어나고, 자성이 바르면 18정(正)이 일어난다. 악하게 쓰면 중생의 용(用)이요, 선하게 쓰면 부처의 용(用)이다.

 작용은 무엇으로 말미암는가? 자신의 성품(自性)으로 말미암아 있게 된다. 상대되는 법(對法)은 바깥 경계(外境)에 무정(無情)의 다섯 쌍이 있다. 하늘과 땅이 상대되고, 해와 달이 상대하며, 밝음과 어둠이 상대하고, 음(陰)과 양(陽)이 상대하며, 물과 불이 상대한다. 이것이 다섯 가지 상대(五對)되는 것이다. 사물의 모습을 나타내는 말에는 12가지 상대(十二對)가 있다. 말(語)과 사물(法)이 상대되고, 있음(有)과 없음(無)이 상대되고, 색 있음(有色)과 색 없음(無色)이 상대되고, 형상 있음(有相)과 형상 없음(無相)이 상대되고, 번뇌 있음(有漏)과 번뇌 없음(無漏)이 상대되고, 색(色)과 공(空)이 상대되고, 움직임(動)과 고요함(靜)이 상대되고, 맑음(淸)과 탁함(濁)이 상대되고, 범부(凡)와 성인(聖)이 상대되고, 승려(僧)와 속인(俗)이 상대되고, 늙음(老)과 젊음(少)이 상대되고, 큼(大)과 작음(小)이 상대된다. 이것이 12가지 상대(對)됨이다(此是十二對也). 자신의 성품에서 일어나는 작용에는 19가지 상대(對)되는 것이 있다. 장점(長)과 단점(短)이 상대되고, 그름(邪)과 바름(正)이 상대되고, 어리석음(癡)과 지혜(慧)가 상대되고, 미련함(愚)과 슬기로움(智)이 상대되고, 어지러움(亂)과 고요함(定)이 상대되고, 자비(慈)와 독함(毒)이 상대되고, 계율(戒)과 어긋남(非)이 상대되고, 곧음(直)과 굽음(曲)이 상대되고, 참됨(實)과 거짓(虛)이 상대되고, 험함(險)과 평탄함(平)이 상대되고, 번뇌(煩惱)와 깨달음(菩提)이 상대되고, 영원함(常)과 무상함(無常)이 상대되고, 자비(悲)와 해침(害)이 상대되고, 기쁨(喜)과 성냄(瞋)이 상대되고, 버림(捨)과 아낌(慳)이 상대되고, 나아감(進)과 물러남(退)이 상대되고, 생김(生)과 사라짐(滅)이 상대되고, 법신(法身)과 색신(色身)이 상대되고, 화신(化身)과 보신(報身)이 상대된다. 이것이 19가지의 상대되는 것이다(此是十九對也).

　　선사가 말씀하셨다. : 이 36쌍의 대법(三十六對法)을 이해하여 활용함이 곧 도(道)라, 일체경법(一切經法)을 관통하는 것이고, 언제나(出入) 곧 양변을 여의는 것이고, 자신의 성품이(自性) 작동하는 것이고, 다른 사람과 대화할 때에는 밖으로는 상(相)에서 상을 떠나고, 안으로는 공(空)에서 공을 떠나는 것이다. 만약 전적으로 상(相)에 집착하면 삿된 견해가 길러지고, 만약 전적으로 공(空)에 집착하면 무명이 길러진다. 공에 집착하는 사람 중에는 경전을 비방하며, 곧바로 문자는 쓸모가 없다고 말한다. '문자는 쓸모가 없다'고 말한다면, 그 사람은 또한 말하는 것에 부합되지 않는다. 이 말 자체가 문자의 모습(相)이기 때문이다. 또한 '곧바로, 문자를 세우지 않는다.'라고 말하지만, 이 '세우지 않는다(不立)'라는 두 글자 역시 문자인 것이다.

다른 사람이 말하는 것을 보면, 곧바로 그를 비방하며, 문자에 집착하고 있다고 말한다. 너희들은 분명히 알아야 한다. 스스로 미혹한 것은 그렇다 치더라도, 다시 부처님의 경전을 비방하는가! 경전을 비방하지 말라, 그 죄악의 장애(罪障)가 한이 없다. 만약 밖의 상(相)에 집착하여, 규범을 세워서 진리를 구하거나(作法求眞)38), 도량을 지나치게 확장하고, '있음과 없음'의 허물을 논하는 사람은, 이런 사람은 누겁이 지나도 본성을 보지 못하리라. 오직 (가르침을) 듣고 법대로 수행할 뿐, 모든 것을 생각하지 않음(百物不思, 空에 대한 집착)으로 도의 본성을 가로막지 말라. 듣기만 하고 실천하지 않으면, 도리어 사악한 생각(邪念)을 낳을 뿐이니라. 오직 법에 의지하여 수행하며, 상(相)에 머무르지 않는 법(無住相法)을 베풀어야 한다. 너희가 깨달았다면, 이대로 말하고, 이대로 쓰며, 이대로 행하고, 이대로 지어라. 그러면 본래의 종지를 잃지 않으리라. 만약 누군가 너에게 그 뜻을 묻는다면, '있음(有)'을 물으면 '없음(無)'으로 대답하고 '없음'을 물으면 '있음'으로 대답하며 '범부(凡)'를 물으면 '성인(聖)'으로 '성인'을 물으면 '범부'로 답하라. 두 길이 서로를 빌어(二道相因) 중도(中道)의 뜻이 나타나리니, 한 질문에 한 대답으로, 나머지 물음에도 동일하게 이것(對法)에 의해 지으면, 참된 이치를 잃지 않으리

---

38) 형식(법, 작법)을 통해 진리를 구하려는 것, 즉 겉모양에 매달려 진리를 얻을 수 있다고 착각하는 것으로, 예를 들면 많은 절을 세운다거나, 예불을 많이 올린다거나, 금강경을 수천 번 독송한다거나, 좌선을 몇 만 시간 한다거나 등등, 이러한 형식 자체에 집착하여, 그것이 곧 깨달음의 본질이라 생각하는 것으로, 형식적 수행을 진리 자체로 착각하는 오류.

라. 가령 누군가 묻기를, '무엇이 어둠입니까?'하면 '밝음이 원인(因)이요, 어둠은 조건(緣)이라, 밝음이 사라지면 곧 어둠이다' 하고 대답하라. 밝음으로 어둠을 드러내고, 어둠으로 밝음을 드러내며, 오고 감이 서로가 원인이 되어 중도의 진리가 이루어지리라. 나머지 물음도 실로 모두 이와 같다. 너희들이 후세에 법을 전할 때, 이것에 의지해 전하여 서로 가르쳐 주어(轉相敎授), 종지를 잃지 말지어다.

선사께서는, 태극 원년 임자년(太極元年壬子, 712년) 연화(延和) 7월 [해당 년도 5월에 연호를 '연화(延和)'로 바꾸었고, 8월 현종(玄宗) 즉위 후 비로소 연호를 '선천(先天)'으로 개원(改元)하였다. 다음 해에 다시 '개원(開元)'으로 연호를 바꾸었다. 다른 기록에서 '선천(先天)'으로 표기한 것은 잘못된 것이다.] 제자들에게 신주 국은사(新州國恩寺)에 가서 탑을 세울 것을 명하시고, 공사를 재촉하여 이듬해(713년) 여름 말에 완공하였다. 7월 1일, 제자들을 모아 말씀하셨다. "내가 8월이면 세상을 떠날 것이니, 너희들 중 의심이 있으면 빨리 물어보라. 내가 의심을 깨뜨려 미혹을 다하게 하리니, 내가 간 뒤엔 가르쳐 줄 이가 없을 것이다."

법해(法海) 스님 등은 이 말씀을 듣고 모두 눈물을 흘리는데, 오직 신회(神會)만은 안색이 변하지 않고 울지도 않았다.

선사께서 말씀하셨다. "신회는 어린 스님이지만 도리어 선(善)과 불선(不善)을 평등히 보고, 헐뜯음과 칭찬에 흔들리지 않으며, 슬픔과 기쁨이 일어나지 않는구나. 나머지는 얻지 못했으니, 수년 동안 산속에서 도대체 무엇을 닦았느냐? 너희들이 지금 슬피 우는 것은 누구를 걱정함이냐? 만일 (너희들이) 내가 갈 곳을 모를까봐 걱정하는 것이라면, 나는 내 갈 곳을 안다. 내가 만일 갈 곳을 모른다면, 끝내 미리 너희들에게 알리지 않았으리라. 너희들의 슬픔은 아마 내가 가는 곳을 모르기 때문이니, 만일 내가 가는 곳을 안다면 마땅히 슬퍼하지 않으리라. 법성(法性)에는 본래 생멸(生滅)과 거래(去來)가 없느니라. 모두 앉아라. 내가 너희들에게 게송을 하나를 들려주리니, 이름하여 '진가동정게(眞假動靜偈)'다. 너희들이 이 게송을 외워 간직하고 나의 뜻과 같게 하여, 이에 따라 수행하면 종지(宗旨)를 잃지 않으리라.

대중스님들은 절을 하고, 선사께 게송을 말씀해 주시길 청하였다. 게송에 가로되 :

일체에 진실이 없나니 (一切無有眞),
진실은 보는 것이 아니다. (不以見於眞).
만일 진실을 본다고 한다면 (若見於眞者),
그 보는 것 모두 진실이 아니리라 (是見盡非眞).

만약 참됨을 스스로 가질 수 있다면 (若能自有眞),
거짓을 떠남이 곧 마음에 참됨이다. (離假卽心眞).
자신의 마음이 거짓을 떠나지 못하면 (自心不離假),
참됨도 없으니, 어디에서 참됨을 찾으리오? (無眞何處眞?)

생명 있는 것은 움직임을 알고 (有情卽解動),

생명 없는 것은 움직이지 않느니 (無情卽不動).
만일 움직이지 않는 행을 닦는다면 (若修不動行),
생명 없는 것과 같으리라 (同無情不動).

참된 부동(不動)을 찾고자 하면 (若覓眞不動),
움직임 속에 움직이지 않음이 있는 것이니 (動上有不動).
고요함만을 고요함이라 한다면 (不動是不動),
생명 없는 것에는 불성(佛種)이 없으리라 (無情無佛種).

능히 상(相)을 잘 분별하라 (能善分別相),
제일의(第一義)는 움직임이 없도다 (第一義不動).
단지 이 같은 견해를 짓는다면 (但作如此見),
곧 이것이 진여(眞如)의 작용이다 (卽是眞如用).

모든 수행자들에게 알리노니, (報諸學道人)
부디 힘써 마음을 쓰라. (努力須用意)
대승의 문에서는, (莫於大乘門)
도리어 생사의 지혜를 고집하지 말라 (却執生死智).

언하에 상응하면 (若言下相應),
곧 함께 논할 것이요 (卽共論佛義)
실로 상응하지 못하면, (若實不相應)
합장하며 (게송의 가르침에) 환희의 마음을 내어라 (合掌令歡喜).

이 종문(宗門)은 본래 다툼이 없나니, (此宗本無諍)
다툼이 있으면 곧 도의 뜻을 잃는 것이다. (諍卽失道意)
거슬림에 집착하여 법문을 다툰다면, (執逆諍法門)
자성(自性)이 생사에 들어가리라 (自性入生死).

 이때, 제자들이 게송을 듣고는 모두 예를 올리며 스님의 뜻을 깨닫고, 각각 마음을 가다듬어 법에 따라 수행하니, 더 이상 감히 다투지 않았으며, 또한 대사께서 머지않아 세상에 머물지 않으실 것을 알았다. 그래서 법해 상좌(法海上座)가 다시 절하며 물었다. "선사께서는 열반에 드신 후, 가사와 법은 누구에게 전하시겠습니까?"
 선사께서 말씀하셨다. "내가 대범사(大梵寺)에서 설법한 이래 지금까지 기록되어 유포된 것을 『법보단경(法寶壇經)』이라 이름 하라. 너희들은 이를 잘 지켜서 서로 전하라. 중생을 제도함에 이 설법을 따르면, 이름 하여 정법(正法)이라 하리라. 지금 너희들에게 법을 설하지만, 가사는 전하지 않노라. 이는 너희들이 믿음의 뿌리가 순수하고 무르익어, 결코 의심이 없으며 대사(大事)를 감당할 만하기 때문이니라. 그리고 선조(先祖) 달마 대사가 전하신 게송의 뜻에 따라 가사는 전해져서는 안 되느니라. 그 게송은 이러하다. :

내 본래 이 땅에 온 것은 (吾本來玆土)
법을 전해 미혹한 중생을 구함이었네. (傳法救迷情)
한 꽃에서 다섯 잎이 피어나리니 (一華開五葉)
열매는 자연스레 이루어지리라 (結果自然成).

선사께서 다시 말씀하셨다. "모든 수행자들이여! 너희들은 각각 마음을 깨끗이 하여 내 설법을 들으라. 만약 온갖 지혜(種智)를 성취하고자 한다면, 모름지기 일상삼매(一相三昧)와 일행삼매(一行三昧)를 통달해야 한다. 만약 모든 곳에서 상(相)에 머물지 않고, 그 상(相)에 대해 미워하거나 애착하는 마음이 없으며, 취하거나 버리는 생각 없이, 이익이나 성패 등을 생각하지 않고, 평안하고 고요하며, 텅 비어 조화롭고 담박한 것, 이것을 일러 일상삼매(一相三昧)라 하느니라. 모든 곳에서 걷고, 머물며, 앉고, 누울 때(行住坐臥), 오직 한결같은 마음이라면, 움직임 없는(不動) 도량(道場)인 것이니, 참된 정토를 이루는 것이라, 이를 일행삼매(一行三昧)라 하느니라. 이 두 삼매를 갖춘 사람은 마치 땅이 씨앗을 품어 기르듯 열매를 맺게 되리라. 일상삼매와 일행삼매도 또한 이와 같다. 내가 지금 설법함은 때맞춘 비가 대지를 적시는 것과 같고, 너희들의 불성(佛性)은 씨앗과 같아서, 이 비를 만나 모두 싹틀 것이니, 나의 뜻을 이은자(承吾旨者)는 반드시 보리를 얻을 것이요, 나의 가르침대로 행하는 자는 분명히 묘과(妙果)를 증득하리라. 나의 게송을 들으라.":

마음 밭에 모든 씨를 품었으니 (心地含諸種),
두루 내리는 비에 싹이 트리라 (普雨悉皆萌).
꽃다운 정서 단박에 깨달으매 (頓悟華情已, 華情=佛性)
보리 열매 스스로 이루리라 (菩提果自成).

선사께서 게송을 말씀하신 뒤 이어 말씀하시기를, "그

법(法)은 둘이 없고, 그 마음 또한 그러하다. 그 도(道)는 청정하여 모든 상(相)이 없나니, 너희들은 조심하여 고요함을 관(觀)하거나 그 마음을 공적하게 만들려고 하지 말지니라. 이 마음은 본래 청정하여, 가히 취하거나 버릴 것이 없느니라. 각자 스스로 노력하고, 인연 따라 잘 가거라."

그때 제자들이 절을 올리고 물러갔다.

대사께서 7월 8일에 문인들에게 갑자기 말씀하셨다. "나는 신주(新州)로 돌아가고자 하니, 너희들은 빨리 배편을 준비하라." 대중이 애통해하며 간절히 머물러 주길 청하자, 선사께서 말씀하셨다. "모든 부처님의 나타나심과 열반을 보이심은 같은 것이다. 옴이 있으면 반드시 감이 있으니, 이 이치는 항상 그러하다. 나의 이 몸도 반드시 돌아갈 곳이 있느니라."

대중이 말했다. "스님께서 여기서 떠나시면 조만간 돌아오십니까?"

선사께서 말씀하셨다. "잎은 떨어져 뿌리로 돌아가고, 오는 때는(來時) 입이 없다(無口)."39)

또 여쭈었다. "정법안장(正法眼藏)은 누구에게 전하셨습니까?"

---

39) 《금강경(金剛經)》에 다음과 같은 문장이 있습니다. 須菩提！若人言 '如來有所說法' 即為謗佛, 不能解我所說故. 須菩提！說法者, 無法可說, 是名說法. : "수보리여! 만약 어떤 사람이 '여래가 설법한 바가 있다'고 말한다면, 그는 곧 부처님을 비방하는 것이니라. 이는 내가 설한 바를 올바로 이해하지 못했기 때문이니라. 수보리여! 설법이란, 본래 설할 법이 없는 것이니, 이를 가리켜 설법이라 하느니라."

선사께서 말씀하셨다. "도(道)가 있는 자가 얻고, 마음 없는 자가 통한다."
　　또 여쭈었다. "이후에 어려움은 없겠습니까?"
　　선사께서 말씀하셨다. "내가 멸한 후 5~6년이 지나면 한 사람이 내 머리를 가져갈 것이다. 내 예언을 들으라. :

　　머리 위로 부모를 봉양하고 (頭上養親)
　　입으로는 끼니를 해결해야 한다. (口裏須餐)
　　만(滿)의 난(難)을 만날 때 (遇滿之難)
　　양(楊)과 류(柳)가 그때의 관리(官)일 것이다 (楊柳爲官).40)

　　또 말씀하셨다. "내가 떠난 지 70년이 지나면, 두 보살이 동방에서 오리니, 한 사람은 출가자고, 다른 한 사람은

---

40) 육조 선사의 정상(두개 골) 탑에 대한 이야기는 [부록] 부분에 나옵니다. 이 내용을 알아야 위의 게송을 이해할 수 있습니다. --- 신라승 김대비(金大悲)가 육조 선사의 머리를 취하여 공양하고자, 장정만(張淨滿)에게 2만 냥의 돈을 주고 부탁하니, 장정만은 부모를 봉양하기 위해 돈을 받고 조계로 가서 머리를 자르려 했는데, 들켜서 체포되었다. 이때 이 일을 담당했던 관리는 양간(楊侃)과 류무첨(柳無忝) 이었다. --- 이 이야기를 통해 위의 게송 내용을 정리하면:
頭上養親 : 머리를 높인 자리(사리탑, 불단 등)에서 사람들이 혜능 선사께 예경을 드리게 하고자 함이었다.
口裏須餐 : 부모를 봉양하는 것은 자식의 도리인지라.
遇滿之難 : 장정만은 부모 봉양을 위해 돈을 받고 머리를 훔치려 조계에 들어갔으나 체포되었다.
楊柳為官 : 그때에 이 일은 관리 양간(楊侃)과 류무첨(柳無忝)이 담당했다.

재가자(在家)다. 그들이 함께 교화를 일으켜 나의 종지를 세우고, 가람(伽藍)을 건립하고 정비하며 법맥을 크게 이어가리라."

제자가 물었다. "옛 부처님께서 세상에 나타나신 이래로 몇 대를 전하셨는지 알 수 있도록 가르침을 주십시오."

선사께서 말씀하셨다. "옛 부처님들이 세상에 응하여 출현하신 것은 이미 셀 수 없이 많아 헤아릴 수 없다. 지금은 그 중에서 일곱 부처님을 시작으로 삼는다. 과거 '장엄겁(莊嚴劫)'에는 비바시불(毘婆尸佛), 시기불(尸棄佛), 비사부불(毘舍浮佛)이 계셨고, 현재 '현겁(賢劫)'에는 구류손불(拘留孫佛), 구나함모니불(拘那含牟尼佛), 가섭불(迦葉佛), 석가모니불(釋迦文佛)이 계셨다. 이분들이 곧 '칠불(七佛)'이시다." 위의 일곱 부처님 가운데, 지금은 석가모니불(釋迦文佛)을 시초로 하여 전해지기를, 제1 마하가섭(摩訶迦葉) 존자 · 제2 아난(阿難) 존자 · 제3 상나화수(商那和修) 존자 · 제4 우바굽다(優波鞠多) 존자 · 제5 제다가(提多迦) 존자 · 제6 미차가(彌遮迦) 존자 · 제7 바수밀다(婆須蜜多) 존자 · 제8 불타난제(佛馱難提) 존자 · 제9 복타밀다(伏馱蜜多) 존자 · 제10 협(脇) 존자 · 제11 부나야사(富那夜奢) 존자 · 제12 마명(馬鳴) 대사 · 제13 가비마라(迦毘摩羅) 존자 · 제14 용수(龍樹) 대사 · 제15 가나제바(迦那提婆) 존자 · 제16 라후라다(羅睺羅多) 존자 · 제17 승가난제(僧伽難提) 존자 · 제18 가야사다(伽耶舍多) 존자 · 제19 구마라다(鳩摩羅多) 존자 · 제20 사야다(闍耶多) 존자 · 제21 바수반두(婆修盤頭) 존자 · 제22 마나라(摩拏羅) 존자 · 제23 학륵나(鶴勒那) 존자 · 제24 사자(師子) 존자 · 제25 바사사다(婆舍斯多) 존자 · 제26 불여밀다(不如蜜多) 존자 · 제27 반야다라(般若多羅) 존자 · 제28 보리달마(菩提達磨) 존자 (이 땅의 초조初祖이시다) · 제29 혜가(慧可) 대사 · 제30 승찬(僧璨) 대사 · 제31 도신(道信) 대사 · 제32 홍인(弘忍) 대사. 혜능(惠能)이 곧 제33조이니라. 위의 모든 조사들은 각각 서로 이어받았느니라. 너희들은 이후로 대대로 전하여, 그릇됨이 없게 하라.

대사(大師)께서 선천(先天) 2년 계축년(癸丑年, 713년) 8월 3일(그해 12월에 개원(開元)으로 연호를 고침)에 국은사(國恩寺)에서 공양을 마치신 후 제자들에게 말씀하셨다. "너희들 각자 자리에 앉아라. 내가 너희와 작별하리라."
법해(法海)가 아뢰었다. "화상(和尙)이시여! 어떤 가르침을 남기셔서, 훗날의 미혹된 사람들이 불성(佛性)을 볼 수 있도록 하시겠습니까?"
선사가 말씀하셨다. "너희들은 자세히 들으라! 후세의 미혹한 이가 만약 중생을 안다면, 곧 그것이 부처의 성품이요, 만약 중생을 알지 못하면 만겁(萬劫)을 두고 부처를 찾아도 만나기 어려우리라. 내 이제 너희들에게 가르치노니, 너희 마음속의 중생을 알고, 너희 마음속의 부처 성품을 보라. 부처를 보고자 하면 오직 중생을 알라. 다만 중생이 부처를 미혹할 뿐, 부처가 중생을 미혹하는 것이 아니니라. 자성이 깨달아지면 중생이 곧 부처요, 자성이 미혹하면 부처도 중생이 되느니라. 자성이 평등하면 중생이 부처요, 자성이 간사하고 위태로우면 부처도 중생이 되느니라. 너희 마음이 만약 위태롭고 굽어 있으면 부처가 중생 속에 있고, 한 생각이 평등하고 곧으면 중생이 곧 부처가 되느니라. 나의 마음에 본래 부처가 있으니, 스스로의 부처가 참 부처이니라. 만약 스스로 부처 마음이 없다면, 어디에서 참 부처를 구하겠느냐? 너희들 마음이 곧 부처이니, 다시 의심하지 말라. 바깥에 한 물건도 세울 수 없으니, 모두 본심(本心)에서 만 가지 법이 생기는 것이니라. 그러므로 경에 이르되, '마음이 일어나면 갖가지 법이 일어나고, 마음이 멸하면 갖가지 법이 멸하느니라.' 하였느니라. 내 이제 한 게송을 남겨 너희들과 작별하리라. 이름하여 '자성진불게(自性眞佛偈)'니, 후세 사람이 이 게송의 뜻을 알면 스스로 본심을 보고 스스로 불도(佛道)를 이룰 것이니라." 게송으로 말씀하셨다. :

  진여자성이 곧 참된 부처요,
  삿된 견해와 삼독(탐욕, 분노, 어리석음)은 마왕이라.
  마음이 어지러우면 마(魔)가 몸에 깃들고,
  바른 견해를 가지면 부처가 마음속에 계신다.
  자성 가운데 삿된 견해와 삼독이 생기면,
  곧 마왕이 몸에 머무는 것이요,
  바른 견해로 삼독을 없애면,
  마(魔)는 변해 부처가 되니, 참되고 거짓됨이 없다.
  법신(法身), 보신(報身), 화신(化身),
  이 세 가지 몸은 본래 하나이니,
  만약 자성 안에서 스스로 볼 수 있다면,
  그것이 바로 부처가 되는 보리의 씨앗이다.
  본래 화신에서 청정한 성품이 나며,

그 청정한 성품은 항상 화신 속에 있다.
성품이 화신을 이끌어 바른 길을 가게 한다면,
미래에는 완전하고 참되어 끝이 없을 것이다.
음욕의 본성도 본래는 청정한 성품의 근본,
음욕을 끊으면 그것이 곧 청정한 몸이 된다.
자성(自性) 속에서 오욕(五欲)을 각각 벗어나니,
자성을 보는 찰나가 곧 진실이다.
금생에 만약 '돈교(頓敎)'의 문을 만나,
홀연히 자성을 깨달으면 세존을 보는 것이다
만약 수행하여 부처가 되기를 원한다면,
어느 곳에서 참된 것을 찾을지 알 수가 없네.
만약 마음속에서 스스로 진실를 본다면,
진실함이 바로 성불(成佛)의 원인이라.
자성을 보지 못하고 바깥에서 부처를 찾는다면,
그 마음을 일으키는 자는 모두 큰 어리석은 사람이다.
이 돈교의 법문은 이제 남겨졌으니,
세상 사람들을 구제하려면 스스로 닦아야 한다.
후일 도를 배우려는 자들에게 이르노니,
이 견해를 믿지 않는 자는 참으로 어리석고 한가한 자
(者)일 것이다.

선사께서 게송을 설해 마치고 말씀하셨다. "너희들은 잘 머무르라. 내가 열반한 후에 세속적인 정으로 슬퍼하며 눈물을 흘리고, 남의 조문을 받거나 상복을 입는 자는 내 제자가 아니요, 또한 바른 법도 아니다. 다만 너희 자신의 본심을 알고, 자신의 본성을 보아라. 움직임도 없고 고요함도 없으며, 생겨남도 없고 소멸함도 없고, 가는 것도 없고 오는 것도 없으며, 옳음도 없고 그름도 없고, 머무름도 없고 떠남도 없다. 너희들이 마음이 미혹되어 내 뜻을 이해하지 못할까 염려하니, 이제 다시 너희에게 당부하여 너희로 하여금 성품을 보게 하겠다. 내가 열반한 후에 이 가르침대로 수행하면 마치 내가 살아 있을 때와 같을 것이요, 만일 내 가르침을 어기면 비록 내가 세상에 있다 해도 너희에게 이로움이 없으리라." 다시 게송으로 말씀하셨다. :

우뚝하여 선을 닦지 않고,
홀가분하여 악을 짓지 않으며,
고요하여 보고 듣는 것조차 끊고,
텅 비어 집착 없는 마음이네.

선사가 게송을 마치시고 단정히 앉아 계시다가 삼경(밤 11시~1시)에 이르러 갑자기 제자들에게 말씀하시기를, "나는 떠난다!" 하시고는 문득 열반에 드셨다. 이때 이상한 향기가 방에 가득하고 흰 무지개가 땅에 닿았으며, 숲의 나무들이 하얗게 변하고 새와 짐승들이 슬피 울었다. 11월에 광주(廣州), 소주(韶州), 신주(新州)의 세 고을 관리들과 스님의 제자들, 승속(僧俗)들이 다투어 진신(眞身)을 모시려 하여 결정하지 못하자, 향을 피워 기도하였다. "향 연기가 가리키는 곳이 스님께서 돌아가시는 곳이리라." 이때 향 연기가 곧바로 조계(曹溪)를 향해 뻗쳤다. 11월 13일에 신감(神龕, 신상을 모시는 함)과 전해 받은 가사와 발우를 모시고 돌아왔다. 이듬해 7월에 신감에서 모시고 나와, 제자 방변(方辯)이 향니(香泥, 향기나는 진흙)로 스님의 진신을 보호하였다. 제자들은 선사께서 생전에 머리를 보호하라는 말씀을 기억하고, 철엽(鐵葉)과 칠포(漆布)로 스님의 목 부분을 단단히 보호하여 탑 안에 모셨다. 갑자기 탑 안에서 흰 빛이 나타나 하늘로 곧게 치솟아 3일 만에 사라졌다. 소주(韶州)에서 이 사실을 조정에 보고하니, 황제의 명으로 비를 세워 선사의 도행(道行)을 기록하였다.

선사의 세수는 76세였으며, 24세에 가사를 전해 받고, 39세에 머리를 깎고 승려가 되셨다. 중생을 이롭게 하는 법을 설하신 지 37년이었고, 법을 이은 제자 43인이며, 도를 깨달아 범인을 초월한 이는 그 수를 알 수 없었다. 달마(達磨)가 전한 신표(信衣-서역 굴신포屈眴布, 유연한 서역의 직물), 중종(中宗)이 하사한 마납(磨衲)과 보배발우, 그리고 방변(方辯)이 조성한 선사의 진신상(眞身像)과 도구(道具)는 영원히 보림도량(寶林道場)에 모셔졌다. 《단경(壇經)》을 남겨 전하여, 종지(宗旨)를 드러내고, 삼보(三寶)를 흥륭하게 하여 널리 중생을 이롭게 하였다.

육조대사 법보단경 끝 (六祖大師 法寶壇經 終)

부   록 (附錄)

- 육조대사 연기외기(六祖大師緣記外記)

- 역조숭봉사적(歷朝崇奉事蹟)

- 사시대감선사비(류종원찬) 賜諡大鑒禪師碑(柳宗元撰)

- 대감선사비(병<불의명>, 구유우석찬)
  大鑒禪師碑(幷 <佛衣銘>, 俱劉禹錫撰)

- 불의명 (병인) 佛衣銘 (幷引)

- 덧붙이는 말 跋

육조대사 연기외기(六祖大師緣記外記)[41]
- 문인 법해(法海) 등의 제자들이 편찬함

대사의 이름은 혜능(惠能)이며, 아버지는 노씨(盧氏)로 휘(諱)[42]는 행도(行瑫)이며, 당나라 무덕(武德) 3년(620년) 9월에 좌천되어 신주(新州)로 부임하셨습니다. 어머니 이씨(李氏)는 꿈에 뜰 앞에서 하얀 꽃들이 다투어 피어나고 흰 학 두 마리가 나는 모습을 보았으며, 향기로운 기운이 온 방을 가득 채우는 꿈을 꾸었습니다. 깨어나니 임신을 하게 되어, 이에 마음을 깨끗이 하고 재계(齋戒)하며 지냈는데, 임신 기간이 6년이나 지난 후에야 대사(혜능)가 태어났습니다. 이는 당나라 정관(貞觀) 12년(638년) 무술년 2월 8일 자시(子時)였습니다. 그때 가늘고 빛나는 광명이 하늘로 치솟고, 방 안에는 향기로운 냄새가 진동하였다고 합니다. 동이 트자 두 명의 스님이 찾아와 예를 올리며, 대사의 아버지께 말했습니다. "어제 밤에 태어난 아이를 위해 특별히 이름을 지었으니, '위는 혜(惠) 아래는 능(能)'이라 하십시오."

아버지가 물었습니다. "왜 '혜능'이라 이름 합니까?"

스님이 대답했습니다. "'혜'는 법으로 중생에게 은혜를 베푸는 것이요, '능'은 부처님의 일을 능히 행함을 뜻합니다."

---

41) 연기(緣記): 인연에 관한 기록, 여기서는 대사의 생애와 행적.
　　외기(外記): 본기(本記) 이외의 추가된 기록.
42) 돌아가신 사람의 이름을 높여서 부르는 말, 존함, 함자.

이 말을 마치고 문을 나섰는데, 이후 어디로 가셨는지는 알 수 없었다고 합니다. 대사(혜능)는 모유를 먹지 않았고, 밤이면 신인(神人)이 주는 감로(甘露)를 드셨습니다. 세 살이 되던 해에 부친께서 별세하시고, 집 근처에 장사 지내셨습니다. 어머니는 수절을 하며 대사를 기르셨고, 장성하신 뒤에는 장작을 팔아 어머니를 봉양하셨습니다. 스물 네 살이 되던 해에 경전을 듣고 깨달음을 얻어, 황매산(黃梅山)으로 가서 오조를 참배하셨는데, 오조께서는 대사의 그릇을 알아보시고, 가사와 법을 물려주시며 조사의 자리를 잇게 하셨습니다. 이때는 당나라 용삭(龍朔) 원년(661년), 신유년(辛酉)이었습니다.

남쪽으로 돌아가 은둔하시다가, 당나라 의봉(儀鳳) 원년(서기 676년, 병자丙子년) 1월 8일, 인종(印宗) 법사를 만나 오묘한 진리를 묻고 논하니, 인종이 스님의 뜻을 깨달아 계합하였습니다. 그 달 보름(15일)에는 사중(四衆)의 대중들이 함께 모여 스님께 삭발식을 거행하였고, 2월 8일에는 여러 고승들이 모여 구족계를 수여했습니다. 서경(西京)의 지광(智光) 율사께서 계사(授戒師)가 되셨고, 소주(蘇州)의 혜정(慧靜) 율사는 갈마(羯磨)를 맡으셨고, 형주(荊州)의 통응(通應) 율사는 교수(敎授)를 맡으셨으며, 중천축국(인도)의 기다라(耆多羅) 율사는 계율을 설명하셨고, 서역(西國)의 밀타(蜜多) 삼장은 계율의 증명을 맡으셨습니다.[43]

---

43) 수계사 (授戒師, Preceptor): 구족계(具足戒)를 정식으로 수여하는 주된 스승, 계단(戒壇)에서 제자에게 계율을 허락하는 권위자.
갈마사 (羯磨師, Officiant): 의식의 절차를 주관하며 공식적으로

이 계단은 옛날 송나라 시대에 구나발타라(求那跋陀羅) 삼장이 창건한 것으로, 비문에는 다음과 같이 쓰여 있었습니다. "훗날 이곳에서 육신(肉身) 보살이 계를 받을 것이다." 또한 양나라 천감 원년(502년), 지약(智藥) 삼장이 서천(인도)에서 바다를 건너와, 그곳의 보리수 한 그루를 이 계단 옆에 심고는 미리 예언하기를 "170년 뒤, 육신 보살이 이 나무 아래에서 최상승의 가르침을 펴고 무량한 중생을 제도할 것이며, 참된 부처님의 마음 도장(佛心印)을 전하는 법주(法主)가 될 것이다." 선사께서는 마침내 이때에 이르러 삭발하고 구족계를 받으셨으며, 사중 대중들에게 '단전직지(單傳直指, 돈오견성법)'의 뜻을 열어 가르치시어, 옛 예언과 하나도 다르지 않았습니다. [양나라 천감 원년 임오년(502년)부터 당나라 의봉 원년 병자년(676년)까지 정확히 175년이 지난 때였다.]44)

다음해 봄, 선사께서 대중에게 작별을 고하고 보림사로 돌아가시니, 인종 법사와 출가자 및 재가자를 포함한 1,000여 명이 조계까지 함께 전송하였습니다. 당시 형주(荊州)의 통응율사(通應律師)가 수백 명의 학인들과 함께 선

계를 성립시킴. 불교 계율 의식에서 필수적인 역할

교수사 (教授師, Instructor): 수계자(受戒者)에게 계율의 의미와 규정을 가르침. 계율을 올바르게 지킬 수 있도록 안내.

설계사 (說戒師, Explicant): 계본(戒本)을 낭독하고 계율의 세부 내용을 설명.

증계사 (證戒師, Validator): 의식의 공정성과 정당성을 증명하는 증인.

44) 출생년도(502)를 1년으로 포함해 계산하여, 서양식: 676-502=174년, 동양식: (502년 포함) 502→501=1년, 676-501=175년.

사를 따라 머물렀습니다. 선사께서 조계 보림사에 이르시니, 당우(절의 건물)가 누추하고 비좁아 대중을 수용하기에 부족하였습니다. 그래서 절을 넓히고자 하시어, 고을 사람 진아선(陳亞仙)에게 나아가 말씀하시기를, "노승이 시주께 좌구(앉는 자리)를 위한 땅을 청하고자 합니다. 허락해 주시겠습니까?" 하시니, 진아선이 "스님 좌구는 얼마나 넓은가요?"라고 물었습니다. 스승께서 좌구를 꺼내 펼쳐 보이시니, 진아선은 곧장 "그리하겠습니다(唯然)"라고 답하였습니다. 선사께서 좌구를 한 번 펼치시니, 조계의 사방 경계 전체를 덮었고, 사천왕이 모습을 드러내어 네 방위에 앉아서 지키셨다. 지금 절 경내에 '천왕령(天王嶺)'이라는 곳이 있으니, 이로 인해 그렇게 이름 지어진 것입니다.

　　진아선이 말하였습니다. "화상의 법력(法力)이 참으로 크심을 알겠습니다. 그러나 저희 고조의 무덤이 이곳에 있으니, 훗날 탑을 지을 때에는 보존해 주시길 바랍니다. 나머지 땅은 모두 내어주어 영원히 보림사가 되게 하겠습니다. 다만 이 땅은 살아있는 용(生龍)과 흰 코끼리 상(白象)의 맥이 모인 자리이니, 오직 하늘을 평평하게 할 수 있을 뿐, 땅을 평평하게 할 수는 없습니다.45)" 그래서 사찰을 이후에 건축할 때, 일제히 그의 말을 따랐다. 선사가 경내(境內)를 유람하다가 산수가 빼어난 곳에서는 늘 머물곤 하셨는데, 그로 인해 열세 곳에 란야(蘭若, 작은 암자)가 세워졌습니다. 지금의 화과원(華果院)은 절(보림사)에 등록된 부속 암자로 남아 있습니다. 보림 도량은 본래 서역(서쪽

---

45) 텅 빈 허공의 하늘과 땅 위의 세상살이.

나라)에서 온 지약 삼장(智藥三藏)이 남해를 지나 조계 어귀에 이르러, 시냇물을 한 모금 떠서 마시니 향기롭고 맛이 좋아서 신기하게 여기셨는데, 삼장이 제자들에게 말씀하시기를, "이 물은 서천의 물과 다름이 없구나. 이 시냇물의 상류에는 반드시 수승한 땅이 있어, 란야(암자)를 지을 만 하리라." 하셨습니다. 삼장이 물길을 따라 상류로 올라가 사방을 둘러보니, 산과 물이 감돌고 봉우리들이 기이하게 아름다워, 감탄하여 말하기를, "서천(인도)의 보림산과 꼭 같구나." 이에 조후촌(曹侯村)의 주민들에게 말씀하시기를, "이 산에 한 개의 범찰(절)을 세우면, 170년 뒤에 이곳에서 무상의 법보(최상의 불법)가 펼쳐지고, 도를 얻는 이가 숲처럼 많아질 것이니, 마땅히 이름을 '보림(寶林)'이라고 하시오." 하셨다. 그때 소주(韶州)의 자사(刺史)인 후경중(侯敬中)이 그 말을 상소문으로 작성하여 황제에게 보고하니, 황제가 이를 허락하고 '보림'이라는 편액을 내렸습니다. 마침내 사찰이 완성되어 양나라 천감 3년(504년)에 완공되었습니다.

　사찰 전각 앞에 연못이 하나 있었는데, 용이 항상 그곳에 나타나곤 하여 나무들을 부딪치며 흔들었습니다. 어느 날, 용이 아주 거대한 모습으로 나타나자, 파도가 거세게 일고 구름과 안개가 어둑하게 드리우자 대중은 두려워하였습니다. 이에 선사께서 그 용을 꾸짖어 말씀하시기를, "그대는 큰 몸만 나타낼 줄 알고, 작은 몸은 나타낼 수 없구나? 만약 진정한 신룡(神龍)이라면, 마땅히 작게 보였다 크게 하거나, 크게 보였다 작게 하는 변화를 할 수 있어야 한다." 하시니, 그 용이 갑자기 사라졌다가, 잠시 후 작은 몸으로 연못 위로 뛰어올랐습니다. 선사가 발우를 펼치며 시험하듯 말씀하시기를 "게다가 감히 이 노승의 발우 안으로 들어오지도 못할 것이다." 하시니, 용은 물 위를 떠돌며 발우 앞으로 다가왔고, 스승께서 발우로 용을 퍼내니 용은 더는 움직일 수 없었습니다. 선사께서 발우를 법당 위로 가지고 가셔서, 용에게 법문을 들려주니, 용은 곧 허물을 벗어 뼈만 남기고 떠났습니다. 그 뼈의 길이는 약 7촌(약 21cm)쯤 되었으며, 머리·꼬리·뿔·발 모두 온전하여 절에 전해 내려옵니다. 그 후 선사께서는 흙과 돌로 연못을 메우셨고, 지금 절 앞쪽 왼편에 있는 철탑이 있는 장소가 바로 그 자리입니다.

선사께서 허리에 차던 돌에는 '용삭 원년(661년) 노거사 지(誌)'라는 여덟 글자가 새겨져 있는데, 이 돌은 지금 황매 동선사(東禪寺)에 남아 있습니다. 또 당나라 왕유 우승(王維 이름, 右丞 관직)이 신회 대사를 위해 지은 〈조사기祖師記〉에서 말하길, '선사는 평범한 수행자들 사이에 섞여 16년을 보내다가 인종(印宗) 스님이 경을 강론하는 법회에서 인연이 되어 비로소 삭발하였다.'고 했습니다. 또 류종원(柳宗元) 자사(刺史, 관직)가 지은 조사 시호 비문 〈祖師諡號碑, 시호諡號란 사후에 내리는 존칭〉에서는, '선사가 신표(信具, 가사와 발우)를 받은 후 남해에서 16년을 숨어 지내다가, 때가 무르익은 것을 알고 조계(曹溪)에 머물며 사람들의 스승이 되었다.'고 하였습니다. 또 장상영(張商英) 승상(丞相, 관직)이 지은 오조기〈五祖記〉에서는, '오조 홍인(弘忍) 스님이 황매현 동선원(동선사)에서 교화하셨으니, 이는 모친을 모시기 편리했기 때문이다. 용삭 원년(661년)에 가사와 법을 육조(혜능)에게 전한 뒤 제자들을 해산하고 동산에 들어가 암자를 지으셨다. 이때 주민 빙무(憑茂)가 산을 시주하여 스님의 도량으로 삼게 하였다.'고 하였습니다. 이로써 고찰해 보면, 선사께서 황매에 이르러 오조로부터 가사와 법을 전수 받으신 것은, 참으로 용삭 원년 신유년(661년)에 해당하며, 의봉 병자년(676년)까지 16년의 기간이 지난 후에야 선사는 법성사에 이르러 비로서 출가(祝髮)하신 것입니다. 다른 판본에서는 혹 선사께서 함형중(咸亨中, 670~674년)에 황매에 도착했다고 하나, 그것은 아마도 사실이 아닐 것입니다.

역조숭봉사적(歷朝崇奉事蹟)
역대 조정에서 숭앙하고 받들어 모신 기록

● 당 헌종(唐憲宗) 황제께서 대사(大師)에게 '대감선사(大鑒禪師)'라는 시호(諡號)46)를 내리셨다.

● 송 태종(宋太宗) 황제께서는 시호를 더하여 '대감진공선사(大鑒眞空禪師)'라 하고, 스님의 탑(塔)을 새로 조성하여 '태평흥국지탑(太平興國之塔)'이라 칭(稱)하라는 조서(詔書)를 내리셨다.

● 송 인종(宋仁宗) 황제 천성(天聖) 10년(1032년)에 스님의 진신(眞身: 미이라화된 육신)과 의발(衣鉢: 가사와 발우)을 궁중(大內)으로 모시어 공양(供養)하게 하시고, '대감진공보각선사(大鑒眞空普覺禪師)'라는 시호를 더하셨다.

● 송 신종(宋神宗) 황제는 시호를 더하여 '대감진공보각원명선사(大鑒眞空普覺圓明禪師)'라 하셨으며, 자세한 내용은 안 원헌공(晏 元獻公)47)의 비문에 자세히 나와 있다.

---

46) 諡號(시호): 사후에 덕이나 업적을 기리기 위해 왕이나 고승에게 내리는 칭호.
47) 안수(晏殊, 991~1055): 송나라 인종(仁宗) 시대의 재상이자 대문호, 원헌(元獻): 사후에 받은 시호(諡號), 공(公): 고위 관료·학자에 대한 존칭.

사시대감선사비(류종원찬)賜諡大鑒禪師碑(柳宗元撰)
대감선사의 시호를 하사한 비문 (류종원48) 짓다)

부풍공(扶風公, 관직명) 연염(廉炎, 이름)이 영남(嶺南)을 다스린 지 3년 만에, 불가(佛家)의 제6조(第六祖 혜능대사)에게 아직 시호가 없음을 알고, 상소문을 올려 조정에 알렸습니다. (황제는) 조서를 내려 '대감선사(大鑒禪師)'라는 시호를 내리고, 탑 이름을 '영험하게 비추는 탑(靈照之塔)'이라 하였습니다. 원화(元和) 10년(815년) 10월 13일, 상서성(尙書省) 제부(祠部, 관할 부서)에서 공문을 도부(都府, 행정 관청)로 내려 보내자, 공(公, 부풍공)은 부리와 주사공연(部吏와 州司功掾, 중앙과 지방의 실무자들)을 시켜 사당(祠, 혜능 선사의 사당, 제사 지내는 곳)에 고하였습니다. 그때, 깃발과 덮개, 종(鐘)과 북(鼓)이 산을 채우고 골짜기를 메웠으며, 만 명이 모여들어 마치 귀신의 소리를 듣는 듯 하였습니다. 그 자리에 있던 학자(법문을 배우는 이) 천 여 명은 모두 기뻐 뛰고 분발하니 마치 스님이 다시 살아난 듯했고, 그러나 또한 감격하여 슬퍼하고, 눈물을 흘리며 사모하니, 마치 스승께서 이제 막 돌아가신 것만 같았습니다. 이에 말하기를 :

생물이 생겨난 이래로, 싸우고 빼앗으며 서로 해치고 죽이는 것을 좋아하여, 본래의 참모습을 잃고 어그러져 방종함으로써 처음으로 돌아갈 수 없게 되었습니다. 공자(孔

---
48) 柳宗元: 이 한자는 류종원 혹은 유종원으로 표기한다.

子)는 높은 지위에 오르지 못하셨으나, 돌아가신 후 남긴 말씀이 세상에 지속되었고, 양주(楊朱)·묵자(墨子)·황로(黃老) 사상이 더욱 뒤섞이면서 그 학술은 분열되었습니다. 이에 우리 부처님의 가르침(浮圖說)이 뒤에 나와 '(지혜로) 미루어 떠나서 근원으로 돌아가게(推離還源)'[49] 하니, 이른바 '타고난 고요함(生而靜者)'과 맞아떨어지는 것입니다. 양나라 무제(梁氏)가 유위(有爲)의 행위(功德)를 좋아하자, 달마 스님(師達磨)이 이를 비판하니, 공(空)의 가르침이 더욱 드러났습니다. (법맥이) 여섯 번 전해져 대감(大鑒, 혜능)에 이르렀는데, 대감(혜능)은 처음에 수고로움을 견디며 (오조 문하에서) 일하였고, (오조의) 말씀을 한 번 듣고는 그 희유함을 다 헤아렸습니다. 선사(혜능)가 감동을 주어, 마침내 신표(衣鉢)를 받았고, (그 후) 남해(南海)로 숨어들어 사람들이 알지 못하게 16년을 보내다가, 때가 무르익었음을 헤아려 조계(曹溪)에 머물며 사람들의 스승이 되었습니다. 모여든 학인들이 수천 명에 이르렀는데, 선사의 도(道)는 '무위(無爲)를 유(有)'로 삼고, '텅 빔을 진실'로 삼으며, '광대하지만 방탕하지 않음'으로 귀결(歸結) 됩니다. 사람을 가르침에 있어, 시작도 '성선(性善)'으로 하고, 끝도 '성선'으로 하여, 김을 매거나 풀을 뽑는 것과 같은 억지 수양이 필요 없으며, 그 근본이 본래 고요함을 깨닫게 하는 것이었습니다. 중종(中宗)이 명성을 듣고 행신(幸臣, 총애를 받는 신하)을 보내 거듭 초빙하였으나, 모셔오지 못하고, 선사의 말씀을 취하여 마음의 도(心術)로 삼았습니다. 그 가

---

49) 망진환원(妄盡還源): 거짓이 다하면 근원으로 돌아간다.

르침은 온전히 남아 지금 천하에 퍼져, 모든 선(禪)의 말씀이 조계(曹溪)를 근본으로 합니다. 대감이 돌아가신 지 106년이 되었으나, 영남(廣部, 광동은 당시 영남에 포함됨)을 다스리며 이름을 날린 자가 수십 명이었으나, (선사의) 그 명호를 드러내지 못했습니다. 이제야 비로소 천자에게 아뢰어 큰 시호(大諡)를 받게 되었습니다. 우리 도(道)를 널리 돕는데, 어찌 글이 없을 수 있겠습니까! 공(公, 연염)이 처음 조정에 입궐하여 유학자로서의 중임(중찰重刺, 두 번 다스리다)으로 건주(虔州)를 다스리고, 안남(安南)의 도호(都護, 총지휘관)가 되어, 바다 건너 큰 오랑캐로부터 신독(身毒, 인도) 서쪽까지, 배를 띄워 와서 명을 따르게 하였습니다. 모두 공(公)의 은덕을 입었으며, 조정으로부터 깃발(旂)과 모전(旄), 부절(節)과 창(戟)50)을 하사받고 남해(南海)에 부임하니, 속국(屬國)이 숲과 같았으나, 죽이지도 노여워하지도 않아 백성들은 두려워하되 무서운 일은 없었고, 참으로 능히 인(仁)을 갖추어 빛내니, 대감(大鑒, 혜능)의 가르침을 밝혀 드러낸 이로 공(公)만 한 이가 없으니, 그 제자들이 장로(長老)로 받들었을 만합니다. 이에 전각 아래에 돌을 바꾸어(易) 세우고, (사람들이) 와서 추도문을 참배하게 하였습니다. 그 추도문은 다음과 같습니다. :

---

50) 기(旂): 깃발, 일반적인 군기(軍旗).
도(旄): 모전(毛氈 깃발), 용이나 봉황 같은 신수(神獸) 문양이 있는 큰 깃발로, 흔히 장수나 황제의 군대를 상징하는 특수 군기.
절(節): 부절(符節), 왕의 명령을 전하거나 통치 권한을 위임하는 표시물.
극(戟): 창의 일종, 날이 있는 창(길고 끝에 칼날이 달린 무기).

달마는 부지런히 부처의 심법(心法)을 전하시니, 여섯 대를 이어 전수되어 대감(혜능)에 이르렀습니다. 수고로이 묵묵히 수행하여 마침내 깊은 진리를 얻고, 신표(衣鉢)를 품에 안고 남해의 그늘(은둔지)로 가셨습니다. 그 도(道)는 조계(曹溪)에 펼쳐져, 무리들이 모여들었으나 그 높이를 흔들지 못했습니다. 널리 전하여 모두에게 드러났고, 도(道)에 대한 찬양으로 가득 찼으니, '타고난 성품의 선함(性善)'이 만물에 갖추어져 있기 때문입니다. 황폐하게 흐르고 분주히 달려가, 만 가지로 나아가니, 생각은 더욱 어지러워지고 깨달음은 더욱 그릇되어 지는 것이 아니겠습니까! 스님의 내적 깨달음(內鑒)으로 모두 본래의 순수함(素)을 얻었으니, 뿌리를 심지 않아도(無修), 싹을 김매지 않아도(無染) 되었습니다. 안으로 하나(一心) 되어 밖으로 화하니, 순수함이 밝게 드러나고, 중종 황제가 조정에서 그를 불렀으나, 은밀히 왕도를 보필해 백성들로 하여금 자유롭게 하셨습니다. 백육(106) 년이 지나도록 시호가 없었으나, 이제 부풍공(扶風公)이 천자에게 아뢰어 상서(尙書, 관청)가 이미 대행(大行, 고인)의 위대한 행적을 다시 밝히니, 이제 남방 땅에 빛나는 추도문을 세웠습니다. 그 법이 다시 일어나 제자 억만 명이 함께 슬퍼하며 기뻐하니, 오직 선사의 교화가 미친 곳과 부풍공이 다스린 곳은 모두 천자를 받들었습니다. 천자가 아름다운 명을 내려 공(公)의 덕과 아름다움을 칭송하니, 바다 건너 오랑캐들에게까지 퍼지고, 불교도 이와 같이 우러러 보았습니다(視). 선사는 인(仁)으로 가르침을 전하셨고, 공(公)은 인(仁)으로 다스렸으니, 추도문을 참배함은 그 뜻을 견고히 하려는 것이니, 그 가르침의 후예가 영원히 끊이지 않기를 바랍니다.

대감선사비(병<불의명>, 구유우석찬
大鑒禪師碑(幷 <佛衣銘>, 俱劉禹錫撰)
대감선사의 비(〈불의명〉과 함께, 모두 유우석이 지음)

　　원화(元和) 10년(815년) 어느 달 어느 날에, 조칙(詔書)으로 조계 제6조 능공(能公, 혜능 대사)을 추포(追褒, 뒤늦게 포상)하고, 시호를 '대감(大鑒)'이라 하였습니다. 참으로 광주 목사(廣州牧) 마총(馬總)이 상소(疏)로 청한 바에 따른 것이니, 조정에서 그 소(疏)를 허락한 것입니다. 도(道)를 숭상하여 이름을 높이고, 선(善)을 함께 추구하며 다른 가르침을 차별하지 않음이었습니다. 한 글자('대감')의 포상(褒賞)이 중화(華)와 오랑캐(夷) 모두에게 감동을 주었으니, 이는 그가 마땅한 자리(得其所)에 있었기 때문입니다. 마공(馬公)은 이 일을 공경하고 또한 신중히 하여, 처음에 후세에 전하고자, 마침내 문장의 대가(文雄)에게 자문하였습니다. 지금의 유주자사(柳州刺史) 하동(河東)의 유군(柳君, 유종원)이 앞의 비문(碑文)을 짓고, 3년 후에 도림(道琳) 스님이 제자들을 거느리고 조계에서 와서 말씀하셨습니다. "제2비(第二碑)를 세우고자 하니, 이는 배우는 사람들의 뜻입니다." 부처님이 열반하시고 500년이 지나서, 마등(摩騰)과 축법란(竺法蘭)이 경전(經)을 가지고 중국에 왔으니, 사람들이 비로소 그 말씀을 들었는데, 이는 마치 깊은 어둠 속에서 희미한 새벽빛을 보는 것과 같았습니다. 그로부터 또 500년이 지나서, 달마(達摩)가 법(法)을 가지고 중국에 왔으니, 사람들이 비로소 '그 마음'을 전하게 되었는데, 이는 마치 어둠이 걷히는 아침에 밝은 해를 보는 것과 같았습니다. 달마로부터 6대(代)에 전해져 대감선사(大鑒禪師, 혜능)에 이르니, 마주 꿰어진 구슬처럼, 순서는 있으나 본질은 다르지 않았습니다. 세상에서 말하는 '진종(眞宗, 진정한 종지)'이란, 이른바 '돈문(頓門, 단박 깨닫는 법문)'입니다. 처음 달마가 불의(佛衣, 가사)를 가지고 와서 도(道)를 얻고 (제자에게) 전할 때, (가사를) '진짜 인증(眞印)'으로 삼았습니다. 그러나 대감선사(혜능)에 이르러서는 내버려 두고 전하지 않았으니, 설마 이것을 '통발과 덫(筌蹄)'으로 보았기 때문인가? 아니면 '추구(芻狗, 짚으로 만든 개, 일시적으로 쓰고 버리는 것)'로 보았기 때문인가? 아니면 사람들이 모두 '자신만 못하다(莫已若)'고 여겨서 차라리 전하지 않는 것이 낫다고 생각했기 때문인가? 저는 알 수가 없습니다.

살펴보건대 대감(大鑒, 혜능)은 신주(新州)에서 태어나, 30세에 출가하였고, 47년간 법을 펴다가 입적하셨으며, 열반 후 106년 만에 시호(大鑒)가 내려졌습니다. 처음 기주의 동산(蘄州東山)에서 제5조 홍인(弘忍) 스님으로부터 수기(授記)를 받고 돌아왔으며, 중종(中宗)이 중귀인(中貴人, 환관)을 두 번이나 보내 불렀으나, 조칙을 받들지 않았습니다. 오직 법문으로 황제에게 바쳤고, 황제는 공경히 그 가르침을 따랐습니다. 비문의 글(銘)은 이렇습니다. :

지극한 이(至人, 혜능)의 탄생은 특별한 종류가 없었으나, 사람과 같은 모습이되 그 지혜는 뛰어났습니다. 미개한 남방(南裔)에서 태어나 남다른 재능을 보였으니, 하늘[乾]

이 아버지요 땅[坤]이 어머니라, 홀로 원기(元氣, 천지의 순수한 기운)를 닮았습니다. 한 마디 말에 단박 깨달아, 초지(初地)도 밟지 않았고, 다섯 스승(五祖)이 서로 이어 보배로운 법기(寶器)를 전하셨습니다. 조계(曹溪)에 편안히 좌정하니, 세상에서는 남종(南宗)이라 불렀고, 배우는 무리가 이곳에 모여듦이 물이 동쪽으로 흐르듯(자연스럽게 지속됨)하였고, 묘약(妙藥, 가르침)을 마시매 벙어리와 귀머거리가 나았으며, 황제의 부름도 거절하고 '법의 영웅(法雄)'이라 칭송되었습니다. 부처가 떠난 날이 멀어지니 수많은 말들이 억만 겹으로 쌓이고 공(空)에 집착하거나 유(有)에 매여 각각 자기 견해에 매달리니, 선사가 진전(眞筌, 참된 가르침)을 세워 남방에 드러내니, 닦지 않음이 곧 닦음이요, 얻지 않음이 곧 얻음인 가르침 이었습니다. 배우는 이들로 하여금 본래의 천식(天識, 본래의 앎)으로 되돌아가게 하니, 어둠에 길을 잃은 자가 북극성을 우러르는 것과 같았습니다. 이 도는 자연스레 얻는 것이고, 필경에는 전할 수 없는 것이니, 입으로 전하고 손으로 넘기면 곧 '있음'에 막히니, 가사(佛衣)는 빈 방에 남겨두니, 얻는 자는 하늘이 줄 것입니다.

불의명 (병인) 佛衣銘 (幷引)
부처님 가사에 대한 비문 (아울러 인용함; 부연설명)

내가 이미 도림 스님을 위해 조계 제2비문을 짓고, 아울러 육조가 법의를 내려놓고 전하지 않은 뜻을 해명할 필요를 생각하여 《불의명》을 지었으니, 그 내용은 다음과 같습니다. :

부처님의 말씀은 실천되지 않고, 부처님의 옷(가사)만 다투게 되었으니, 가까운 것을 소홀히 하고 먼 것을 귀히 여기는 것은 고금의 상정(常情)입니다. 공자(尼父)가 살아 생전에는 땅 한 뼘도 없었으나, 돌아가신 (꿈에 제사를 지낸) 뒤에는 발자취가 천 년을 전해졌는데, 말(법문)로는 해소되지 않으니, 물건(가사)으로 전한 것이니, 부절(符節)을 잡은 듯, 복관(復關)을 지나갔습니다.51) 백성들은 관리는 알지 못하고 수레만 봐도 두려워하고, 속인들은 부처는 알지 못하고 가사만 얻어 귀히 여깁니다. 색 바랜 옷에, 도가 있는 것은 아니지만, 이로 인해 도를 믿게 되니, 그러므로 그것이 보배가 되는 것입니다. 육조는 아직 드러나지 않았고, 그의 출현도 미미하였으며, 이내 오랑캐 땅으로 돌아가니, 깨달았다고 자처하는 세속은 어리석기 그지없었습니다.52) 믿을 만한 신표(信器)가 없다면 중생들은 어디로 돌

---

51) 부절(符節)은 신표(信標), 표식이고 복관(復關)은 출입의 관문을 말하는데, '如執符節, 行乎復關'은 부절을 들고 복관을 지나간다는 말로, 공식 사신이 정당한 명령을 받고 공무를 수행하는 모습을 가사를 전하는 것에 비유.

아가리오. 이것은 방편문을 연 것이지, 단지 옷만 전한 것이 아닙니다. 처음이 있으면 반드시 끝이 있는 것이니, (가사를) 전함도 어찌 끝이 없겠습니까! 만물은 필연이 소멸하기 마련인데, 어찌 오래도록 옷을 의지하겠습니까! (가사의 전수는 법의 계승인데, 가사의 전수를) 앞서 끝내니 그 끝냄의 진의를 안다면, 그 쓰임은 무궁할 것입니다. 우리의 도는 썩지 않으니, 옷이 왜 있어야 하겠습니까! 그 효용은 이미 다했으니, 어찌 추구(芻狗)53)가 아니겠습니까!

　　선사께서 탑에 들어가신 뒤, 개원(開元) 10년 임술년(722년) 8월 3일, 밤중에 갑자기 탑 안에서 쇠사슬을 끄는 듯한 소리가 들렸습니다. 모든 스님들이 놀라 일어나 보니, 한 효자가 탑 안에서 달려 나왔습니다. 곧 스님의 목에 상처가 있는 것을 보고, 그 사실을 모두 관청에(주州와 현縣)에 알렸습니다. 현령(縣令) 양간(楊侃)과 자사(刺史) 유무첨(柳無忝)은 공문을 받고 급히 체포 지시를 내렸고, 닷새 후 석각촌(石角村)에서 도둑을 잡아 소주(韶州)로 보내어 심문하였습니다. 그가 말하길, "나는 성은 장(張)이고, 이름은 정만(淨滿)이며, 여주(汝州) 양현(梁縣) 사람이오. 홍주(洪州)의 개원사(開元寺)에서 신라 승려 김대비(金大悲)에게서 돈 2만 냥을 받고, 육조대사(六祖大師)의 머리를 가져가서 해동(신라)으로 돌아가 공양하려 했소."라고 하였습니다.

---

52) 경속치치(憬俗蚩蚩), 깨달은 세속(憬俗, 세속에서 당연시하는 통념들): 세속이 미혹하고 어리석구나!
53) 추구(芻狗): 짚으로 만든 개 (제사용, 의식이 끝나면 버려짐).

유 자사(守=刺史)는 이 사정을 듣고 즉시 형벌을 가하지 않고, 몸소 조계(曹溪)에 와서 선사의 제자인 영도(令韜)스님에게 물었습니다. "이 일을 어떻게 처리하는 것이 좋겠습니까?" 영도스님이 답하시기를, "만약 국법으로 논한다면 마땅히 처벌해야 하지만, 불교의 자비는 원수와 부모를 평등하게 여깁니다. 더구나 그가 공양(공경과 예배와 찬탄)하려고 한 마음이었으니 용서해도 좋을 듯합니다."라고 하셨다. 유 자사가 크게 탄식하며 말하길, "이제야 비로소 불문(佛門)의 광대함을 알겠노라." 하고는 그를 사면하였습니다.

상원 원년(760년)에 숙종(肅宗)께서 사신을 보내어, 선사의 가사와 발우를 궁궐로 들여와 공양하시기를 청하셨습니다. 영태(永泰) 원년 5월 5일(765년)에 이르러서는, 대종(代宗, 숙종의 아들)이 육조 대사께서 가사와 발우를 요청하시는 꿈을 꾸셨습니다. 7일에 칙명으로 자사 양함(楊緘)에게 이르시길, "짐이 혜능 선사께서 법통의 가사(袈裟)를 다시 조계로 돌려주시기를 청하시는 꿈을 꾸었노라. 이제 진국대장군(鎭國大將軍) 유숭경(劉崇景)을 보내어 정중히 모셔 보내도록 하라. 짐은 이를 국보로 여기노라. 그대는 본사(本寺)에서 법도에 따라 잘 안치토록 하라. 특별히 종지를 직접 계승한 스님들로 하여금 이를 삼엄하게 수호하게 하고, 잃거나 떨어뜨리는 일이 없도록 하라." 후에 혹 어떤 이가 도둑질하였으나, 멀지 않아 모두 붙잡혔고, 이러한 일이 네 차례나 있었습니다. 헌종(憲宗)께서 대감선사(大鑒禪師)라는 시호를 내리시고, 탑 이름을 원화영조(元和靈照)라 하셨습니다. 그 외 사적은 당나라 상서(尚書, 관직)

왕유, 자사(刺史, 관직) 유종원, 유우석 등의 비문에 기록되어 있습니다.
    탑을 지키던 사문 영도가 기록하다.

발 (跋)
덧붙이는 말

　육조대사(六祖大師)께서 평소에 설하신 법은 모두 대승원돈(大乘圓頓)의 종지(宗旨)였습니다. 그래서 이것을 '경(經)'이라 칭하였습니다. 그 표현은 친근하지만 가리킴은 멀리까지 미치고, 말은 담박하나 이치가 분명하여 외우는 이마다 각기 얻는 바가 있었습니다.
　명교 계숭(明敎 契嵩)선사가 늘 찬탄하여 말씀하시기를, "천기(天機)가 예리한 이는 그 깊은 뜻을 얻고, 천기가 둔한 이는 그 얕은 뜻을 얻는다." 하였으니, 참으로 옳은 말입니다. 제가 처음 도(道)에 들어갈 때 이에 감동하였고, 이후 세 가지 다른 판본을 보았으나 서로 장단점이 있었습니다. 그 판목 또한 이미 희미해져 있기에, 여러 본을 대조하여 잘못된 것은 바로잡고 생략된 것은 자세히 보충하였으며, 제자들이 묻고 답한 기연(機緣)을 더하여, 학자들로 하여금 조계(曹溪)의 종지를 온전히 깨닫게 하고자 하였습니다.
　안찰사(按察使, 관직 이름) 운공(雲公, 호號) 종룡(從龍, 이름)은 이 도(道)에 깊이 통달하신 분으로, 어느 날 산방(山房)을 찾아 내가 편집한 것을 보시고, 《단경》의 대전(大全)을 얻었다 하시며, 기꺼이 장인을 시켜 판각(板刻)하여 널리 유통하게 하셨습니다. 이로써 조계의 한 파(派)가 끊어지지 않게 하신 것입니다.
　혹자가 말했습니다. "달마(達磨)는 문자를 세우지 않고 곧바로 인심(人心)을 가리켜 성품을 보아 부처를 이루게 하셨는데, 노조(盧祖, 혜능 선사의 성씨가 노盧)의 여섯 잎의 정전(六葉正傳, 여섯 번째 선사로 정법을 전해 받은 분)이 또 어찌 이 문자를 필요로 하겠는가?"

제가 답하여 말했습니다. "이 경은 문자가 아니요, 달마의 단전직지(單傳 直指, 오직 한 가지로 전한, 곧바로 가리키는)의 가리킴(指)입니다. 남악(南嶽)선사, 청원(靑原)선사 등의 여러 대선사들께서도 일찍이 이 가리킴으로 그 마음을 밝히셨고, 또 이를 통해 마조(馬祖)선사와 석두(石頭)선사 등 여러 제자들의 마음을 밝히셨습니다. 지금 선종(禪宗)이 천하에 유포된 것도 모두 이 가리킴에서 근본한 것이니, 이제부터라도 어찌 이 가리킴으로 인해 마음을 밝히고 성품을 보는 이가 없겠습니까?"

물은 사람이 예, 예 하고 두 번 절하고 감사하다며 말하기를 "제가 둔하오니, 청컨대 이 말을 경의 끝에 함께 기록하여 후학들에게 전하소서." 하였다.

지원(至元) 신묘(辛卯)년(1291) 여름,
남해(南海)의 승(釋) 종보(宗寶)는 발문(跋文)을 쓰다.

부록 (끝) 附錄 (終)

The Seon standard

선(禪)의 표준 · The Seon Standard

First Edition Printed: July 31, 2025
Supervisor / Publisher: Mucho
Publisher: Jijangwon (지장원)
Registration: 420-2021-000001 (January 6, 2021)
Address: 171 Suteogol-gil, Yeongok-myeon, Gangneung-si, Gangwon-do, Korea
Phone: +82-10-4668-5108
Email: tothezen@gmail.com
Price: 25.00 USD
ISBN: 979-11-973493-3-1 (03220)

• Today, the teachings of Buddhism are rapidly spreading as an alternative to the spiritual civilization around the world. With the hope that this book will also reach many non-Buddhist countries, an English translation has been included. It can also serve as a useful textbook for foreigners learning Korean through Buddhism.

• The Korean text of the Platform Sutra of the Sixth Patriarch has also been published as a calligraphy meditation book under the title : 『Meditative Copying of the Text』 (The Platform Sutra of the Sixth Patriarch).

Note to the Reader

1. This book is based on the Jongbo Edition (종보본, 宗寶本) of the Platform Sutra of the Sixth Patriarch, and includes a complete translation of all content, including the preface and appendices, in both Korean and English.
2. The source of the original text is indicated in the "Note on the Original Text" section of the Chinese edition.
3. All proper nouns (such as personal names, place names, and era names) appearing in the English translation are romanized according to their Korean pronunciations.
    Examples: Jongbo (종보, 宗寶), Majo (마조, 馬祖), Hadong (하동, 河東), Imsul (임술, 壬戌), Beopseong Temple (법성사, 法性寺), etc.

Contents

- Preface 185

* Preface to the Platform Sutra 199
* Praise to the Platform Sutra 203
* Main Body
Number One: The Story Behind the Footsteps ... 221
Number Two: Prajñā 242
Number Three: Inquiries 256
Number Four: Meditation and Wisdom 264
Number Five: Seated Meditation 270
Number Six: True Repentance 273
Number Seven: Teachings According to One's Capacity and Conditions 286
Number Eight: Sudden and Gradual 319
Number Nine: The Invitation from the Court 333
Number Ten: Final Instructions and Transmission .338
* Appendix
  · Supplemental Record of the Origins of the Great Master Hyeneung 361
  · Records of Reverence and Veneration by Successive Dynasties 370
  · Stele Inscription Confering the Posthumous Title "Great Mirror Seon Master" 372

- Stele of Seon Master Daegam 378
- Inscription on the Robe of the Buddha
  (with Supplementary Remarks) 382
- Postscript 387

The Platform Sutra of the Six Patriarch

Preface
Written by Seon Monk Mucho

● The Jogye Order of Korean Buddhism (대한불교조계종, 大韓佛敎曹溪宗) represents Korean Buddhism and inherits the tradition of Seon (Zen, 선, 禪) Buddhism. The term 'Jogye' refers to the place where the Sixth Patriarch (육조, 六祖) Hyeneung stayed and is used as a symbol of the Seon lineage. The word 'Sixth Patriarch' means the sixth in the line of patriarchs. The First Patriarch refers to Bodhidharma, the Indian monk. But Why is the character 'Patriarch' (ancestor / grandfather) used for these masters? This character is also found in words like '조상祖上' (ancestor) and '선조先祖' (forebear), and it symbolizes the origin or beginning of a lineage - whether bloodline or spiritual tradition. The term '시조始祖' (founding patriarch) is often used to refer to the founder of a tradition or school. Thus, the character 조祖, meaning 'grandfather', also carries the connotation of being the root of a household and the most respected elder. In particular, Seon Buddhism values direct, personal realization over scriptural study. Therefore, masters who transmitted awakening through mind-to-mind pointing rather than spoken or written words were especially called Patriarchs (조사, 祖師). For this reason, Seon is sometimes referred to as Patriarchal Seon (조사선, 祖師禪), and when practiced through investigating Hwadu (Head word, 화두, 話頭), it is called Ganhwa Seon (Investigating Hwadu, 간화선, 看話禪). The Indian monk Bodhidharma came to China and transmitted Seon Buddhism. This tradition flourished under the Sixth Patriarch, Hyeneung, who inherited the sixth-generation Dharma transmission. His teachings elevated Seon to become the central school of East Asian Buddhism and the core of Buddhist practice. His teachings are recorded in this text, 'The Platform Sutra of the Sixth Patriarch'. There are many important books that convey the teachings of Seon Buddhism - such as the 'Letters of Seon (서장, 書狀)', 'Encouragements for the Seon Gate (선관책진, 禪關策進)', 'The Essentials of Seon (선요, 禪要)', 'The Admonitions for Seon Practice (참선경어, 叄禪警語)', and 'Mountain Hermitage Night Talks (산방야화, 山房夜話)', and so on - but this 'Platform Sutra of the Sixth Patriarch' stands as the most fundamental text among them. Moreover, while Buddhist Sutras traditionally record the Buddha's words (e.g., Āgama Sutras 아함경, Heart Sutra 반야심경), the Platform Sutra of the Sixth Patriarch is uniquely accorded equivalent status as a 'Sutra'. The literal meaning of the title "Platform Sutra of the Sixth Patriarch" is: "The Dharma teachings delivered by the Sixth Patriarch from the platform where the precepts are given." This text's contents constitute the absolute standard and benchmark of Seon practice. The Diamond Sutra (금강경, 金剛經) became the primary scripture (소의경전, 所依經典) of the Jogye Order precisely because the Sixth Patriarch Hyeneung attained enlightenment upon hearing a line from the Diamond Sutra - an event marking the karmic origin of this connection.

● The version of this book is the 'Jongbo Edition (종보본, 宗寶本)'. The term 'version' means 'edited edition'. Even if it is a book with the same title, the content and format may differ depending on the person who compiled it, the time it was published, the composition of the text, and the omitted or supplemented parts, so it is to clarify who edited it and when. This book is based on the content of the 'Jongbo Edition of the Platform Sutra of the Sixth Patriarch', edited by Monk Jongbo of Gwanghyo Temple (광효사, 廣孝寺) in 1291. It is the version that spread most widely among the public after the Meong dynasty in China. The Donhwang Edition (돈황본, 敦煌本) is recognized as the version closest to the original form. In Korea, the Deogi Edition (덕이본, 德異本) is the one that has been relatively widely read.

● Buddhism means the teachings of the Buddha. If someone were to ask, "What kind of teaching is Buddhism?" How should we answer? This is essentially the question, "What is the fundamental doctrine of Buddhism?" Before entering nirvana, the Sixth Patriarch gathered his disciples and instructed them on how to teach Buddhism. Let us quote from the main text. :

"You are different from others. After my passing, each of you will become a teacher in your respective regions. Now I will teach you how to explain the Dharma so that you do not lose the essential intent of this school. First, you should bring up the Dharma of the Three Divisions, and then use the Thirty-Six Pairs of opposites as teaching devices. Whatever Dharma you explain, you must always avoid the two extremes. In speaking of all dharmas, do not stray from self-nature. If someone suddenly asks you about the Dharma, when you respond, always use paired expressions, so that coming and going become causes for one another. Ultimately, both sides must be let go, leaving nowhere further to go".

--- The term 'the Dharma of the Three Divisions' (삼과법문, 三科法門) refers to the "Dharma taught in three categories," which are the Five Skandhas (오온, 五蘊), the Twelve Entrances (십이처, 十二處), and the Eighteen Realms (십팔계, 十八界). These teachings explain that all things are dependently originated (연기, 緣起) and therefore lack inherent existence. In other words, what we call the "self" is a dependently arisen collection of the Five skandhas (form, feeling, perception, volition, and consciousness, 색수상행식, 色受想行識). Perception arises as a dependent phenomenon through the interaction of the six external objects (form, sound, smell, taste, touch, and dharmas, 색성향미촉법, 色聲香味觸法) and their six internal faculties (eye, ear, nose, tongue, body, and mind, 안이비설신의, 眼耳鼻舌身意), which comprise the Twelve Enterances. This world (realms, 계, 界), too, is composed through the interdependent functioning of the six faculties, the six objects, and the six consciousnesses (eye consciousness, ear consciousness, nose consciousness, tongue consciousness, body consciousness and mind consciousness, 안식·이식·비식·설식·신식·의식, 眼識·耳識·鼻識·舌識·身識·意識). Likewise, the teaching of the Thirty-Six Pairs of Opposites (삼십육대법, 三十六對法) illustrates the mutual dependence of relative concepts, emphasizing that there is no ultimate substance or entity. Everything exists interdependently, arising as both cause and effect for one another. Therefore, the Seon Master is now telling his disciples that they must teach others the fundamental Buddhist doctrine of **dependent origination** (연기법, 緣起法). The Saṃyukta Āgama (잡아함경, 雜阿含經) expresses this as follows : "If one sees dependent origination, one sees the Dharma; if one sees the Dharma, one sees the

Buddha." (약견연기 즉견법; 약견법 즉견불, 若見緣起 , 即見法 ; 若見法 , 即見佛).

There is an ongoing debate between the theories of evolution and creation. Where does Buddhism stand? Is it aligned with evolutionism or creationism? Buddhism is based on the doctrine of dependent origination. At first glance, evolutionism and creationism may appear to be opposing views, but fundamentally, they are both grounded in the same perspective - a view that presupposes the existence of something. In other words, they are both forms of ontological theories of origination. For example, one may propose that there was some primordial substance from which everything differentiated and evolved. Or one might speak of the Dragon King of the sea palace, who brings about clouds, rain, thunder, and wind. Or take solar theism, where the sun is revered as a god who produces light and spirit, illuminating heaven and earth and nurturing all living beings as a benevolent deity. Many such narratives exist. These stories all share a common idea: that some kind of matter or element existed first - or that a dragon king, a sun god, or some other deity existed prior to all else - and that from this initial existence, all other things were generated and unfolded. However, in the era of modern science and technology, such ontological theories of origination have lost credibility. In modern science, the smallest units that make up matter or energy are called 'particles'. These particles do not exist independently or in isolation; they are defined only in relation to surrounding conditions, environments, and observers. Moreover, the phenomenon of quantum entanglement reveals that particles affect each other regardless of distance. In short, nothing can exist independently or as a primary, standalone entity. In modern times, the Buddhist principle of dependent origination is increasingly being supported by scientific evidence.

- The novice practitioner No (노 행자, 盧 行者, the Sixth Patriarch) received the robe and bowl as symbols of enlightenment from the Fifth Patriarch, and departed in order to conceal himself until the proper time came. At that time, the disciples training under the Fifth Patriarch were astonished and could not accept that a mere novice practitioner, who was not even an ordained monk, had received the robe and bowl. So they pursued him. Among them, a monk named Hyemeong (혜명, 惠明), who had been a warrior before ordaining, chased after him first in an attempt to seize the robe and bowl. This is the moment in the text where Hyemeong catches up with the novice practitioner No. :

There was a monk named Hyemyeong. He was

originally a fourth-rank general, known for his rough and impulsive nature. He exerted all his strength in pursuit of Hyeneung, outrunning the others.

Hyeneung placed the robe and bowl on a rock and said, "This robe is merely a symbol of faith. Do you truly wish to fight over it by force?" Then he hid himself in the tall grass. When Hyemyeong arrived, he tried to pick up it, but it would not budge. he called out, "Seeker! Seeker! I have come for the Dharma, not for the robe!" At this, Hyeneung emerged and sat upon a rock.

Hyemyeong bowed and said, "Please, Seeker, teach me the Dharma."

Hyeneung responded, "Since you have come to seek the Dharma, sever all attachments and cease all thoughts. Then I will teach you."

Hyemyeong remained silent and still.

Hyeneung then said, "Do not think of good, do not think of evil. At this very moment, what is your original face?"

At these words, Hyemyeong experienced great enlightenment. He then asked, "Beyond the esoteric teaching you have just given me, is there any further esoteric instruction?"

Hyeneung replied, "What I have told you is not esoteric thing. If you reflect within yourself, the esoteric teaching is already within you."

--- How is it that a strong monk, once a general, could not lift a robe and bowl that are not even heavy? Though the robe and bowl are symbols of enlightenment, simply taking possession of them does not mean one has attained enlightenment. Reflecting on what he was truly doing, Hyemeong found that his conscience would not allow him to lift the bowl. However, the very act of pursuing the robe was, in its own way, an expression of his sincere aspiration for the Dharma. So he returned to the path of seeking the truth and asked for a teaching. At that moment, the novice practitioner No (Hyeneung) gave him a Hwadu : "Do not think of good. Do not think of evil. At just this very moment, what is your original face?" Upon hearing this, something "popped" open within Hyemeong, and he awakened. The study of Buddhism is only complete when one breaks through the hwadu. This is what it means to become a person of great freedom. Think of it like a driver's license test: there is a written test and a driving test. The doctrines and theories of Buddhism correspond to the written test. Practicing Hwadu Seon and breaking through the hwadu correspond to the driving test. Even if you score a perfect 100 on the written test, that doesn't mean you can drive well. Of course, passing the written test is also important - but what truly matters is passing the driving test and being able to drive well in real life. You must become a "free driver" who can take the car anywhere, at any time. In Buddhism, this is called 'becoming the master wherever you are (수처작주, 隨處作主)'.

• During adolescence, physical changes occur - but not only that; psychological changes also take place. This is no longer the stage of simply eating meals at home, playing with toys, and watching cartoons on TV. It is a time when the individual begins to seek psychological independence from their parents and explores their own identity. At this stage, one may ask questions like:

"But why was I born here, and why am I living this way? ..."

The philosopher Heidegger referred to this question with the expression "Thrownness" - a being thrown into the world by chance. Now, the self stands as "an individual standing alone before the world," experiencing an inexplicable sense of separation and fragmentation, confronting the unknown. This question of identity often becomes buried in the flow of the world and the systems of society, remaining unresolved. It becomes a fundamental inner division that one carries continuously without resolution. Without addressing this fundamental split, true happiness is impossible. One feels fragmented when alone, and fragmented even when among others. This is why people speak of "loneliness in the midst of a crowd." It is said that Kierkegaard once remarked, "You'll regret it whether you get married or not." This reflects the idea that the ultimate problem of inner division cannot be resolved or filled by external things - whether people, material possessions, or fame. Then how can one move from division to wholeness? In Buddhism, the journey from inner fragmentation back to original wholeness is expressed in various symbolic ways: from this shore to the other shore, from ignorance to wisdom, from dualism to the middle way, from delusion to enlightenment. The teaching that leads to this prajñā (wisdom), this enlighten-ment, is transmitted in Seon Buddhism as the method of 'direct transmission beyond words, pointing directly to the mind'. (단전직지, 單傳直指) - the sudden awakening to one's true nature (돈오견성법, 頓悟見性法).

• 'Direct transmission beyond words, pointing directly to the mind' means 'transmitting through one alone, and directly pointing to the nature'. In other words, it refers to 'not establishing written words, transmitting separately outside the teachings, directly pointing to the human mind, and seeing one's nature to become a Buddha' (불립문자 교외별전 직지인심 견성성불, 不立文字 教外別傳

直指人心 見性成佛). So then, what does it mean to 'directly point to and show the Buddha'? Let's look at an example. A monk once asked, "What is the meaning of the Patriarch's coming from the West?" Here, 'the Patriarch' refers to Bodhidharma, who came from India to transmit the Seon teaching. Naturally, the reason for coming from India to China would have been to transmit the Buddha-dharma. So this question is really asking about the essential meaning or the great principle of the Dharma he brought.

A monk asked Seon Master Joju,
"What is the meaning of the Patriarch's coming from the West?"
The Master replied,
"The cypress tree in the front yard."
The monk said,
"Master, please do not point to external objects."
The Master replied,
"I am not pointing to external objects."
The monk asked again,
"Then what is the meaning of the Patriarch's coming from the West?"
The Master said,
"The cypress tree in the front yard."
The Master's reply, "The cypress tree in the front

yard," is in fact a direct answer to the monk's question. The monk had asked about the profound meaning of the Buddha-dharma - the essential purpose of the Patriarch's coming from the West - and the Master immediately pointed it out. If one truly understands this meaning, that is seeing one's true nature (견성, 見性). If you realize it directly, that alone is sufficient. But if not, then you must commit yourself entirely to deep inquiry and investigation. So what does the Master's answer - "the cypress tree in the front yard" - really mean? The moment you penetrate this Hwadu, you have passed the practical test, become a free driver of life, and truly reached the state of "being the master wherever you are". Buddhism practice is often referred to as the method of samatha and vipashyana (지관법, 止觀法) - that is, the cultivation of calm abiding and insight. This is also called "cultivating concentration and wisdom in harmony" (정혜쌍수, 定慧雙修). In Hwadu Seon (화두선, 話頭禪), the moment you pick up a hwadu such as "Why did he say, 'the cypress tree in the front yard'?," that very moment is both samatha (stopping) and vipashyana (observing); it is simultaneously concentration and wisdom. Thus, the method of investigating a hwadu is the very practice of simultaneous calm abiding and insight, and the very practice of cultivating concentration and wisdom together.

• People are all different - each person has their own unique life and circumstances. This is often expressed as "a hundred people, a hundred colors (백인백색, 百人百色)". Everyone lives under different conditions. However, life must have a clear direction. If one is experiencing inner confusion, it is because their direction has not yet been firmly established. In Buddhism, the direction and teaching are always: "Seek enlightenment above, and guide all sentient beings below (상구보리 하화중생, 上求菩提 下化眾生)." This means to strive for enlightenment above, and to help and transform sentient beings below. One must establish a direction - move toward the right way. One must ask: Where is the true Way? Within the situations of one's own life, one should do one's best, take time to study the various Buddhist scriptures and teachings, and also understand and internalize this 'the Platform Sutra of the Sixth Patriarch', which is the standard of Seon practice and of Buddhist teaching, while continuing sincere Hwadu Seon practice.

Ven. Ojo once said: It is like
"A water buffalo passing through a window lattice.
Its head, horns, and four legs have all passed through -
but the tail cannot get through."

Why is it that the tail cannot pass through?

Preface to the Dharma Treasure Platform Sutra of the Sixth Patriarch

Written by Bhikshu Deoki of Gogyun
고균 비구 덕이 찬 (古筠 比丘 德異 撰)

The wondrous Way is empty and profound, beyond measure or calculation. Only by forgetting words and realizing the essential meaning can one awaken and attain clarity. Therefore, the World-Honored One (the Buddha), in front of 'the Stupa of Many Children', shared his seat, and at Vulture Peak held up a flower - mind transmitting mind, just like a lamp passing its flame to another lamp.

　　The 28th Patriarch of India, Bodhidharma, came to this land and directly pointed to the mind, enabling people to see their true nature and thereby attain Buddhahood. There was Great Master Hyega (혜가, 慧可), who at first awakened upon hearing just a few words. In the end, he made three bows and obtained the marrow. He received the robe and Dharma, succeeded as the Patriarch, and opened and spread the correct essential teaching.

　　After the Dharma had been transmitted three times, it reached Hwangmae (황매, 黃梅). Although there were seven hundred eminent monks in the assembly, it was only the layman (Hyeneung) who pounded rice that received the robe and became the Sixth Patriarch through a single verse. About ten years after he had fled to the south, one morning, prompted by the exchange, "It is not the wind that moves, nor the banner that moves," Master Injong (인종, 印宗) was awakened and opened his true eye. As a result, the layman (Hyeneung) had his head shaved and ascended the ordination platform, opening forth the East Mountain Dharma talk (East Mountain refers to the place where the Fifth Patriarch resided, and his Dharma talk is called the East Mountain Dharma talk), which was in accordance with the prophecy of the Tripitaka Master Guṇabhadra. Prefect Wi (위, 韋) requested the Seon monk Beobhae (법해, 法海) to record these teachings and titled them "the Platform Sutra of the Dharma Treasure".

Since the great master had been preaching the Dharma for 37 years from Oyang (a place name where Beopseongsa Temple was located) to Jogye (Borimsa), it is impossible to record the number of people who transcended the ordinary and entered the sagely by having been inspired in the taste of Dharma nectar. Those who enlightened the Buddha Mind School, whose practice and understanding were in perfect accord, and who became great Seon masters are recorded in the Transmission of the Lamp (전등록, 傳燈錄). Among them, only Seon masters Namag (남악, 南嶽) and Chengwon (청원, 青原) attended him closely for a long time and fully attained his profound meaning. Thus, Majo 마조 and Seogdu 석두 emerged, their spirit and wisdom radiating with perfect clarity, greatly advancing the profound Seon tradition. Thereafter, the great Seon masters of the five houses Imje 임제 - Wiang 위앙 - Jodong 조동 - Unmun 운문 - Beoban 법안 emerged. Their virtue was outstanding, and their teachings were rigorous and profound, inspiring exceptional monks to sharpen their resolve and pass through the Dharma gates. Entering deeply into the same lineage, the five schools all share a common origin. Through the refining of the forge and the striking of the hammer, their tradition became vast and expansive. Upon examining the essential teachings of these five houses, one finds that they all originate from "the Platform Sutra".

This Platform Sutra is concise in words yet profound in meaning. Its principles are clear, and its examples are fully integrated, encompassing the boundless Dharma teachings of all Buddhas. Each individual teaching contains infinite subtle meanings, and each of these subtle meanings reveals the immeasurable wondrous truths of the Buddhas. It is as if it resides within Maitreya's celestial palace and within the fine pores of Samantabhadra (보현, 普賢). Those who can skillfully enter into this teaching, like the youth Sudhana (선재, 善財), perfect all virtues in a single thought, becoming one with Samantabhadra and equal to all Buddhas.

Alas! Much of the Platform Sutra has been omitted and abbreviated by later generations, preventing people from fully seeing the great and complete intent of the Sixth Patriarch. When I (Deogi) was young, I once saw an ancient version of the text, and for over thirty years, I searched far and wide to find a complete text. Recently, i discovered a full and intact version from a trusted acquaintance, which we have now published at Hyuhyu Seon Hermitage in Ojung (place name), allowing many esteemed practitioners to receive and study it together. I sincerely hope that upon opening and reading this book, one will immediately enter the vast ocean of great perfect enlightenment, and that the wisdom and illumination of the Buddhas and Patriarchs will continue endlessly. Should this come to pass, my aspirations and wishes will be fulfilled.

Written on a mid-spring day in the 27th year of
Jiwon (지원, 至元, 1290),
the Year of Gyeongin (경인년, 庚寅歲).

Praise to the Dharma Treasure Platform Sutra of the Great Master Sixth Patriarch

Written by Master Myeonggyo Gyesung, Song Dynasty
송 명교 대사 계송 찬 (宋 明教 大師 契嵩 撰)

'Praise' means to make known - to publish a sutra and widely disseminate it. The Platform Sutra is the revelation of the mind of a supreme person (Here, 'supreme person' refers to the Sixth Patriarch, and throughout this book, the term is used synonymously with him). What is meant by 'mind'? It is the wondrous mind transmitted by the Buddha. How great is the mind! All phenomena arise and transform from it, yet it always remains pure. Whether one is an ordinary being or a sage, whether in darkness or in light, In every place one dwells, there is nothing that is not naturally realized. The words of the sages are luminous, while the words of the ordinary are deluded. Delusion is a deviation from the source, and clarity is a return to it. Though deviation and return differ, the wondrous mind is one and the same.

From Śākyamuni Buddha, the Dharma was transmitted to Mahākāśyapa, and from him it was passed down through successive generations. By the thirty-third generation, it was transmitted to Great Mirror (the name bestowed by the king upon the Sixth Patriarch), who broadly propagated it. There are also many different ways people speak of this mind: in some cases, the name is the same but the actual substance differs; in others, the meanings vary, yet the mind remains one. For example, some speak of it as the fleshly mind, the mind of conditioned thought, the mind of accumulation and arising, or the firm and solid mind. If one were to describe the various functions of the mind, the terms would be even more numerous. This is what is meant by 'the name may be the same, but the substance is different.' Likewise, it is also called the true suchness mind, the arising-and-perishing mind, the afflicted mind, or the bodhi mind. The number of such classifications found in the various Sutras is nearly countless. This is what is meant by 'the meaning may be diverse, yet the mind is one.' Furthermore, meaning can be divided into the meaning of enlightenment and the meaning of nonenlightenment, while the mind can be categorized into the true mind and the deluded mind - all of which serve to distinguish the correct mind. In the Platform Sutra, the term 'mind' refers to the meaning of enlightenment in terms of meaning, and the true mind in terms of mind.

In ancient times, when the sage (Śākyamuni Buddha) entered Nirvāṇa, he entrusted Mahākāśyapa with the essence of the Dharma beyond written teachings. This was to prevent people from clinging to mere traces and forgetting to return to the source. He firmly wished to present the root to future generations so that they might correct deviations and return to the true path. Thus, in the Nirvāṇa Sutra (열반경, 涅槃經), the Buddha declared, "I have the unsurpassed, perfect Dharma, which I have already entrusted entirely to Mahākāśyapa." The Way of Heaven lies in change, the Way of Earth lies in simplicity (meaning unadorned truth), and the Way of the sages lies in the fundamental essence. This fundamental essence refers to the most profound and mysterious truth. The Way of the sages, rooted in this fundamental essence, serves as the central axis of the Dharma realm, the meeting point of infinite meanings, and the foundational wheel of the Mahāyāna path. Did the Lotus Sutra (법화경, 法華經) not proclaim, "You should know that this wondrous Dharma is the secret essence of all Buddhas?" And did the Avataṃsaka Sutra (화엄경, 華嚴經) not declare, "With a bit of expedient means, one swiftly attains Bodhi?" Oh, how great and beneficial is this fundamental essence to the Way of the sages! Therefore, the central principle of The Platform Sutra is to revere and uphold the fundamental essence of the mind.

O Mind! As if bright yet dark, as if empty yet numinous, as if still yet vividly aware. Is it something that exists? Or something that does not exist? Though it is called "one thing," it originally pervades all things; though it is called "all things," it is fundamentally encompassed within the one thing. The one thing is all things, and all things are the one thing. One might think this can be grasped through conceptual understanding, yet when one reaches the point where it is beyond reckoning and discussion, the world calls it profound comprehension, numinous knowing, the cessation of duality, silent essence, and deep interpenetration. It is a continuous process of relinquishing and letting go - letting go and letting go again - so how could one ever truly reach its subtlest depths? Indeed, who could fathom whether one's enlightenment alone truly resembles that of the supreme sage? If one expands and extends it, there is no place where it cannot reach. If one explores and applies it with discernment, there is nothing to which it is not appropriate. When applied to realizing one's true nature, what is seen becomes most intimate. When applied to cultivating the mind, the attainment becomes most correct. When applied to elevating virtue and discerning delusion, true forgetting (see also Jangja's Sitting in Forgetfulness, 장자의 좌망, 莊子 坐忘) easily manifests. When applied to transcending the secular world, the path to Buddhahood is quickly achieved. When applied to saving the world, afflictions and burdens easily cease. Therefore, the doctrine of the Platform Sutra spreads widely throughout the world and is never rejected. They say, "The mind itself is Buddha." But how is it that those of shallow understanding fail to grasp its measure? A broken awl probes the ground and assumes the earth is shallow; Looking at the sky through a hole in the roof, one believes the sky is small. But is the sky and earth truly as they perceive? Thus, though the doctrines of various schools may claim to be superior, they do not compare to this teaching. The supreme person comprehends and penetrates, aligning with all the scriptures, and can clearly discern the truth. The supreme person transforms and adapts, not bound by predetermined names or concepts, making them impossible to measure. Therefore, when they express the Dharma, their words have order and meaning, yet their profound teachings seem to have neither beginning nor end. Those who are sharp by nature grasp deep meanings, and those who are dull by nature capture only shallow meanings. How, then, can one fully fathom it? How can one debate it? If one were constrained to approximate it, it is the perfect and sudden teaching, the Supreme Vehicle, the Tathāgata's Pure Seon (여래청정선, 如來之淸淨禪), and the very essence of the Bodhisattva teachings. Those who discuss it refer to it as Mystic Learning - is that not an apt description? The world calls it the Gate of the School (An essential, core, and criterion - based School) - is that not also fitting?

The Platform Sutra states that "meditative concentration (dhyāna) and wisdom (prajñā) serve as the foundation," which marks the beginning of the path to the Way. Concentration (dhyāna) means stillness, while wisdom (prajñā) means clarity. With clarity, one observes; with stillness, one rests. When the mind is at rest, one can realize the essence of the mind. By contemplating the Way, one is thereby able to speak of the Way.

The Single-Practice Samādhi (일행삼매, 一行三昧) means the Dharma-realm is of One Mark. That is to say, though the myriad virtues differ, they are resolved and harmonized into One Practice. Taking formlessness as the essence is the highest and most venerable precept, taking non-thought as the principle is the highest and most venerable meditative concentration, and taking non-abiding as the foundation is the highest and most venerable wisdom. Precepts, meditation, and wisdom are, indeed, the path through which all Three Vehicles attain realization, and the wondrous mind is the great foundation of Precepts, meditation, and wisdom. By encompassing these three with a single wondrous mind, they are called 'great'. The Precept of Formlessness ensure the attainment of right enlightenment. The Four Great Vows are as follows: To vow to liberate beings means to relieve suffering. To vow to sever means to cut off the cause of suffering. To vow to learn means to study the Way. To vow to attain means to realize Nirvāṇa. 'Extinction' means that there is nothing to be extinguished - thus, there is nothing that cannot be severed. 'The Way' means that there is nothing that can be definitively called 'the Way' - thus, there is nothing that cannot be crossed over or liberated. Formless repentance means to repent while having nothing to repent. The 'Threefold Refuge Precepts' mean returning to the One, and 'the One' is the very source from which the Three Jewels (Buddha, Dharma, Sangha) arise. To expound of Mahāprajñā is to speak of the mind's ultimate Middle Way. Prajñā is the expedient means of the sages and, as the great wisdom of the sages, it is both expedient means and ultimate reality. Through the stillness of Prajñā, all evils can be extinguished. Through the brightness of Prajñā, all virtues can be gathered. Through the expedient means of Prajñā, the great functioning of conditioned phenomena can be accomplished. Through the reality of Prajñā, the great realm of unconditioned phenomena can be realized. How supreme indeed is Prajñā! The Sage's Way cannot be illuminated or realized without Prajñā. No worldly affair is appropriate or fitting without Prajñā. The conduct of the supreme person arises from Prajñā - is this not the farthest-reaching (highest and deepest) path? This Dharma is taught only to those of the highest capacity, for it is suited to them. If something light is used to bear a heavy burden, it cannot endure; if the great Dharma is forced into a small vessel, it will overflow. Since ancient times, it has been silently transmitted - this is called 'secret teaching.' 'Secret' does not mean dark, wordless realization, but true and profound. Those who do not understand this Dharma and slander it recklessly are said to sever their Buddha-nature for countless eons - this is to prevent worldly people from losing their minds.

How magnificent is the composition of the Platform Sutra! Its foundation is righteous, its traces are effective, its cause is true, and its result is not mistaken. The sages of the past and the sages of the future have all arisen in this way, revealed in this way, and returned in this way. Vast and overflowing it is - like a great river in flow, like the open sky, freely connected and unobstructed, like the sun and moon shining brightly, like form and shadow existing together without hindrance, like a formation of geese flying gradually and in perfect order. To wondrously attain it is called the 'root'; to extend and apply it is called the 'trace'. To initiate from what is not a beginning is called the 'cause'; to accomplish from what is not yet accomplished is called the 'result'. When the result does not differ from the cause, it is called the 'true result'. When the cause does not differ from the result, it is called the 'true cause'. The trace must always return to the root - this is called 'great function'. The root must always return to the trace - this is called the 'Great Vehicle'. The term 'Vehicle' is a metaphor used by the sages to describe the Way, and the term 'Function' refers to the teachings initiated by the sages. Among all things, there is nothing more supreme than the mind when it comes to the Way of the sages, and nothing more supreme than cultivation when it comes to the teachings of the sages. For harmonizing the spirit and entering the Way, there is nothing more supreme than the Calm-Abiding and Insight of the One Characteristic (일상지관, 一相止觀). For following goodness and accomplishing virtue, there is nothing greater than the One-Practice Samādhi. As the foundation of all precepts, there is nothing superior to 'formlessness'; for establishing all meditations properly, nothing surpasses 'non-thought'; for penetrating all wisdom, nothing excels 'non-abiding'. To generate goodness and eliminate evil, there is nothing superior to the Precepts of Formlessness. To deepen the Way and extend virtue, nothing is greater than the Four Great Vows (사홍서원, 四弘誓願). To thoroughly examine one's faults, there is nothing higher than Formless Repentance; for advancing in the correct direction, nothing surpasses the Threefold Refuge Precepts. For establishing the great essence and manifesting the great function, nothing is more supreme than Great Prajñā. For arousing great faith and diligently practicing the Great Way, nothing is greater than Great Aspiration. To exhaust the principles of the world and fulfill one's original nature, nothing is more supreme than silent transmission. If one wishes to be without fault in the mind, there is nothing better than refraining from slander. Concentration and wisdom are the foundation for entering the Way. The One-Practice Samādhi is the origin of virtue. The principle of non-thought signifies liberation. The foundation of non-abiding signifies prajñā. The essence of formlessness signifies the Dharma-body. The Precepts of Formlessness are the highest among precepts. The Four Great Vows represent the ultimate form of vows. Formless Repentance is the supreme act of repentance. The Threefold Refuge Precepts are the true place of refuge. Great wisdom is the noble standard of both sages and ordinary beings. The teaching for those of the highest faculties is direct and immediate. Silent transmission is the most profound form of transmission. To warn against slander is to affirm the appropriateness of the precepts.

  The wondrous mind (묘심,妙心) is not something that is accomplished through cultivation, nor is it something that becomes clear through realization. It is originally complete and inherently luminous. One who was deluded about this brightness and returns to it - this is called 'realization'. One who turned away from what was already accomplished and returns to it - this is called 'cultivation'. Because it is cultivation without cultivating, it is called 'right cultivation'; because it is illumination without illuminating, it is called 'right realization'. Supreme person is quiet and obscure, such that their bearing and demeanor are not outwardly revealed, yet they cultivate virtue, and their conduct spreads gently and broadly. Supreme person seems to have no strength and to possess nothing, yet the Way becomes manifest throughout the world. This is perhaps because they cultivate through right cultivation and realize through right realization. Thus it is said: 'There is no cultivation, no realization, no cause, and no effect.' To obsess over trifles, force interpretations, and argue over doctrines - this runs contrary to the intent of Supreme person. Ah! When one lets go of precepts, concentration, and wisdom, one inevitably runs toward a vague and hazy notion of emptiness, and in such a case, even I would not know what to do. What is worse is that sentient beings, caught in attachments and restless consciousness, let their consciousness (식, 識) and karma (업, 業) chase after one another, echoing endlessly, never coming to rest. They imitate forms and shape appearances; people and things arise together, entangled in disorder throughout heaven and earth - how could one ever count them all? Those who attain a human form are truly one in ten thousand, and if, as a human, one is able to awaken, how exceedingly rare is that! The sages, mindful of this, though they expound many teachings, still there remain things in the world that are not yet illuminated. And even though they apply many skillful means to guide and govern, there are still those in the world who remain unenlightened. Those who deem themselves wise are confused by their own intelligence, while the foolish are obstructed by ignorance, and ordinary people fall into delusion due to their lack of contemplation. When they finally react to external conditions, they are stirred - rejoicing, angered, sorrowful, and delighted - thus becoming ever more clouded and scattered in a thousand directions. It is like walking at night without knowing where one is headed. When attempting to inherit the words of the sages, they elaborate and expand upon them, yet it is as though peering into the distance while enshrouded in mist. They say, 'It exists', and also, 'It does not exist'. They say, 'It neither exists', and 'It does not not exist'. Again, 'It also exists', and 'It also does not exist'. Because they do not see, they become further obscured and hardened, never gaining true clarity for the rest of their lives. The ocean exists because of water, yet though fish and dragons live and die within it, they do not see the water. The Way exists because of the mind, and though people may speak of the Way all day long, they fail to see the mind. Ah, how lamentable! The mind is originally subtle and profoundly distant - so deep and elusive that it is difficult to illuminate and hard to approach.

Since the sages have already entered nirvana, although their teachings have been transmitted in written form over a hundred generations, the clear realization of their truth has not been attained. Thus, the Platform Sutra presented the essential doctrine and directly revealed the mind itself, whereby people throughout the world came to realize the true alignment of their original nature and destiny. It is like dispersing clouds and mist to suddenly behold the clear blue sky or like ascending a high Mount and seeing an expansive, unobstructed view. Wang, scholar, comparing this to worldly texts, said : "When Nation Je (the era of pragmatism and secularism, 제나라, 齊) undergoes one transformation, it becomes Nation Lo (the era of morality and ritual, 노나라, 魯), and when Nation Lo undergoes another transformation, it reaches the Way (the truth and enlightenment / for Confucius, the political order of benevolence, 도, 道)." This statement comes close to the essence of the matter.

The Nirvana Sutra says: "Beginning from the Deer Park, and ending at the Bank of the Ajivata River, in the middle of fifty years, not a single word was spoken." This demonstrates that the Dharma is not contained in words. One should not seek the Dharma merely through words. It says: "Rely on the Dharma, not on people," because the Dharma is true, while people are false. It says : "Rely on meaning, not on language," because meaning is real, while language is false. It says: "Rely on wisdom, not on discrimination," because wisdom is ultimate, while discrimination is delusory. It says : "Rely on the completed sutras, not on the incomplete sutras," because the completed sutras exhaust the principles of truth. Therefore, when the Bodhisattva says he is teaching the great Nirvana, it means that what he says is identical to the scriptures themselves. The sage says that the four persons who have appeared in the world (the Four Dependents; Relying on Dharma, meaning, wisdom, the sutra of ultimate truth, 사의四依; 의법依法, 의의依義, 의지依智. 의료의경依了義經) uphold the correct Dharma, and this must be realized and understood. Because it must indeed be realized and understood, the supreme person traces back to the root and correctly aligns the end. Since what is spoken by the supreme person is in accord with the scriptures, when the supreme person teaches the scriptures, it is as if the scriptures themselves are speaking. Because he relies on meaning and the sutras of ultimate truth, the supreme person's clear explanations are in harmony with both the intended meaning and the sutras. And because he relies on the Dharma and on wisdom, the supreme person speaks in subtle ways - his words transform and interconnect, yet are never obstructed. Since the manifestation of the Dharma is not based on written words, the supreme person esteems silent transmission as the essential principle. The sage nurtures like spring gives birth to growth, while the supreme person matures like the clarity of autumn. When the sage gives a command, the supreme person follows; for the supreme person is one who, from within the sage's lineage, has achieved distinguished virtue and exceptional merit.

A truly supreme person arises from humble beginnings and once claimed not to understand the written characters of the world. Yet when he reached the state of true attainment, with but a single discourse, he revealed the Way and delivered the world, his actions resonating in perfect harmony with those of the Great Sages, as if matching tally and seal. His profound virtue and supreme wisdom were innate from birth - how could he have feigned ignorance of writing merely to reveal his own teaching? Although nearly four hundred years have passed since he left this world, his Dharma continues to flow across the four seas without ceasing. Throughout thirty successive generations, emperors and sages alike have sought his Way and held it in ever greater reverence. If he had not truly reached the level of the Great Sages, Heaven would long since have rejected him - how could it have come to this otherwise? Though I have by no means fully realized that Way, I have, like a gnat or midge sipping from the ocean, tasted a faint trace of its flavor. Thus, I humbly bow and present this writing, hoping to pass it on to future students.

The Platform Sutra of the Sixth Patriarch

The Dharma Jewel Platform Sutra of the Sixth Patriarch

Compiled by Bhikshu Jongbo,
Successor of the Patriarch,
Abbot of Gwanghyo Seon Monastery
(the place where the Hwadu
"Neither the Wind Nor the Banner" originated)

1. The Origin of Practice

At that time, the Great Master arrived at Borim Monastery (보림사, 寶林寺). The Prefect of Soju (소주, 韶州), Wigeo (위거, 韋璩), along with government officials, entered the mountains and invited the Master to come to the lecture hall of Daebeom Monastery (대범사, 大梵寺)in the city, where he was asked to expound the Dharma for the assembly. When the Master ascended the Dharma seat, more than 30 officials, over 30 Confucian scholars, and more than 1,000 monks, nuns, and lay followers gathered together, paid homage, and requested to hear the essential teachings of the Dharma.

The Master addressed the assembly, saying, "Good friends! The self-nature of Bodhi is originally pure. If you simply use this mind, you will directly attain Buddhahood. Good friends! Please listen to my account of the path I have walked and the circumstances under which I obtained the Dharma. My father was originally from Beomyang (범양, 范陽), but he was stripped of his official position and exiled to Yeongnam (영남, 嶺南), where he became a commoner in Sinju (신주, 新州). Unfortunately, I lost my father at an early age. My mother was left alone, and we moved to Namhae (남해, 南海), where we lived a difficult and impoverished life, selling firewood in the market. One day, a customer bought some firewood and asked me to deliver it to an inn. After handing over the firewood and receiving the payment, I stepped outside and saw another customer reciting a sutra. Upon hearing just a few words of the sutra, my mind immediately opened, and I gained insight. So I asked, 'What sutra are you reciting?' The customer replied, 'The Diamond Sutra.' I asked again, 'Where have you come from, carrying this scripture?' The customer answered, 'I have come from Dongseon Monastery (동선사, 東禪寺) in Hwangmae (황매, 黃梅) Prefecture in Gi Province. That monastery is where the Fifth Patriarch, Great Master Hongin (홍인, 弘忍), resides and teaches. He has over a thousand disciples there. I went to the monastery to pay my respects and received and studied this sutra. The Master constantly encourages both monastics and laypeople to keep the will of the Diamond Sutra (금강경, 金剛經) in mind, saying that by doing so, one will naturally see their own true nature and attain Buddhahood directly.' Upon hearing this, I realized that I had a karmic connection from past lives. At that moment, the customer generously gave me ten ounces of silver, instructing me to use it to provide clothing and food for my mother and to immediately go to Hwangmae to pay my respects to the Fifth Patriarch.

I made sure my mother was settled comfortably, bid her farewell, and departed. In less than thirty-odd days, I arrived at Hwangmae and paid my respects to the Fifth Patriarch.

The Master asked me, "Where are you from, and what are you seeking?"

I replied, "I am a commoner from Sinju in Yeongnam. I have traveled a great distance to pay my respects to you, Master. I seek only to become a Buddha and desire nothing else."

The Master said, "You are from Yeongnam, which means you are a barbarian. How can you possibly become a Buddha?"

I responded, "Although there may be distinctions between people from the north and the south, the Buddha-nature originally has no such divisions. Though my physical body may be different from yours, what difference is there in our Buddha-nature?"

The Fifth Patriarch wished to speak further but, seeing that many disciples were gathered around, he instead instructed me to join the laborers in their work.

I asked, "Master, my mind constantly gives rise to wisdom, and remaining true to my original nature is itself a field of blessings. What work would you have me do?"

The Master said, "This barbarian has remarkable potential! Say no more and go to the mill."

I went to the back courtyard, where a fellow monk assigned me to split firewood and to tread the pestle. More than eight months passed. One day, the Master suddenly came to see me and said, "I have long known that you possess the insight to perceive the Dharma. However, I feared that ill-intentioned people might harm you, so I refrained from speaking to you. Were you aware of this?'"

I replied, "Yes, Master. I understood your intentions and did not dare to approach the main hall, keeping myself unnoticed by others."

One day, the Fifth Patriarch gathered all his disciples and said, "I tell you, in this world, the issue of birth and death is of the utmost importance. Yet, you spend your days seeking only the fields of blessings, without striving to escape the suffering of the sea of birth and death. If you do not realize your own true nature, how can blessings possibly save you? Each of you should go and examine your own wisdom, seek the prajñā inherent in your own mind, and compose a verse expressing your understanding. Bring it to me. If someone attains great enlightenment through their verse, I will pass on the Dharma and my robe to you, making you the Sixth Patriarch. This matter is urgent, so go quickly and do not delay. This is not something that can be grasped through mere intellectual deliberation. A person who truly realizes their nature will awaken instantly upon hearing just a single word. If one reaches such a state, even in the midst of a battlefield where swords whirl in all directions, one can still perceive their true nature." (This statement is an analogy for those with sharp faculties).

Upon receiving these instructions, the disciples withdrew and spoke among themselves: "For people like us, what is the use of composing a verse and presenting it to the master? Right now, Senior Monk Sinsu (신수, 神秀) is already the head instructor, so surely he will be the one to receive the Patriarch's position. If we compose verses and present them, it would be nothing but a futile effort and a waste of energy." Hearing these words, the others also abandoned the idea, saying, "We will all follow Master Sinsu in the future, so why bother composing a verse?"

At that moment, Sinsu himself pondered deeply, thinking, "The reason the others are not composing a verse is because I am their instructor. Therefore, I must compose one and present it to the master. If I do not, how will the master know the depth of my understanding? If I offer a verse with the intent of seeking the Dharma, it is a right thing. However, if my heart seeks to obtain the Patriarch's position, then that would be wrongful ambition. In that case, how would it be any different from an ordinary mind that covets the seat of a sage? But if I do not compose a verse, I will never obtain the Dharma. Ah, how difficult this is! Truly difficult!"

In front of the Dharma Hall of the Fifth Patriarch, there was a three rooms-long corridor. At that time, an attendant named Nojin (노진, 盧珍) was tasked with painting an illustrated depiction of the Laṅkāvatāra Sutra (능가경, 楞伽經) and a lineage chart of the Fifth Patriarch, so that it could be passed down to future generations for veneration. Meanwhile, Sinsu completed a verse and wished to present it to his master. However, each time he approached the Dharma Hall, his mind wavered, his body broke into a sweat, and he ultimately failed to submit it. This continued for four days - thirteen times in total - yet he could not bring himself to present the verse. He then thought to himself, "Rather than submitting it directly, I will write it on the corridor wall so that my master may see it. If he approves of the verse, I will come forward, bow, and acknowledge it as mine. But if he deems it unworthy, then I will know that I have spent years in this monastery receiving others' reverence in vain, and there will be no point in continuing my practice." That night, during the third watch (11PM - 1AM), Sinsu secretly took a lamp and wrote his verse on the southern corridor wall, expressing his understanding :

> The body is a Bodhi tree,
> The mind is like a bright mirror stand.
> Diligently wipe it from time to time,
> Lest dust and dirt accumulate.

After writing the verse, Sinsu immediately returned to his room, but no one knew what he had done. He then thought to himself, "If the Fifth Patriarch sees this verse tomorrow and is pleased, it will mean that I have a connection with the Dharma. However, if he finds it lacking, then it must be because I am still deluded, and the obstacles from my past karma are too great for me to attain the Dharma. The mind of the sages is difficult to fathom!" Lost in thought, he sat and lay down restlessly in his room, unable to find peace. This continued throughout the night until the fifth watch (3AM - 5AM).

The Fifth Patriarch already knew that Sinsu had not yet truly entered the gate of enlightenment and had not awakened to the self-nature.

As the day dawned, the Fifth Patriarch summoned the painter Lo Gongbong (노공봉, 盧供奉) and instructed him to paint an illustration on the wall of the southern corridor. However, unexpectedly, he discovered a verse written on the wall. He then said, "Gongbong, there is no need to paint. You traveled a long way and put in great effort, but it turns out to be unnecessary. The sutras say, 'All forms with appearance are ultimately illusory.' Let us simply leave this verse as it is and have people memorize and uphold it. If they practice according to this verse, they will not fall into the evil paths, and if they follow it, they will gain great benefit." Then, he instructed his disciples to burn incense, pay reverence, and recite the verse with devotion. As the disciples recited it, they were filled with admiration and praise, exclaiming, "Truly remarkable!"

In the middle of the night, the Fifth Patriarch summoned Sinsu to the Dharma Hall and asked, "Did you compose this verse?"

Sinsu replied, "Indeed, I composed it. However, I do not dare to seek the position of the Patriarch. I only ask that you, Master, show compassion and examine whether I have even a small amount of wisdom."

The Fifth Patriarch said, "The verse you composed shows that you have not yet seen your true nature. It is like having reached the entrance but not yet stepping inside. With this level of understanding, you cannot attain supreme enlightenment. Supreme enlightenment is realized when, within a single phrase, one directly perceives the original mind and sees one's own nature, understanding that it is unborn and undying. It is to see naturally that in every single thought, all dharmas are naturally unobstructed; one is true, and all are true. The myriad things abide in thusness, and this thusness itself is the true mind. If you see in this way, then that is the self-nature of supreme enlightenment. Go back and reflect deeply for another day or two, and compose another verse for me. If your verse truly enters the gateway, I will transmit to you the robe and the Dharma." Sinsu bowed and withdrew. However, several days passed, and he was unable to compose a new verse. His mind became restless and anxious, as if caught in a dream. Whether sitting or standing, he could find no peace.

Two days later, a young novice monk was passing by the mill and reciting the verse composed by Sinsu. As soon as Hyeneung heard it, he immediately realized that the verse had not yet seen the true nature. Although he had never formally received teachings, he already deeply understood their meaning. Hyeneung asked the novice, "What is the verse you are reciting?" The novice replied, "A barbarian like you wouldn't understand. The Great Master (5th patriarch) said, 'For people in this world, the issue of birth and death is of utmost importance. I wish to transmit the robe and the Dharma, so I instruct you all to compose a verse. If someone attains great enlightenment, I shall transmit the Dharma to that person.' Sinsu, the senior disciple, wrote a verse on the southern corridor wall, and the Great Master instructed everyone to memorize it. He said that if one practices according to this verse, they will not fall into evil paths and will gain great benefit."

Hyeneung then said, (some versions of the text include the sentence: 'I also wish to memorize this verse to form a connection for a future life') "Venerable monk, I have been working in this mill for more than eight months, but I have never set foot in the hall. Please guide me to the verse so that I may pay my respects." The novice then led Hyeneung to the wall where the verse was written, and Hyeneung bowed in reverence before it. He then said, "I do not know how to read, so could you kindly read it aloud for me?" At that moment, there was a man named Jang Iryong (장일용, 張日用) the Assistant Prefect of Gangju (강주, 江州), who read the verse out loud in a clear voice. After listening, Hyeneung said, "I have also composed a verse. Could you write it down for me?" Jang Iryong replied, "You? Composing a verse? That is quite unusual." Hyeneung then said, "If you truly seek unsurpassed enlightenment, you must not look down on beginners. Even those of the lowest status may possess the highest wisdom, and those of the highest status may lack true understanding. If one despises others, they will incur immeasurable karmic offenses." Hearing this, Jang Iryong said, "Then recite your verse, and I shall write it down for you. If you attain the Dharma, please remember to guide me first. Do not forget this promise." Thus, Hyeneung recited his verse :

> Bodhi originally has no tree,
> The bright mirror is also not a stand.
> Fundamentally, there is not a single thing -
> Where could dust possibly settle?

When this verse was written down, everyone was astonished, and no one failed to express their admiration. They said to each other, "How remarkable! One should not judge a person by their appearance. How could we have failed to recognize that he was a bodhisattva all along?"

Seeing that people were greatly surprised and whispering among themselves, the Fifth Patriarch feared that someone might try to harm Hyeneung. So he quickly rubbed out the verse with his shoe, saying, "This has not yet seen the true nature." Upon hearing this, the assembly accepted it as truth and thought nothing more of it.

The next day, the Fifth Patriarch secretly went to the mill and saw Hyeneung grinding rice while carrying a stone tied around his waist. The Patriarch said, "One who seeks the Way must forget their body for the sake of the Dharma. Should you not also be like this?" Then he asked, "Is the rice fully milled?" Hyeneung replied, "The rice has long been milled, but it still needs to be sifted."

The Fifth Patriarch then struck the mortar three times with his staff and left. Hyeneung immediately understood the master's intent and went to his room at the third watch of the night. The Patriarch used his robe to create a screen, ensuring that no one else could see, and then expounded the Diamond Sutra. When he reached the passage, "responding to the nonabiding, yet generating the mind", Hyeneung was suddenly awakened on the spot and realized, "All dharmas are inseparable from the self-nature!" He then proclaimed to the Patriarch :

How unexpected! The self-nature is originally pure!

How unexpected! The self-nature is originally neither arising nor ceasing!

How unexpected! The self-nature is originally complete in itself!

How unexpected! The self-nature is originally unshakable!

How unexpected! The self-nature is capable of producing all dharmas!"

The Fifth Patriarch, knowing that Hyeneung had awakened to his true nature, said: "If one does not realize their original mind, studying the Dharma is of no use. If one truly realizes their original mind and sees their true nature, that person is a great being, a teacher of gods and humans, and is called a Buddha."

Thus, in the dead of night, he secretly transmitted the Dharma to Hyeneung, and no one knew of it. He passed down the sudden enlightenment teaching along with the robe and bowl, saying: "You are now the Sixth Patriarch. You must protect yourself well and widely deliver sentient beings, ensuring that this Dharma continues without interruption and spreads far into the future." Then he recited a verse :

Sentient beings come to sow the seeds,
And from the conditioned soil, fruits are born again.
The insentients have no seeds,
Thus, they have no nature, no birth.

The Master said again, "When Bodhidharma first came to this land long ago, people did not believe in him. So, he passed down this robe as a token of faith, to be handed down from generation to generation. However, the Dharma is transmitted from mind to mind, and each person must awaken and understand it for themselves. Since ancient times, the Buddha has transmitted the original truth to the Buddha, and the Master has secretly passed down the original mind to the disciple. But this robe will become a cause of contention, so you must not pass it on. If you do, your life will be as precarious as if it were hanging by a thread. Leave quickly, for I fear that people may try to harm you." Hyeneung asked, "Where should I go?"

The Master replied, "When you encounter 'Hoe' (Hoejip County, 회, 懷), stop; when you encounter 'Hoe' (Sahoe County, 회, 會), hide."

At the third watch of the night, Hyeneung received the robe and bowl and said, "I am originally from the southern region and do not know the mountain paths well. How can I get out to the mouth of river?" The Master said, "Do not worry. I will personally escort you." The Master accompanied Hyeneung all the way to the Gugang (구강, 九江) station, where he instructed him to board a boat and personally rowed for him.

Hyeneung said, "Please, Master, take a seat. I should

be the one to row."

The Master replied, "It is I who must take you across."

Hyeneung said, "When one is deluded, the Master guides the disciple across; but once one is awakened, one must cross by oneself. Though the word 'crossing' is the same, its meaning is different. I, Hyeneung, was born in the frontier regions and my speech is not refined, but now that I have received the Dharma from you and attained enlightenment, it is only fitting that I cross by means of the self-nature."

The Master said, "Indeed, indeed! In the future, the Buddha-Dharma will flourish because of you. Three years after you leave, I will depart from this world. Now, take care as you head south and exert yourself diligently. Do not be too hasty in preaching the Dharma. The Buddha-Dharma is difficult to promote."

After bidding farewell to his master, Hyeneung set off on his journey south. After walking for two months, he arrived at Daeyu Ridge (대유령, 大庾嶺). [Meanwhile, the Fifth Patriarch had refrained from giving sermons for several days after returning. The assembly found this strange and asked, "Master, are you unwell? Or do you have something weighing on your mind?" The Patriarch replied, "I am not ill, but the Dharma and robe have already gone south." The assembly asked again, "Who received them?" The Patriarch answered, "(Hye) Neung has obtained them." It was only then that the assembly realized the truth.]

Later, hundreds of people pursued Hyeneung, intending to seize the robe and bowl, which symbolized the Dharma transmission. Among them was a monk named Hyemyeong, whose secular surname was Jin. He was originally a fourth-rank general, known for his rough and impulsive nature. He exerted all his strength in pursuit of Hyeneung, outrunning the others.

Hyeneung placed the robe and bowl on a rock and said, "This robe is merely a symbol of faith. Do you truly wish to fight over it by force?" Then he hid himself in the tall grass. When Hyemyeong arrived, he tried to pick up it, but it would not budge. he called out, "Seeker! Seeker! I have come for the Dharma, not for the robe!" At this, Hyeneung emerged and sat upon a rock.

Hyemyeong bowed and said, "Please, Seeker, teach me the Dharma."

Hyeneung responded, "Since you have come to seek the Dharma, sever all attachments and cease all thoughts. Then I will teach you."

Hyemyeong remained silent and still.

Hyeneung then said, "Do not think of good, do not think of evil. At this very moment, what is your original face?"

At these words, Hyemyeong experienced great enlightenment. He then asked, "Beyond the esoteric teaching you have just given me, is there any further esoteric instruction?"

Hyeneung replied, "What I have told you is not esoteric thing. If you reflect within yourself, the esoteric teaching is already within you."

Hyemyeong said, "Though I studied under the Fifth Patriarch at Hwangmae, I did not realize my true nature. Now, through your teaching, I understand it, just as a person who drinks water knows for themselves whether it is warm or cold. From this moment on, you are my teacher."

Hyeneung replied, "Since you have realized this, you and I are both disciples of the Fifth Patriarch, Master Hongin. Take good care of yourself."

Hyemyeong then asked, "Where should I go now?"

Hyeneung answered, "If you encounter Won (Won Province, 원, 袁), stop there; if you meet Mong (Mt. Mong, 몽, 蒙), dwell there."

Hyemyeong prostrated in gratitude and departed. [Later, when he descended from Daeyu Ridge, he told the pursuing crowd, "I climbed the treacherous mountain path, but his traces were nowhere to be found. Let us search elsewhere." The pursuers accepted his words and did as he said. From then on, Hyemyeong changed his name to Domyeong to avoid using the same character as his master, Hyeneung's name, as an act of respect.]

Hyeneung later traveled to Jogye, but was again pursued by those seeking to harm him. To evade them, he took refuge among a group of hunters in Sahoe (사회, 四會), living among them for fifteen years. During this time, he occasionally expounded the Dharma. The hunters assigned him to watch over their nets, but whenever he saw living creatures caught in them, he would release them. When it came time to eat, he placed vegetables into the pot used for boiling meat. When questioned about this, he simply replied, "I only eat the vegetables beside the meat."

One day, Hyeneung thought to himself, "The time has come to spread the Dharma widely. I cannot remain in hiding forever." With this resolve, he made his way to Beopseong Temple (법성사, 法性寺) in Gwangju. At that time, Dharma Master Injong was delivering a lecture on the Nirvana Sutra. During the discourse, the wind stirred a flag, and two monks began debating. One claimed, "The wind is moving." The other countered, "No, the flag is moving."

Hyeneung stepped forward and said, "It is neither the wind nor the flag that moves. What moves is your mind." The gathered assembly was astounded.

Master Injong invited Hyeneung to sit in an honored

place and questioned him deeply. Seeing that Hyeneung's words were profound yet concise and free from reliance on scriptural text, he remarked, "This seeker must be no ordinary person. I have long heard that Master Hongin of Hwangmae transmitted the robe and Dharma southward. Could it be that you are that seeker?" Hyeneung answered, "For me to say yes... Hmm ~ ." Master Injong respectfully bowed and requested that Hyeneung present the robe and bowl for the assembly to see as proof of his transmission. He then asked, "How did Master Hongin transmit the Dharma to you?"

Hyeneung replied, "There was no special teaching. He simply spoke of seeing one's true nature. He did not discuss meditation or liberation."

Master Injong asked, "Why did he not discuss meditation and liberation?"

Hyeneung answered, "Because those are two separate concepts, and the Dharma is beyond duality. The true Dharma is the teaching of non-duality." Master Injong asked, "What is this teaching of non-duality?"

Hyeneung responded, "In the Nirvana Sutra, which you have been expounding, the Buddha clearly explains the nature of the Buddha's wisdom. Bodhisattva King of Lofty Virtue (덕왕보살, 高貴德王菩薩) once asked the Buddha, 'If someone violates the Four Grave Offenses, commits the Five Heinous Crimes, or is an icchantika (being hopelessly incorrigible), does that mean their good roots and Buddha-nature are severed?' The Buddha replied "There are two kinds of good roots, 'those that are permanent and those that are impermanent'. But Buddha-nature is neither permanent nor impermanent, and thus it is never severed. This is what is called 'non-duality'. Similarly, good and nongood are seen as opposites. But Buddha-nature is neither good nor non-good. Therefore, it is also non-duality. Ordinary people see the Five Aggregates and the Eighteen Realms as two. But the wise see their nature as fundamentally non-dual. This non-dual nature is precisely Buddha-nature."

Master Injong, upon hearing these words, was overjoyed. With palms pressed together, he declared, "My teachings are like broken tiles, whereas your discourse is like pure gold." He then personally shaved Hyeneung's head, formally recognizing him as a master. Thus did Hyeneung, under a Bodhi tree, open up the East Mountain teaching. He addressed the assembly, saying, "When I received the Dharma at East Mountain (Hwangmae), I endured great hardships, and my life was in constant danger, as if suspended by a single thread. But today, to have the governor, officials, monks, and laypeople gathered here is the result of many lifetimes of deep karmic affinity. It is because you have cultivated virtue through countless past lives, making offerings to many

Buddhas, that you are now able to hear the sudden teaching and attain realization. This teaching has been passed down from the sages; it does not originate from my own wisdom. Therefore, I ask that all who hear it purify their hearts and abandon doubt. In doing so, you will be no different from the enlightened ones of the past." Hearing this, the entire assembly rejoiced, paid homage, and departed.

2. Prajñā

The next day, Governor Wi requested to learn more. The Master ascended the Dharma seat and addressed the assembly, saying, "Purify your minds and recite 'Mahāprajñāpāramitā (마하반야바라밀다, 摩訶般若波羅蜜多)'." Then he continued, "Everyone, the wisdom of Bodhi and Prajñā is something that all beings inherently possess. However, due to deluded minds, they fail to realize it themselves. Thus, they must receive guidance from a great teacher to perceive their own nature. You must understand that there is no inherent difference between the foolish and the wise in terms of Buddha-nature. It is only due to the difference between being deluded or awakened that foolishness and wisdom arise. Now, I will expound on the teaching of Mahāprajñāpāramitā so that you may each attain wisdom. Listen attentively with sincere effort, and I will instruct you. Everyone, worldly people may recite prajñā all day long with their mouths, but they do not understand the prajñā of their own nature. This is like merely talking about food without actually eating it - you will never be full. If one only speaks of 'emptiness' but fails to see their own nature, even after countless eons, there will be no benefit. Everyone, 'Mahāprajñāpāramitā' is a Sanskrit term meaning 'great wisdom that leads to the other shore.' This is something to be practiced with the mind, not merely recited with the mouth. If one only recites it without practicing it with the mind, it is like an illusion, a mirage, dew, or a lightning flash. If one recites it while also practicing it in the heart, then the mind and words will be in harmony. One's own nature itself is the Buddha. Apart from one's own nature, there is no separate Buddha. What is meant by 'Mahā'? 'Mahā' means 'great.' The mind's capacity is vast and boundless like space - it has no limits. It has no fixed shape such as square or round, large or small; it has no colors like blue, yellow, red, or white; it has no distinctions of up and down, long and short; it has no emotions like anger or joy; and it has no dualities of right and wrong, good and evil, beginning and end. The worlds of all Buddhas are like space, and the profound nature of all beings is originally empty - there is not a single Dharma that can be grasped. The true emptiness of self-nature is also like this. Everyone, when I speak of 'emptiness,' do not become attached to emptiness. Most importantly, one must not cling to the concept of emptiness. Simply sitting still with an empty mind is to fall into nihilistic emptiness (무기공, 無記空).

Everyone, the vast sky of this world can contain all things: the sun and moon, stars, mountains and rivers, the great earth, springs and valleys, grasses and trees, forests, good people and bad people, good Dharma and evil Dharma, heavens and hells, the vast ocean, Mount Sumeru - all are included. The emptiness of the natures of the people of this world is also like this. Everyone, the reason why self-nature is called 'great' is because it encompasses all things. All Dharmas are within the nature of beings. If one can perceive all people, whether good or evil, without attachment, without rejection, and without contamination, then the mind is like empty space - this is what is meant by 'great'. Everyone, deluded people only speak with words, but the wise practice with their hearts. There are also deluded people who empty their minds, sit in silence, and believe themselves to be superior. Such people can't even be spoken to, for they have fallen into erroneous views.

Everyone, when the mind is vast, it pervades the Dharma realm. When used, it functions clearly; when applied, it understands all things. 'All is one, and one is all.' It moves freely and without obstruction in the essence of the mind - this is prajñā. Everyone, all prajñā wisdom arises from self-nature and does not come from outside. Do not misuse it. This is called 'spontaneously using the true nature.' When one thing is true, all things are true. One with a vast mind does not walk narrow paths. If one speaks of 'emptiness' all day with their mouth but does not practice it in their heart, it is like an ordinary person calling themselves a king - they will never truly be a king. Such a person is not my disciple."

Everyone! What is "Prajna"? "Prajna" means "wisdom" in our language. Practicing Prajna means always acting wisely and never being foolish at any place or time. If one is foolish for even a moment, Prajna is broken; if one is wise for even a moment, Prajna arises. People in the world are deluded and cannot see Prajna. They speak of Prajna with their mouths, but their hearts are filled with ignorance. They constantly say, "I cultivate Prajna," yet they only talk about emptiness without truly understanding it. Prajna has no form; a wise mind itself is Prajna. If one understands it this way, it is called "the wisdom of Prajna."

What is "Paramita"? This is a Sanskrit word, which means "reaching the other shore" in our language. It signifies transcending birth and death. When one clings to objects, birth and death arise, just like waves appearing on water - this is called "this shore". When one transcends objects and birth and death cease, it is like water flowing smoothly - this is called "the other shore". That is why it is called "Paramita."

Everyone! The deluded merely chant with their mouths, but even while chanting, their minds are filled with distractions and wrong thoughts. To practice at every moment is the 'true nature'. Realizing this Dharma is "the Prajna Dharma", and practicing it is "the practice of Prajna". If one does not practice, one remains an ordinary being, but with continuous cultivation, one becomes equal to the Buddha. Everyone! An ordinary being is none other than a Buddha, and affliction is none other than Bodhi. If one is deluded in one moment, one is an ordinary being; if one awakens in the next moment, one is a Buddha. If one clings to objects, it is affliction; if one transcends them, it is Bodhi.

Everyone! "Maha Prajna Paramita" is the most noble, supreme, and ultimate Dharma. It neither abides nor comes and goes, and all Buddhas of the past, present, and future arise from this Dharma. You must use great wisdom to break through the Five Aggregates, the dust of afflictions, and suffering. By practicing in this way, you will certainly attain the path of Buddhahood and transform the Three Poisons (Greed, Hatred, and Ignorance) into Precepts, Concentration, and Wisdom. Everyone! The Dharma I speak of originates from a single Prajna, which gives rise to 84,000 kinds of wisdom. Why? Because sentient beings in this world have 84,000 kinds of afflictions and defilements. If there were no afflictions and defilements, wisdom would always manifest and never depart from one's true nature. Those who realize this Dharma are "without thought", "without recollection", and "without attachment" and do not give rise to false delusions. By using the wisdom of their true nature, they contemplate all phenomena without grasping or rejecting anything - this is seeing one's true nature and attaining the path of Buddhahood.

Everyone! If you wish to enter the profound Dharma realm and the Samadhi of Prajna, you must cultivate the practice of Prajna and recite the Diamond Sutra. Doing so will allow you to see your true nature. You must understand that the merits of this sutra are immeasurable and boundless. Even though the sutra itself praises its virtues, it cannot fully express them. This Dharma is the highest teaching, preached for those with great wisdom and superior faculties. Those with lesser faculties and insufficient wisdom may hear this Dharma but fail to generate faith in it. Why? Because it is like great clouds (like a moving dragon) releasing heavy rain upon the earth, causing entire towns and villages to be swept away like jujube leaves drifting on the water. However, when rain falls upon the ocean, the ocean neither decreases nor increases. Likewise, when great beings and those of supreme capacity hear the Diamond Sutra, their minds open, and they attain enlightenment. Thus, you must understand that one's original nature already possesses the wisdom of Prajna. By relying on one's inherent wisdom for contemplation, one does not depend on written words. For example, rain does not originate from the sky;

rather, clouds arise, and all beings - whether sentient or insentient - receive its nourishment. All rivers and streams ultimately flow into the vast ocean and become one. The Prajna wisdom inherent in sentient beings functions in the same way.

Everyone! Those of lesser capacity who hear this sudden teaching are like weak-rooted grasses and trees that cannot withstand heavy rain. They collapse under its weight and fail to grow. Likewise, people of lesser capacity struggle to grasp this Dharma. The wisdom of Prajna is originally no different for all beings, whether they are of great wisdom or not. So why is it that some do not awaken upon hearing the Dharma? It is because their wrong views and deep-rooted afflictions obscure them, like thick clouds blocking the sun. If the wind does not blow, the sunlight cannot shine through. The wisdom of Prajna itself has neither greatness nor smallness, but because sentient beings differ in delusion and enlightenment, their wisdom appears to vary. Deluded beings seek the Buddha outside of themselves, failing to realize their true nature. This is what defines those of lesser capacity. However, if one awakens to the sudden teaching, there is no need to seek the Buddha externally. Instead, one must constantly cultivate right view within one's own mind. In doing so, afflictions and defilements will never taint it - this is seeing one's true nature. Everyone! If you abide neither inside nor outside, come and go freely, and eliminate grasping and attachment, you will attain complete clarity and be free of obstacles. If you practice in this way, you will be no different from the teachings in the Prajna Sutras.

Everyone! All sutras, texts, the teachings of the Mahayana and Hinayana, and the Twelve Divisions of the Sutras were all established for human beings. They exist because of the nature of wisdom. If there were no people in the world, then all dharmas would originally not exist. Therefore, you must understand that all dharmas arise because of human beings. All scriptures exist because people speak them. Among people, there are those who are foolish and those who are wise. The foolish are called small-minded, while the wise are called great-minded. When the foolish ask the wise, the wise teach the Dharma to the foolish. When a foolish person suddenly awakens and their mind opens, they become no different from the wise. Everyone! If one does not awaken, even a Buddha is just an ordinary being. If one awakens in an instant, then an ordinary being is a Buddha. Therefore, all dharmas exist only within one's own mind. Why is it that one cannot directly see their true nature? The Bodhisattva Precepts Sutra (보살계경, 菩薩戒經) states : "My original nature is inherently pure. If one recognizes their own mind and sees their true nature, they will all attain the path of Buddhahood." The Vimalakirti Sutra (정명경, 淨名經) states : "At once, everything becomes clear, and one regains their original mind." Everyone! I heard the teachings of Master (Hong)In, and with a single word, I immediately awakened and directly saw my true nature. That is why I now widely transmit this teaching - to help all practitioners directly realize enlightenment. Each person must contemplate their own mind and directly perceive their true nature. If you cannot awaken by yourself, you must seek a great teacher. A teacher who has realized the highest teaching can directly guide you on the right path. Such a good teacher is one with great karmic connections, who helps beings see their own true nature. All virtuous dharmas can only be revealed through the presence of a good teacher. All Buddhas of the past, present, and future, as well as the Twelve Divisions of the Sutras, are originally contained within one's own nature. If one does not realize this, they must rely on a good teacher to see their true nature. However, if one awakens by themselves, there is no need to seek externally. Yet, it is incorrect to say that one can only attain liberation through an external teacher. Why? Because the wisdom already exists within one's own mind, and one can awaken by themselves. However, if one falls into delusion, false thoughts, and inverted views, then even if an external teacher teaches them, they cannot be saved. But if one contemplates with the right wisdom of Prajna, all delusions disappear in an instant. If one realizes their true nature, with a single awakening, one attains the state of Buddhahood. Everyone! If you observe with wisdom, both inside and outside become clear, and you realize your original mind. To know one's original mind is to attain original liberation. Attaining liberation is Prajna Samadhi and No-Thought. What is No-Thought? It means that one perceives all dharmas without clinging to them. It functions everywhere, yet remains unattached to anything. It is simply keeping one's original mind pure, allowing the six consciousnesses to move through the six sense doors without being tainted by or mixed with the six dusts. One moves freely, comes and goes without obstruction - this is Prajna Samadhi, true liberation, and the practice of No-Thought. If one tries to force themselves not to think at all, they are merely trying to cut off thoughts, which is still an attachment to Dharma and leads to one-sided biased views. Everyone! If you realize the Dharma of No-Thought, you will fully comprehend all dharmas. If you realize the Dharma of No-Thought, you will see the realms of all Buddhas. If you realize the Dharma of No-Thought, you will attain the stage of Buddhahood.

Everyone! In future generations, those who attain my Dharma and uphold this Sudden Enlightenment teaching, making vows to receive and maintain it with shared understanding and shared practice, will be like serving the Buddha. Therefore, they will never regress throughout their lives and will surely reach the stage of sainthood. However, the transmission of this Dharma has always been entrusted through silent transmission (from mind to mind), so it must not be concealed. If someone does not share the same view and practice, this Dharma should not be transmitted to them. Doing so would harm the past sages and ultimately bring no benefit. It is concerning that foolish people may not understand this Dharma and slander it. If they do, they will cut off the seed of Buddhahood for countless kalpas. Everyone! I have a verse of no-form, which you should all memorize and uphold, whether lay or monastic, and practice accordingly. If one does not practice but merely remembers my words, there will be no benefit. Listen carefully to my verse :

To be fully awakened in both words and mind Is like the sun shining in the sky.
I only transmit the Dharma of seeing one's nature, appearing in the world to break false teachings.
Dharma itself has no sudden or gradual, yet in delusion and awakening, there is slowness and swiftness.
But this gate of seeing one's nature Is something the foolish cannot grasp.
Though the teachings may number in the thousands,

when understood, they all return to one.

Within the dark house of afflictions, one must always make the sun of wisdom rise.

When falsehood arises, afflictions are stirred; When truth arrives, afflictions dissolve.

Since neither falsehood nor righteousness operates, purity will be fully realized.

Bodhi is originally one's own nature, to give rise to thoughts is already delusion.

The pure mind exists even within delusion; Just uphold the right view, and no obstacles will remain.

If one truly cultivates the Way, nothing in the world will be an obstacle.

By constantly seeing one's own faults, one aligns oneself with the Way.

Each being has its own Way, they do not hinder or harm one another.

If one leaves the Way to seek another Way, they will never find it in their lifetime.

Wandering and wandering, a lifetime is wasted, and in the end, one will only regret.

If one wishes to see the true Way, right practice itself is the Way.

If one does not seek the Way for oneself, It is like walking in darkness, never seeing the Way.

A true practitioner does not see faults in the world.

If one sees faults in others, it is actually one's own fault and a mistake in itself.

If others are wrong and I am right, then my own wrongness becomes my own fault,

Simply remove one's own wrong mind, and afflictions will be shattered and removed.

If one places no attachment on love or hate, they can stretch out their legs and rest in peace.

If one wishes to guide others, one must first have skillful means,

When people no longer hold doubts, their true nature will be revealed.

The Buddha's Dharma exists within the world, apart from the world, there is no awakening.

If one leaves the world to seek Bodhi, it is like searching for a rabbit's horn.

Right views are called transcendence, wrong views are called worldliness,

By abandoning both right and wrong, the true nature of Bodhi is completely revealed.

This verse is the teaching of sudden enlightenment, and is also called the great Dharma ship.

If one listens in delusion, it will take countless eons, but if one awakens, it happens in an instant.

Master Hyenueng then further said : "Today, at Daebeom temple (대범사, 大梵寺), I have preached this sudden enlightenment Dharma. May all beings in the Dharma realm hear these words and immediately see their own nature, becoming Buddhas." At that time, Governor Wi, officials, monks, and laypeople who heard the master's words all attained realization, without exception. Everyone put their palms together in reverence and praised him, saying: "How extraordinary! Who could have imagined that a Buddha would appear in Yeongnam (영남, 嶺南)?"

3. Questions

One day, Governor Wi arranged a grand vegetarian feast in honor of the Seon master. After the feast, the governor invited the master to take a seat. The officials, scholars, and common people all bowed solemnly and asked, "We have heard that the master's teachings are truly profound and wondrous. Now, we have some doubts and hope that the master, in his great compassion, will kindly explain them to us."

The master said, "If you have doubts, please ask, and I will explain."

Governor Wi said, "What the master has been teaching - is it not the essential teaching of Bodhidharma?"

The master replied, "It is."

The governor said, "I have heard that when Bodhidharma first instructed Emperor Mu of Yang (양무제, 梁武帝), the emperor asked, 'Throughout my life, I have built temples, supported monks, given alms, and held vegetarian feasts. What merit is there in these deeds?' Bodhidharma replied, 'Truly, there is no merit.' I do not understand the meaning of this. I beg the master to explain it to us."

The master said, "Truly, there is no merit. Do not doubt the words of the ancient sages. Emperor Mu's mind was misguided, and he did not understand the true Dharma. Building temples, supporting monks, giving alms, and holding vegetarian feasts - these are done to seek blessings, but do not mistake blessings for merit. Merit lies within the Dharmakaya, not in the cultivation of blessings." The master continued, "To see one's true nature is merit, equanimity is virtue. To see one's original nature without obstruction in every thought, and to apply it truthfully and appropriately - this is called merit and virtue. Humility within the mind is merit, and practicing propriety outwardly is virtue. To establish all phenomena from one's self-nature is merit, and for the essence of the mind to be free from thought is virtue. Not departing from one's self-nature is merit, and not being tainted by worldly applications is virtue. If you seek the merit of the Dharmakaya, simply act in this way. This is true merit. If one cultivates merit, their mind should not be frivolous, and they should always act with reverence. If the mind constantly looks down on others and arrogance is not severed, then there is no merit within oneself. If one's self-nature is deluded and not genuine, then there is no virtue within oneself. This is because arrogance grows within, and one constantly belittles everything. Everyone! To have no gaps in every thought is merit, and to have a mind that is straightforward and upright is virtue. To cultivate one's own nature is merit, and to cultivate one's own body is virtue. Everyone! Merit and virtue must be sought within one's own nature; they are not attained through giving alms or making offerings. This is why blessings and merit are different. Emperor Mu simply did not understand the truth - it is not the fault of our Patriarch."

The governor asked further, "I have often seen monks and laypeople reciting the name of Amitabha Buddha, aspiring to be reborn in the Western Pure Land. May I ask, Master, can they truly be reborn in the Western Pure Land (서방 극락세계, 西方)? I beg you to resolve this doubt for me."

The master said, "Governor, listen carefully, and I will explain. When the World-Honored One (the Buddha) spoke of the Western Pure Land in the city of Shravasti (사위성, 舍衛城), he was guiding and teaching people. The sutras clearly state that it is not far from here. If we speak in terms of form, the distance is said to be 108,000 li, which refers to the distance created by the ten evils and eight wrongs within oneself. To say it is far is for those of inferior capacity, while to say it is near is for those of superior wisdom. People may be of two kinds, but the Dharma is not divided into two. Delusion and enlightenment differ, and the speed of realization varies. Deluded people recite the Buddha's name, seeking rebirth in the Western Pure Land, while enlightened people purify their own minds. Thus, the Buddha said, 'When the mind is pure, the Buddha-land is pure.' Governor, if an Easterner purifies their mind, they are free from sin, but if a Westerner's mind is impure, they are still at fault. Easterners who commit sins recite the Buddha's name, seeking rebirth in the West, but if Westerners commit sins, in which land will they seek rebirth by reciting the Buddha's name? Foolish people, not realizing their own nature, do not understand the Pure Land within themselves and yearn for the East or the West. Enlightened people, wherever they are, remain the same. Thus, the Buddha said, 'Wherever one dwells, there is constant peace and joy.' Governor, if there is no evil in your mind, the Western Pure Land is not far away. But if you harbor an evil mind, it will be difficult to attain rebirth there through recitation. Now, I advise you all: first, eliminate the ten evils, and you will have traversed 100,000 li (1li=400m); next, remove the eight wrongs, and you will have crossed 8,000 li. If in every thought you see your true nature and act with straight- forwardness, you will see Amitabha Buddha in an instant. Governor, if you simply practice the ten virtues, why would you need to seek rebirth elsewhere? If you do not cut off the mind of the ten evils, which Buddha will come to welcome you? If you realize the sudden teaching of no-birth, seeing the Western Pure Land is instantaneous. But if you fail to realize this and seek rebirth through recitation, the path is long - how will you reach it? I will now move the Western Pure Land here in an instant and show it to you. Do you all wish to see it?"

Everyone bowed their heads and said, "If we can see it here, why would we still wish to be reborn there? Master, out of your compassion, please reveal the Western Pure Land so that we may all see it."

The master said, "Everyone! The human body is like a city, and the eyes, ears, nose, tongue, and body are its gates. There are five gates on the outside and the gate of the mind within. The mind is the ground, and the nature is the king. The king resides on the ground of the mind - if the nature is present, the king is present; if the nature is absent, the king is absent. When the nature is present, the body and mind exist; when the nature is absent, the body collapses. The Buddha is realized within the nature - do not seek it outside the body. When the self-nature is deluded, one is a sentient being; when the self-nature is awakened, one is a Buddha. Compassion is Avalokiteshvara (관음, 觀音), joyful giving is Mahasthamaprapta (세지, 勢至), the ability to purify is Shakyamuni (석가, 釋迦), and equality and uprightness are Amitabha (미타, 彌陀). Self-attachment is Mount Sumeru (수미산, 須彌山), greed is the ocean water, afflictions are the waves, malice is the evil dragon, delusion is the ghosts, and worldly toil is the fish and turtles. Greed and anger are hell, and ignorance is the realm of animals. Everyone! If you constantly practice the ten virtues, you will reach the heavens. If you eliminate self-attachment, Mount Sumeru will crumble; if you abandon greed, the ocean will dry up; if afflictions are absent, the waves will vanish; if malice is removed, the fish and dragons will perish. When you realize the nature within the ground of the mind, the Tathagata will radiate great light. Outwardly, it will illuminate the six gates, shattering the heavens of the six desires; inwardly, it will illuminate the nature, eliminating the three poisons, then the karmic sins that would lead to falling into hell will be eradicated at once, and inside and outside will be brilliantly clear, no different from the Western Pure Land. If you do not cultivate in this way, how will you reach that place?"

When the assembly heard these words, they clearly saw their own nature and, bowing in admiration, exclaimed aloud, "May all beings in the Dharma realms hear these words and attain awakening in an instant!"

The master said, "Everyone! If you wish to practice, you can do so at home - there is no need to stay in a monastery. If you practice well at home, it is like the mind of an Easterner being virtuous; if you stay in a monastery but do not cultivate, it is like the mind of a

Westerner being evil. Simply purify your mind, and that is the Western Pure Land of your own nature."

Governor Wi asked further, "How should one practice at home? Please teach us."

The master said, "I will recite a verse of formlessness for the assembly. If you cultivate in accordance with this, it will be no different from being with me. But if you do not cultivate in this way, what benefit will there be in shaving your head and leaving home? The verse is as follows :

When the mind is equal, what need is there to uphold precepts?, When conduct is upright, what need is there to practice meditation?

Repaying kindness means serving parents with filial piety; Practicing righteousness means cherishing each other, high and low.

Yielding ensures harmony between the noble and the humble; Patience ensures that no evil disturbs the peace.

If you can rub wood to produce fire, A red lotus will surely bloom from the mud.

Bitterness is truly good medicine; Harsh words are surely honest advice.

Correcting faults gives rise to wisdom; Concealing flaws reveals an unkind heart.

Even if you benefit others every day, Achieving the Way does not lie in giving blessings.

Bodhi is sought only within the mind - Why seek mysteries outside?

Hearing these words and practicing accordingly, The Western Land will appear before your eyes.

The master added, "Everyone! You must practice according to this verse and see your own nature to accomplish the Buddha Way. Time waits for no one - now, all of you may return, and I will go back to Jogye. If you have further doubts, come again and ask."

At that time, the governor, officials, and all the virtuous men and women in the assembly attained awakening, believed, and reverently practiced accordingly.

4. Meditation and Wisdom

The master addressed the assembly, saying, "Everyone! My teaching takes samadhi (concentration) and prajna (wisdom) as its foundation. Do not be deluded into thinking that samadhi and prajna are separate. They are one, not two. Samadhi is the essence of prajna, and prajna is the function of samadhi. When prajna is present, samadhi is within prajna; when samadhi is present, prajna is within samadhi. If you understand this meaning, you are practicing samadhi and prajna equally. Those who study the Way should not say that first you cultivate samadhi to give rise to prajna, or first you cultivate prajna to give rise to samadhi. Those who hold such views see the Dharma as having two aspects. Though they speak words of goodness, the mind itself is not virtuous; having acquired samadhi and prajna in vain, the two are not held in equal balance. If the mind and speech are both virtuous, and the inner and outer are one, then samadhi and prajna will naturally be balanced. To practice through self-realization is not about contention. If you argue about what comes first or last, you are like a deluded person, unable to let go of winning and losing, and only increasing attachment to self and Dharma. You will not be free from the four marks.54)

Everyone! What are samadhi and prajna like? They are like a lamp and its light. When there is a lamp, there is light; when there is no lamp, there is darkness. The lamp is the essence of the light, and the light is the function of the lamp. Though their names are two, their essence is originally one. The Dharma of samadhi and prajna is also like this."

The master addressed the assembly, saying, "Everyone! The the One-Practice Samādhi means to act with a constant and unwavering mind in all places, whether walking, standing, sitting, or lying down. The Vimalakirti Sutra (정명경, 淨名經) states, 'A straightforward mind is the place of practice, and a straightforward mind is the Pure Land.' Do not flatter with your mind or act deceitfully while only speaking of straightforwardness with your mouth. If you speak of the One-Practice Samādhi but do not practice a straightforward mind, it is of no use. Simply practice a straightforward mind and do not cling to any dharma. Deluded people cling to the forms of dharma and become attached to the One-Practice Samādh, saying, 'If one always sits without moving and does not give

---

54) The four marks refer to four kinds of attachment or mistaken views that hinder one's progress toward enlightenment; 아상 (the mark of self), 인상 (the mark of others), 중생상 (the mark of sentient beings), 수자상 (the mark of life).

rise to wandering thoughts, that is the One-Practice Samādhi.' Those who interpret it this way become like insentient objects and, instead, create obstacles to the Way. Everyone! The Way must flow freely - how can it be blocked? If the mind does not dwell on dharma, the Way flows freely; if the mind dwells on dharma, one binds oneself. If it were correct to always sit without moving, then why did Shariputra (사리불, 舍利弗), who sat peacefully in the forest, receive a reprimand from Vimalakirti (유마힐, 維摩詰)? Everyone! Some teach that one should sit, observe the mind, and contemplate stillness, accumulating merit by not moving or rising. Deluded people do not understand this and become attached, falling into distortion. There are many such people who teach each other in this way, and you must recognize that these are grave mistakes."

The master addressed the assembly, saying, "Everyone! In the original true teaching, there is no distinction between sudden and gradual enlightenment. However, people's capacities differ in sharpness and dullness. Deluded people cultivate gradually, while awakened people realize suddenly. When one recognizes their own original mind and sees their own true nature, there is no difference. Thus, the provisional terms 'sudden' and 'gradual' are established. Everyone! My teaching has always taken 'no-thought' (무념, 無念) as its essence, 'no-form' (무상,

無相) as its substance, and 'no-abiding' (무주, 無住) as its foundation. 'No-form' means to be in the midst of forms yet detached from forms. 'No-thought' means to be in the midst of thoughts yet without thoughts. 'No-abiding' refers to the original nature of humans. In the face of worldly good and evil, beauty and ugliness, even enemies and loved ones, or when encountering harsh words, conflict, or deceit, one should regard all as empty and not think of retaliation. In every thought, do not dwell on past conditions. If thoughts of the past, present, and future are continuously linked, this is called bondage. If, in all phenomena, thoughts do not abide, then there is no bondage. This is taking 'no-abiding' as the foundation. Everyone! To be detached from all external forms is called 'no-form.' If one can detach from forms, the substance of the Dharma becomes pure. This is taking 'no-form' as the substance. Everyone! When the mind is not tainted by any objects, this is called 'no-thought.' In one's own thoughts, always remain detached from all objects and do not let the mind arise based on objects. If one merely tries to stop thinking about everything and completely eliminates all thoughts, then ultimately even a single thought will be cut off, leading to death and rebirth in another place. This is a grave mistake. Those who study the Way should reflect on this. If one does not understand the meaning of the Dharma, their own error is forgivable, but misleading others is worse. If one is deluded and fails to see, and even slanders the Buddhist scriptures, this is why 'no-thought' is established as the essence. Everyone! Why is 'no-thought' established as the essence? It is because those who speak of seeing their nature are often deluded and attached to objects, giving rise to wrong views. All defilements and delusions arise from this. The original nature has no dharma to attain. If one claims to attain something and speaks falsely of fortune and misfortune, this is defilement and wrong views. Therefore, this teaching establishes 'no-thought' as the essence. Everyone! What does 'no' refer to? What does 'thought' refer to? 'No' means the absence of duality and the absence of a mind burdened by defilements. 'Thought' means thinking of the true suchness of one's nature. True suchness is the substance of thought, and thought is the function of true suchness. True suchness gives rise to thoughts, but it is not the eyes, ears, nose, or tongue that think. True suchness has a nature, and thus it gives rise to thoughts. If true suchness were absent, the eyes, ears, colors, and sounds would immediately perish. Everyone! When true suchness gives rise to thoughts, even though the six senses perceive, they do not become tainted by the myriad objects, and the true nature remains always free. Thus, the sutra says, 'To skillfully discern the characteristics of all dharmas while remaining unmoved in the ultimate truth.'"

5. Seated Meditation

The master addressed the assembly, saying : "In this school, what we call seated meditation is originally not about clinging to the mind, nor clinging to purity, nor is it about being motionless. If one speaks of clinging to the mind, the mind is fundamentally illusory. Knowing that the mind is like a phantom, one does not cling to it. If one speaks of clinging to purity, human nature is originally pure, but due to deluded thoughts, the true suchness (진여, 眞如) becomes obscured. Simply eliminate deluded thoughts, and the nature will naturally become pure. If one gives rise to the mind and clings to purity, it instead generates the delusion of 'purity.' Delusions have no fixed location; clinging itself is the delusion. Purity has no form, yet one establishes a form of purity and calls it practice. Those who hold such views obstruct their own nature and become bound by purity. Everyone! If you cultivate non-movement, when you see all people, you do not perceive their right or wrong, good or evil, faults or troubles - this is the non-movement of your self-nature. Everyone! A deluded person may not move physically, but as soon as they open their mouth, they speak of others' rights and wrongs, strengths and weaknesses, likes and dislikes - this is contrary to the

Way. If you cling to the mind or cling to purity, you obstruct the Way."

The master addressed the assembly, saying: "Everyone! What is meant by seated meditation? In this Dharma gate, there is no obstruction and no hindrance. Externally, not giving rise to mental thoughts in the face of all good and evil realms is called 'sitting'. Internally, seeing the unmoving nature of one's own mind is called 'meditation'. Everyone! What is meant by meditative concentration? Externally, detachment from characteristics is meditation, and internally, being undisturbed is concentration. If one clings to forms externally, the mind becomes disturbed internally. If one detaches from forms externally, the mind remains undisturbed. The original nature is inherently pure and tranquil, but when one sees a realm and thinks about it, the mind becomes disturbed. If one sees all realms without the mind being disturbed, this is true concentration. Everyone! Externally, detachment from forms is meditation, and internally, being undisturbed is concentration. To achieve meditation externally and concentration internally is what is meant by meditative concentration. The Bodhisattva Precepts Sutra (보살계경, 菩薩戒經) states, 'My original nature is inherently pure.' Everyone! In every thought, see the purity of your own nature, cultivate it yourself, practice it yourself, and you will attain for yourself the Way of

Buddhahood."

6. Repentance

At that time, the Great Master saw people from Gwangju, Soju, and all directions gathered in the mountains to listen to the Dharma. He then ascended the Dharma seat and addressed the assembly, saying : "Now, everyone! This matter must begin from within yourselves. At all times, in every thought, purify your own mind. Cultivate and practice by yourselves, see your own Dharma body, see the Buddha within your own mind, awaken by yourselves, and uphold the precepts by yourselves. Only then will your coming here not be in vain. Since you have come from afar and gathered here together, we all share a karmic connection. Now, each of you kneel down. First, I will transmit the Fivefold Dharmakaya Incense (오분법신향, 五分法身香), of your self-nature, and then I will impart the formless repentance."

Everyone knelt down.

The Master said : "First, the Incense of Precepts (계향, 戒香). This means that within your mind, there is no wrongdoing, no evil, no jealousy, no greed or anger, and no intent to harm. This is called the Incense of Precepts.

Second, the Incense of Concentration (정향, 定香). This means that when you see all realms of good and evil, your mind remains undisturbed. This is called the

Incense of Concentration.

Third, the Incense of Wisdom (혜향, 慧香). This means that your mind is unobstructed, always using wisdom to contemplate your own nature, refraining from all evil deeds. Even while cultivating many good deeds, your mind does not cling. You respect those above, care for those below, and show compassion for the lonely and poor. This is called the Incense of Wisdom.

Fourth, the Incense of Liberation (해탈향, 解脫香). This means that your mind is free from attachment to good or evil, neither thinking of good nor evil, and is naturally unobstructed. This is called the Incense of Liberation.

Fifth, the Incense of Liberating Insight (해탈지견향, 解脫知見香). Although your mind is no longer attached to good or evil, do not sink into emptiness and cling to stillness. You must widely study and listen extensively, realize your original mind, comprehend the principles of all Buddhas, harmonize with the world, and treat all beings without self or others, directly reaching Bodhi (보리, 菩提) while your true nature remains unchanged. This is called the Incense of Liberating Insight.

Everyone! This incense is to be inwardly cultivated by each of you. Do not seek it outwardly."

"Now, I will impart to you all the practice of Formless Repentance, which eradicates the sins of the three periods of time (past, present, and future) and purifies the three karmas (body, speech, and mind). Please follow my words and repeat after me : 'We disciples, from our past thoughts, to our present thoughts, and even to our future thoughts, vow that in every single thought, we will not be tainted by ignorance or delusion. We repent of all the evil deeds, ignorance, delusion, and other sins committed in the past, and pray that they may be completely extinguished, never to arise again. We disciples, from our past thoughts, to our present thoughts, and even to our future thoughts, vow that in every single thought, we will not be tainted by arrogance or deceit. We repent of all the evil deeds, arrogance, deceit, and other sins committed in the past, and pray that they may be completely extinguished, never to arise again.' Everyone, this is the practice of Formless Repentance (무상참회, 無相懺悔). What is called repentance (참, 懺), and what is called remorse (회, 悔)? Repentance means repenting of past wrongdoings. It is to repent of all the evil karma, ignorance, delusion, arrogance, deceit, envy, jealousy, and other such transgressions committed in the past, and to ensure that they never arise again. This is what is called repentance. Remorse means feeling remorse for future wrongdoings. It is to awaken, from this moment onward, to all evil karma, ignorance, delusion, arrogance, deceit, envy, jealousy, and other such sins that may arise, and to completely cut them off, never to commit them again. This is what is called remorse. Thus, the two together are called repentance and remorse (참회, 懺悔). Ordinary people are foolish and deluded; they repent only of past wrongdoings but do not feel remorse for those that may arise in the future. Because they do not feel remorse, their past wrongdoings are not eliminated, and new wrongdoings continue to arise. If past wrongdoings are not eliminated and future wrongdoings continue to arise, how can this be called true repentance?

"Everyone! Now that we have completed the repentance, let us together with the wise teachers make the Four Great Vows (사홍서원, 四弘誓願). Please straighten your minds and listen carefully :

The sentient beings in my mind are endless; I vow to save them all.
The afflictions in my mind are endless; I vow to eradicate them all.
The teachings of my nature are inexhaustible; I vow to learn them all.
The Buddha Way of my nature is supreme; I vow to attain it.'

Everyone! Why do we not say, 'The sentient beings are endless; I vow to save them all'? (Of course, we should make such a vow.) But saying this does not mean that I (Hyeneung) will save them. Everyone! The sentient beings in your mind refer to the so-called evil and deluded minds, false and delusional minds, unwholesome minds, minds of envy and jealousy, malicious minds, and so on. All these minds are sentient beings. Each of you must use your own nature to save yourselves. This is called true salvation. What does it mean to 'save yourselves through your own nature'? It means using right view to save the beings of wrong view, afflictions, and ignorance within your own mind. When you possess right view, the wisdom of prajna will awaken the deluded and ignorant beings, allowing each of you to save yourselves. When evil arises, save it with goodness; when delusion arises, save it with enlightenment; when ignorance arises, save it with wisdom; when wrongdoing arises, save it with virtue. This is called true salvation. Furthermore, 'the afflictions are endless; I vow to eradicate them all' means using the prajna wisdom of your own nature to eliminate false thoughts and deluded minds. Also, 'the teachings are inexhaustible; I vow to learn them all' means always seeing your own nature and practicing the true Dharma. This is called true learning. Finally, 'the Buddha Way of my nature is supreme; I vow to attain it' means always humbling your mind, acting with sincerity and righteousness, leaving behind delusion and even enlightenment, and constantly giving rise to prajna. When you remove both truth and falsehood, you will see the Buddha-nature, and in that very moment, you will accomplish the Buddha Way. Always keep this in mind (염, 念) and practice it - this is the power of the vows."

"Everyone! Now that we have made the Four Great Vows, I will further impart to you the Formless Triple Refuge Precepts (무상삼귀의계, 無相三歸依戒). Everyone! Take refuge in Enlightenment, the Honored One with Two Legs (Virtue and Wisdom). Take refuge in the Correct, the Honored One Free from Desire. Take refuge in Purity, the Honored One among the Multitude. From this day forward, take enlightenment as your teacher, and do not take refuge in evil spirits or heretical paths. I urge you all to verify yourselves through the Three Jewels of Your Own Nature (자성삼보, 自性三寶) and take refuge in the Three Jewels of Your Own Nature. The Buddha is enlightenment, the Dharma is the correct, and the Sangha is purity. When your mind takes refuge in enlightenment, evil and delusion will not arise. With few desires and contentment, you will be able to renounce material wealth and sensual pleasures. This is called the Honored One with Two Legs. When your mind takes refuge in the correct, there will be no wrong views in every thought, and without wrong views, there will be no arrogance, greed, or attachment to self and others.

This is called the Honored One Free from Desire. When your mind takes refuge in purity, your nature will not be defiled by any realm of affliction or desire. This is called the Honored One among the Multitude. Practicing in this way is true self-refuge.

Ordinary people do not realize this and receive the Triple Refuge Precepts from morning till night. If they say, 'I take refuge in the Buddha,' where is the Buddha? If they do not see the Buddha, what are they relying on to take refuge? Such words only create further delusion.

Everyone! Examine yourselves and do not misuse your minds. The scriptures clearly say, 'Take refuge in the Buddha within yourself,' not 'Take refuge in another Buddha.' If you do not take refuge in the Buddha within yourself, there is no place to rely on. Now that you have awakened, each of you must take refuge in the Three Jewels of Your Own Mind (자심삼보, 自心三寶). Govern your mind and nature inwardly, and respect others outwardly. This is to take self-refuge."

Everyone! Since you have already taken refuge in the Three Jewels of Your Own Mind, now each of you should focus your mind. I will now explain to you the One Essence and Three Bodies of the Buddha of Self-Nature (일체삼신자성불, 一體三身自性佛), so that you may clearly perceive the Three Bodies and awaken to your own self-nature. Please repeat after me :

I take refuge in the Pure Dharma-Body Buddha (청정법신불, 淸淨法身佛) within my physical body.

I take refuge in the Perfect Reward-Body Buddha (원만보신불, 圓滿報身佛) within my physical body.

I take refuge in the Hundred Thousand Million Transformation-Body Buddha (천백억화신불, 千百億化身佛) within my physical body.

Everyone! The physical body is like a house and is not the true object of refuge. The previously mentioned Three-Body Buddhas (삼신불, 三身佛) exist within one's own nature (자성, 自性), and all people in the world possess them. It is only because their minds are deluded that they fail to see their inner self-nature and instead seek the Three-Body Tathāgata (삼신여래, 三身如來) outside. Thus, they do not see that the Three-Body Buddha resides within themselves. Everyone, please listen carefully. I will help you see the Three-Body Buddha of your self-nature. These Three Bodies arise from the self-nature, not obtained from outside. What is meant by the Pure Dharma-Body Buddha? The original nature of all beings is inherently pure, and all dharmas arise from the self- nature. When one thinks of evil deeds, evil actions follow; when one thinks of good deeds, good actions follow. In this way, all dharmas are contained within the self-nature. The sky is always clear, and the sun and moon are always bright, but floating clouds cover them, so the upper part is bright while the lower part is dark. When the wind blows and scatters the clouds, both above and below become bright, and all phenomena become visible. The nature of people is just like this - it constantly drifts like the clouds in the sky.

Everyone! Wisdom is like the sun, and insight like the moon. Though wisdom always shines, if one clings to external conditions, the drifting clouds of false thoughts cover the self-nature and prevent it from shining brightly. But if you meet a wise teacher, hear the true Dharma, and eliminate delusion and false thoughts yourself, then inside and outside will become completely bright, and all dharmas will manifest from within the self-nature. Those who have seen their own nature are also like this. This is what is called the Pure Dharma-Body Buddha.

Everyone! For one's own mind to take refuge in self-nature is truly to take refuge in the Buddha. To take refuge in oneself means to eliminate from within one's own nature all unwholesome thoughts, jealousy, flattery and deceitfulness, egotism, delusive and false thoughts, contempt for others, arrogance toward others, wrong views, pride, and all unwholesome behaviors at all times. Always reflecting on one's own faults and refraining from speaking of others' good or bad traits - this is what it means to take refuge in oneself. To constantly humble the mind and act with universal respect and reverence is to see and penetrate one's own nature, becoming free from all obstructions. This is what is meant by taking refuge in oneself.

What is meant by the Perfect Reward-Body? It is like a single lamp dispelling a thousand years of darkness, or a single moment of wisdom eliminating ten thousand years of ignorance. Do not dwell on the past - what is already gone cannot be retrieved. Always look ahead, and let every thought be perfectly clear and luminous so that you may realize your fundamental nature. Good and evil may differ, but the fundamental nature is not two. The non-dual nature is called the true nature. Within the true nature, one is not tainted by good or evil - this is called the Perfect Reward-Body Buddha. If a single unwholesome thought arises from the self-nature, it destroys the merit of ten thousand eons of good karma. If a single wholesome thought arises from the self-nature, it eliminates evils as numerous as the sands of the Ganges. From moment to moment, up to the realization of unsurpassed Bodhi, one sees clearly and does not lose the original thought - this is called the Reward-Body.

What is meant by the Hundred Thousand Million Transformation-Body? If one does not give rise to thoughts about all phenomena, then the nature is originally like emptiness. But once a single thought arises, this is called transformation. When one thinks of evil, it transforms into hells; when one thinks of good, it transforms into heavens. Poison and harm transform into dragons and snakes, while compassion transforms into Bodhisattvas. Wisdom transforms into the higher realms, while ignorance transforms into the lower regions. The transformations of the self-nature are many and various, but deluded people are unaware of this. With every thought, they give rise to evil and constantly follow the path of evil. If they turn even a single thought toward the good, wisdom immediately arises. This is called the Transformation-Body Buddha of the Self-Nature.

Everyone! The Dharma-body is originally complete in itself. Seeing the self-nature in every single thought is the Reward-Body Buddha, and thoughts arising from the reward-body are the Transformation-Body Buddha. Self-awakening and self-cultivation, fulfilling the merit of the self-nature, is the true taking of refuge. Skin and flesh are the physical body, and the physical body is like a house - it is not the object of true refuge. Only by awakening to the Three Bodies of the self-nature can one know the Buddha of the self-nature. Now, here is a verse on formlessness. If you uphold and keep it, then under these words, the confusion and karmic offenses accumulated over many eons will all be extinguished at once. The verse is as follows :

Deluded people cultivate merit but do not cultivate the Way; They say that cultivating merit is itself the Way.

Though their giving and offerings create boundless merit, In their hearts they still commit the three evils as before.

They hope to eliminate sins through cultivating merit, But in future lives they may receive blessings while the sins remain.

Only by eliminating the causes of sin from the mind itself, Can it truly be called genuine repentance of the self-nature.

Suddenly awakening to the true repentance of the Great Vehicle, One abandons falsehood and practices truth - thus, no more sin remains.

To learn the Way is always to contemplate the self-nature; Then one becomes the same kind as all the Buddhas.

Our Patriarch transmitted only this Sudden Teaching; Let all widely aspire to see the nature and become one body.

If in the future you wish to seek the Dharma-body, Detach from all appearances and purify your mind.

Exert yourselves to see it for yourselves, do not be lazy; When the following thoughts suddenly cease, one life will end.

If you wish to awaken to the Great Vehicle and see the nature, Then respectfully join your palms and seek it with utmost sincerity.

The Master said : Everyone, memorize this and uphold it in your practice. Under these words, you will see the nature. Even if you are a thousand li away from me, It is as if you are always by my side. If you do not awaken under these words, Then even if face-to-face, it is like being a thousand li apart. So why make the effort to come from afar? Take care of your health. Farewell. Not one among the assembly failed to awaken upon hearing the Dharma talk, and all rejoiced and respectfully practiced it.

Number Seven: Teachings According to One's Capacity and Conditions

The Master obtained the Dharma at Mount Hwangmae and returned to Johu Village in Soju, but people did not recognize him. [Some versions record that "when the Master departed, he reached Johu Village and stayed for more than nine months," but the Master himself stated, "I did not stay beyond thirty days before arriving at Mount Hwangmae." With such an earnest mind to seek the Way, how could he have lingered? Thus, the record that says "when the Master departed⋯" is not accurate.] At that time, there was a Confucian scholar named Yu Jiryak (유지략, 劉志略), who treated the Master with great hospitality. Yu had a maternal aunt who was a bhikṣuṇī named Mujinjang (무진장, 無盡藏), and she constantly recited the Great Nirvana Sutra (대반야경, 大般若經). The Master, upon hearing the scripture briefly, immediately grasped its profound meaning and explained it to the bhikṣuṇī. When the bhikṣuṇī held the scripture and asked about the written characters, the Master said, "I do not know the characters. Please ask me about the meaning." The bhikṣuṇī asked, "If you don't know the characters, how can you understand the meaning?" The Master replied, "The profound intent of all the Buddhas is not dependent on written characters." Amazed, the bhikṣuṇī widely shared the news with the respected elders of the village: "This is someone who has awakened to the Way. He should be revered and offered support." Jo Sukrang (조숙량, 曹叔良), a distant descendant of the Martial Lord of the Wi (in another version, Jin) dynasty, and many villagers competed to visit the Master and offer their respects. At that time, the old Borim Monastery (보림사, 寶林古寺) had already fallen into ruins due to the chaos at the end of the Su dynasty. Eventually, a new monastery was built upon the old site, and the Master was invited to reside there. It became a treasured sanctuary, and the Master stayed there for over nine months. However, a gang of evildoers came searching for the Master, forcing him to flee to the front mountain. They set fire to the grasses and trees, but the Master concealed himself within a crevice in the rocks and escaped danger. To this day, the imprint of his crossed legs and the folds of his robe remain visible on that rock, which is now known as "Refuge Stone". The Master recalled the exhortation of the Fifth Patriarch, Hongin, who told him, "At Hoe (회, 懷), stop; at Hoe (회, 會), conceal yourself." Following this advice, he remained hidden in seclusion across two counties.

Monk Beophae (법해, 法海) was a native of Gokgang

(곡강, 曲江) in Soju. When he first paid homage to the Patriarch, he asked, "It is said that 'the mind is itself the Buddha (즉심즉불, 卽心卽佛)', please explain what this means."

The Master replied, "The mind is that in which the preceding thought does not arise, and the Buddha is that in which the succeeding thought does not cease. To form all the characteristics is the mind; to transcend all characteristics is the Buddha. If I were to explain this in detail, I could not exhaust it even in an entire kalpa. Listen to my verse :

The mind is called wisdom And the Buddha is called meditative concentration.
When wisdom and meditative concentration are held in equal measure, The intent will be pure and clear.
To awaken to this Dharma teaching Comes from your own karmic habits.
Make use of the original source that is fundamentally unborn, And cultivate both concentration and wisdom together - this is the correct path."

Upon hearing this, Beopae had a great awakening and praised the teaching with a verse :

The mind is originally the Buddha, Not realizing this,

I have bent myself in vain.

Now I understand the connection between concentration and wisdom, And by cultivating both together, I shall let go of all things.

Monk Beopdal (법달, 法達) was from Hongju. He left home to become a monk at the age of seven and constantly recited the Lotus Sutra (법화경, 法華經). When he came to pay homage to the Patriarch, he did not bow with his head touching the ground. The Master rebuked him and said, "If you offer obeisance but do not lower your head to the ground, how is that any different from not paying homage at all? Surely, there is some obstruction in your mind. What have you practiced previously?"

Beopdal replied, "I have recited the Lotus Sutra (법화경, 法華經) three thousand times already."

The Master said, "If you had recited it ten thousand times and understood the meaning of the sutra, and yet did not think of it as something superior, then you could be in accord with me. But now, you treat this as a point of pride and are completely unaware of your error. Listen to my verse :

Obeisance is originally meant to subdue pride, How could your head not touch the ground?

If there is a sense of self, then sin arises; Forgetting merit, blessings will be without compare."

The Master then asked, "What is your name?"
Beopdal replied, "My name is Beopdal."
The Master said, "Your name is Beopdal, but have you ever truly reached the Dharma?" He then spoke another verse :

Your present name is Beopdal, And you have diligently recited without ceasing.
Reciting in vain, merely following the sound - only by illuminating the mind can one be called a bodhisattva.
Now that you have this karmic connection, I shall speak for your sake :
If you believe that the Buddha is without words, Then a lotus shall bloom from your mouth.

Upon hearing the verse, Beopdal repented and apologized, saying, "From now on, I shall be humble and respectful in all matters. Although I have recited the Lotus Sutra, I have not comprehended its meaning, and thus my mind has always harbored doubts. Your wisdom is vast and profound; please kindly elucidate the essence of the Sutra."

The Master said, "Beopdal, the Dharma is indeed thoroughly penetrated, but your mind has not yet penetrated it. The Sutra itself contains nothing to doubt; it is your own mind that harbors doubt. When you recite this Sutra, what do you take as its essential teaching?"

Beopdal replied, "This humble student is dull and obtuse; until now, I have merely followed the text in recitation, without understanding its purport."

The Master said, "I do not know written characters; please recite the Sutra aloud, and I shall explain it for you."

Beopdal immediately began to recite the Sutra in a loud voice. When he reached the Parable Chapter, the Master said, "That will suffice! This Sutra is fundamentally established upon emergence in the world for a cause. Even though it speaks of various parables, it does not depart from this. What is the cause? The Sutra states, 'All Buddhas, the World-Honored Ones, appear in the world solely for the one great cause (한 가지 큰일의 인연, 一大事因緣).' This one great cause is the Buddha's perceptual understanding. People in the world are deluded by characteristics externally and by emptiness internally. If one departs from characteristics without clinging to them, and departs from emptiness without clinging to it, then one is not deluded either externally or internally. If one awakens to this Dharma, then in a single thought the mind opens, and this is the opening of the Buddha's perceptual understanding (불지견, 佛知見). The Buddha is enlightenment. It is through four methods that beings are led to enlightenment: opening, showing, awakening, and entering the Buddha's perceptual understanding (개각지견 시각지견 오각지견 입각지견, 開覺知見 示覺知見 悟覺知見 入覺知見). If upon hearing the opening and showing, one immediately awakens and enters, then this is the Buddha's perceptual understanding, and one's original true nature manifests. You must be careful not to misinterpret the meaning of the Sutra. Some say, 'Opening, showing, awakening, and entering pertain originally to the Buddha's perceptual understanding and do not apply to us.' If one understands it this way, it is slandering the Sutra and defaming the Buddha. He is already the Buddha, already possessing perceptual understanding; why would there be a need to open it again? You must now believe that the Buddha's perceptual understanding is none other than your own mind; there is no separate Buddha apart from it. All sentient beings obscure their own radiance, covet the realms of affliction, and their minds are disturbed by external conditions, willingly subjecting themselves to the whip. Therefore, the World-Honored One, with great effort, arose from samādhi and earnestly exhorted with various words, saying, 'Rest and cease; do not seek outside. Then you will be no different from the Buddha.' Thus, the Lotus Sutra states, 'Open the Buddha's perceptual understanding.' I also exhort all people to always open the Buddha's perceptual understanding within their own minds. People in the world have minds that are wicked, foolish, and deluded, committing offenses; they speak of goodness with their mouths but harbor evil in their hearts. With greed, anger, jealousy, flattery, and arrogance, they harm others and damage things, thereby opening the perceptual understanding of sentient beings. If one rectifies the mind, constantly brings forth wisdom, observes one's own mind, ceases evil, and practices good, then this is opening the Buddha's perceptual understanding. You should, in every thought, open the Buddha's perceptual understanding, and not open the perceptual understanding of sentient beings. Opening the Buddha's perceptual understanding is liberation from the world; opening the perceptual understanding of sentient beings is dwelling in the world. If you laboriously cling to the thought of recitation and take the recitation of the Lotus Sutra as the result of your practice, how is this different from an ox loving its tail?"

Beopdal said, "In that case, is it sufficient to merely understand the meaning, without exerting effort to recite the Sutra?"

The Master replied, "What fault could there be in

the Sutra? How could I prevent you from reciting it? It is simply that delusion and enlightenment lie within the person, and benefit and loss depend upon oneself. If you recite it with your mouth and practice it with your mind, then you are turning the Sutra; but if you recite it with your mouth and do not practice it with your mind, then the Sutra is turning you. Listen to my verse :

If the mind is deluded, the Lotus Sutra turns you; If the mind is awakened, you turn the Lotus Sutra.
Even if you recite the Sutra for a long time without clarity, You become an enemy of its meaning.
The thought of no-thought is correct; The thought of thought is perverse.
If one considers neither with nor without, one will always ride the White Ox Cart (the One Buddha Vehicle).

Beopdal, moved by the verse, shed tears and experienced great awakening beneath the Master's words. He said to the Master, "Until now, I, Beopdal, have truly failed to turn the Lotus Sutra; rather, the Lotus Sutra has turned me." He then asked again: "The Sutra states, 'Even the great śrāvakas (대성문, 大聲聞) and bodhisattvas cannot fathom the wisdom of the Buddha, though they ponder and deliberate together.' Yet now, ordinary beings are merely instructed to awaken to their own minds, and this is called 'the Buddha's perceptual understanding.' People of lesser faculties are bound to harbor doubts and even slander this teaching. Furthermore, the Sutra speaks of the three vehicles; the goat- cart, the deer-cart, and the ox-cart - and also of the white ox-cart. How are these to be distinguished? I sincerely request further instruction from the Master."

The Master said, "The meaning of the Sutra is clear, yet you yourself became deluded and turned your back on it. That the people of the three vehicles - śrā- vakas, pratyekabuddhas, and bodhisattvas (성문 연각 보살, 聲聞 緣覺 菩薩) - cannot fathom the wisdom of the Buddha is because they attempt to measure it. The more they think and reason, the further they stray. The Buddha originally preached the Dharma for ordinary beings, not for Buddhas. Those who do not believe this principle simply leave their place accordingly, entirely unaware that, though already riding in the white ox cart, they are still searching for the three vehicles outside the gate. Moreover, do the words of the Sutra not clearly speak to you? It says, 'There is only the One Buddha Vehicle; there is no second or third.' Also, the numerous skillful means, various causes and conditions, parables, and teachings - all are for the sake of the One Buddha Vehicle. Why do you not reflect? The three vehicles are false, suited for the past; the One Vehicle is true, suited for the present. You are merely being taught to abandon the false and return to the true. After returning to the true, even the true has no name. You must realize this: all treasures belong to you, and you alone are to make use of them. Do not think in terms of father or son, and do not even retain the thought of using. This is what it means to 'possess the Lotus Sutra'. From kalpa to kalpa, never shall you let go of the Sutra from your hands, and from morning till night, there is never a moment when you do not recollect it."

Beopdal, receiving the teaching, leapt for joy and praised it with a verse, saying :

Though I read the Sutra three thousand times, At one word from Jogye (조계, 曹溪), all was dispelled.
Not knowing the meaning of transcending the world, How could I have ended the delusions of many lifetimes?
The goat cart, the deer cart, and the ox cart were provisionally set up, Proclaiming the good of the beginning, middle, and end.
Who would have known that within the burning house, There was originally the king of the Dharma?

The Master said, "Only now can you truly be called a monk who reads the Sutra." From that time on, Beopdal deeply awakened to the profound teaching and did not cease reciting the Sutra.

Monk Jitong (지통, 智通) was a native of Anpung (안풍, 安豐) in Suju. At first, he read the Laṅkāvatāra Sutra (능가경, 楞伽經) more than a thousand times, yet he could not understand the Three Bodies and the Four Wisdoms. Thus, he sought out the Master, paid homage, and requested an explanation of their meaning.

The Master said, "The Three Bodies are as follows : The Pure Dharma Body is your nature, the Perfect Reward Body is your wisdom, and the Thousand Hundred Million Transformation Bodies are your actions. If you speak of the Three Bodies apart from your original nature, this is merely having a body without wisdom. If you realize that the Three Bodies lack self-nature, then you will immediately illuminate the Four Wisdoms and Bodhi. Hear my verse :

The self-nature inherently contains the Three Bodies, When brought forth, it becomes the Four Wisdoms.
Without departing from the conditions of seeing and hearing, Yet transcendently ascending to the Buddha's realm.
Now I speak this for you, truly believe and never again be deluded.
Do not learn to rush outward seeking, Lest you

spend all day speaking only of Bodhi in words!

Jitong again asked, "May I hear the meaning of the Four Wisdoms?"

The Master said, "If you already understand the Three Bodies, you will naturally illuminate the Four Wisdoms. Why do you ask again? If you speak of the Four Wisdoms apart from the Three Bodies, this is merely wisdom without a body - such wisdom ultimately is not true wisdom." Then the Master spoke another verse :

The Great Perfect Mirror Wisdom (대원경지, 大圓鏡智) is the purity of one's nature;
The Wisdom of Equality (평등성지, 平等性智) is the absence of illness in the mind;
The Wondrous Observing Wisdom (묘관찰지, 妙觀察智) sees, yet without effort;
The Wisdom of Accomplishing Activities (성소작지, 成所作智) is like a perfect mirror.

The five consciousnesses and the eighth consciousness are transformed at the stage of fruition; The sixth consciousness and seventh consciousness are transformed at the stage of cause. Yet these are but concepts of language; there is no true self-nature. Even amid ceaseless arising of disturbances, one forever abides in the dragon samādhi (Immovable Samādhi, 나가정, 那伽定). [Thus, through the transformation of consciousnesses, wisdom arises. According to the teachings, the first five consciousnesses are transformed into the Wisdom of Accomplishing Activities, the sixth consciousness into the Wondrous Observing Wisdom, the seventh consciousness into the Wisdom of Equality, and the eighth consciousness into the Great Perfect Mirror Wisdom. Although the sixth and seventh consciousnesses transform at the stage of cause, and the fifth and eighth consciousnesses transform at the stage of fruition, only the names change; the essence does not change.]

Upon hearing this, Jitong immediately awakened to the wisdom of his own nature and composed a verse in offering :

The Three Bodies have originally been my own body, The Four Wisdoms are the inherent brightness of my mind.
Body and wisdom merge without obstruction, Responding to conditions and entrusting to circumstances.
If one raises the mind to cultivate, it is all false movement; Even maintaining stillness is not the true essence.

By realizing the subtle meaning through the Master's teaching, I have finally eradicated all defiled names.

Monk Jisang (지상, 智常) was from Gwigye (귀계, 貴溪) in Sinju. He left home at a young age and set his aspiration on seeking enlightenment. One day, he went to pay respects to the Master. The Master asked him, "Where have you come from, and what are you seeking?"

Jisang answered, "I, a student, recently went to Mount Baekbong (백봉산, 白峯山) in Hongju to pay respects to Monk Daetong (대통, 大通). I heard teachings about 'seeing one's nature and becoming a Buddha (견성성불, 見性成佛)'. However, my doubts have not been resolved, so I have come from afar to pay homage and ask that the Master compassionately instruct me."

The Master said, "What did that master say? Speak it out."

Jisang replied, 「 "I stayed there for three months but did not receive direct instruction. Because my mind was earnest in seeking the Dharma, one night I entered his room and asked, 'What is my original mind and original nature?'"

Master Daetong replied, "Do you see empty space?"

I answered, "Yes, I see it."

Master Daetong said, "Have you seen any form in empty space?"

I replied, "Empty space has no form - what form could it have?"

Master Daetong said, "Your original nature is like empty space - there is not a single thing to be seen; this is called Right Seeing. There is not a single thing to be known; this is called True Knowing. There is neither blue nor yellow, neither long nor short. If you see that the original source is pure, and that the essence of enlightenment is perfect and bright, this is called seeing one's nature and becoming a Buddha, and is also called the Tathāgata's perpetual understanding." 」

"I heard these words, but I still did not understand. Thus, I now seek the Master's instruction."

The Master said, "That master's words are still caught in 'seeing' and 'knowing,' thus you have been unable to comprehend. I will show you a verse." :

"Not seeing even a single dharma is to preserve No-Seeing, which is like floating clouds covering the sun.

Not knowing even a single dharma is to guard Empty Knowing, which is like lightning flashing in empty space.

When such perpetual understanding arises suddenly, if one mistakes it, how can one understand expedient means?

You must recognize the error in a single thought, then your wondrous radiance will always appear."

Jisang heard this verse, and his mind opened widely. He then composed a verse in tribute :

"Futilely arousing perpetual understanding, clinging to forms and seeking Bodhi,
harboring the thought-consciousness of having awakened with a single thought, how could one transcend the delusion of old?
Self-nature is the original source and body of enlightenment, yet vainly it reflects and flows along.
Had I not entered the Patriarch's chamber, I would have wandered endlessly into diverging paths."

One day, Jisang asked the Master, "The Buddha spoke of the Dharma of the Three Vehicles, and also of the Supreme Vehicle. I do not understand this. Please instruct me."

The Master said, "You should observe your own original mind and not cling to external dharma-characteristics. In the Dharma, there are no Four Vehicles; only differences in people's minds exist. To see, hear, and recite is the small Vehicle. To comprehend the Dharma and understand its meaning is the Middle Vehicle. To practice in accordance with the Dharma is the Great Vehicle. To thoroughly penetrate all dharmas, to be fully endowed with all dharmas, to be unstained by anything, to be free from all dharma-characteristics, and to obtain nothing at all - this is called the Supreme Vehicle. 'Vehicle' means practice; it is not a matter for disputation with words. You must cultivate yourself; do not ask me further. At all times, self-nature is naturally thus."

Jisang respectfully expressed his gratitude, serving and attending the Master until the end of the Master's life.

Monk Jido (지도, 志道) was from Namhae (남해, 南海), Guangju. He came to seek instruction from the Master and asked, "Since I left home, I have studied the Mahāparinirvāṇa Sutra (열반경, 涅槃經) for over ten years, but I still do not clearly understand its essential meaning. I humbly request the Master's guidance."

The Master said, "Where is it that you fail to understand?"

Jido replied, "I have doubts about the passage that says, 'All conditioned phenomena are impermanent; they are the dharmas of birth and death. When birth and death cease, there is the joy of quiescent extinction.'"

The Master asked, "How do you give rise to such doubts?"

Jido said, "All sentient beings have two bodies: the form-body and the dharma-body. The form-body is impermanent and subject to birth and death, but the dharma-body is eternally abiding and without perception. In the sutra's statement that 'birth and death cease and quiescence is bliss,' it is unclear to me: which body undergoes quiescent extinction, and which body experiences the bliss? If it is the form-body, then when the form-body perishes, the four elements scatter, bringing only suffering; thus, how could suffering be called bliss? If it is the dharma-body that undergoes quiescent extinction, then it would be like grass and trees, or tiles and stones, which are devoid of perception - so who would be there to experience the bliss? Moreover, the dharma-nature is the substance of birth and death, and the five aggregates are the functions of birth and death. From one substance arise five functions, and birth and death are continuously occurring. Birth is the function arising from the substance, and death is the function returning to the substance. But if rebirth occurs, then the types of sentient beings would be endless and never cease. Yet if there is no rebirth, then one would return forever to quiescent extinction and become identical to insentient things. In that case, all dharmas would be suppressed and subdued by nirvāṇa, unable to give rise to further existence - so how could there be any bliss?"

The Master said, "You are a disciple of the Buddha - how could you adopt the wrong views of eternalism and annihilationism held by outside paths, and then attempt to discuss the Supreme Vehicle? According to your words, it would seem that outside the form-body there exists a separate dharma-body, and that you seek quiescent extinction apart from birth and death. Moreover, you infer the permanence and bliss of nirvāṇa and say that some kind of body exists to receive and experience it. This is merely clinging to birth and death and indulging in worldly pleasures. You must now come to understand: The Buddha taught that all deluded beings mistake the compounded five aggregates as the appearance of their own body, and discriminate all phenomena, mistaking them for the appearances of the outer world. They love life and fear death, their thoughts constantly changing, yet they do not realize that all of this is as illusory and unreal as dreams and phantoms. Thus, they vainly endure the sufferings of saṃsāra, inverting the true and constant bliss of nirvāṇa into a form of suffering they pursue all day long. The Buddha, out of compassion, revealed the true bliss of nirvāṇa. There is not even a single moment in which the appearance of arising exists, nor a single moment in which the appearance of ceasing exists. Moreover, there is no appearance of birth and death left to be extinguished. This is the quiescent extinction that is directly revealed before your eyes. When quiescent extinction is revealed, there is also no thought that 'it is revealed.' Thus, it is called the eternal bliss. This bliss has no receiver and no non-receiver. Therefore, how could there still be a concept of one substance having five functions? How much less could one say that nirvāṇa subdues and suppresses all dharmas, causing them never to arise again? To say such a thing is to slander the Buddha and destroy the Dharma. Listen to my verse." :

O unsurpassed great nirvāṇa, Perfect and radiant, ever calmly illuminating.
The foolish ordinary beings call it death, And those of heretics cling to it as annihilation.
Those who seek the two vehicles call it non-creation,
Yet all these are merely the calculations of deluded emotions, The very root of the sixty-two views.
Vainly establishing false names, How could they speak of the true meaning?
Only those who are awakened Penetrate without grasping or rejecting.
They know that the dharmas of the five aggregates and the 'self' within them,
As well as the various external appearances of forms and the manifold sounds,
Are all equal and dream-like, So that no views of

ordinary or sage arise.

They do not even conceive of nirvāṇa, Thus severing the two extremes and the three periods.

Always responding to the functions of the senses, Yet not activating the thought of function.

They distinguish all dharmas, Yet no thought of distinguishing arises.

Even when the fire at the end of a kalpa burns the ocean depths, Even when winds strike and clash against the mountains,

The true, eternal bliss of quiescent extinction - The appearance of nirvāṇa - remains thus.

Now, my forced words are only meant To help you abandon your wrong views.

If you do not cling to the interpretations of words, Then I may permit that you have attained some small understanding.

Hearing this verse, Jido was greatly awakened, Rejoicing as if leaping, he bowed in reverence and withdrew.

Seon Master Haengsa (행사, 行思) was born into the Yu family of Anseong (안성, 安城) in Gilju. Hearing that the Dharma assembly at Jogye was flourishing, he immediately came to pay his respects and asked, "How can I avoid falling into stages and ranks?"

The Master said, "What have you been practicing before coming here?"

Haengsa replied, "I have not practiced even the Noble Truths."

The Master said, "In that case, into what stage or rank could you have fallen?"

Haengsa answered, "Since I have not even practiced the Noble Truths, what stages or ranks could there be?"

The Master regarded him deeply as a proper vessel (for the Dharma) and appointed Haengsa to be the head seat among the assembly. One day, the Master said to him, "You should go and share the teaching in another place, so that the Dharma will not be cut off." After receiving the transmission of the Dharma, Haengsa returned to Cheongwon Mountain (청원산, 青原山) in Gilju and broadly propagated the teaching and continued the work of guiding others. [His posthumous title was Seon Master Hongje (홍제, 弘濟)].

Seon Master Hoeyang (회양, 懷讓) was the son of the Du family of Geumju (금주, 金州). In the beginning, he paid homage to National Master An (안국사, 安國師) of Mount Sung (숭산, 嵩山). National Master An sent him to Jogye to study and train. When Hoeyang arrived and made his obeisance, the Master asked, "Where have you come from?"

Hoeyang replied, "I have come from Mount Sung."

The Master said, "What thing is it that has come like this?"

Hoeyang answered, "Even calling it a thing (일물, 一物) would not be correct."

The Master said, "Then can it be cultivated and realized?"

Hoeyang replied, "Cultivation and realization are not absent, yet it is never defiled."

The Master said, "This undefilement is exactly what all Buddhas protect and cherish. You are thus, and I am also thus. Prajñātāra (Bodhidharma's Teacher) of India once prophesied, saying, 'From beneath your feet a young colt will emerge and trample to death all the people under heaven.' You should keep this in mind, and there is no need to speak of it hastily." (Some versions omit the sentence: "From the Western Heavens onward, the following 27 characters are not recorded.") Upon hearing this, Hoeyang suddenly awakened. He served the Master closely for fifteen years, daily advancing into ever deeper and more profound states. Later, he went to Mount Namak (남악, 南嶽) and widely propagated the Seon school. (By imperial decree, he was posthumously given the title Great Wisdom Seon Master).

Seon Master Yeongga Hyeongak (영가현각, 永嘉玄覺)

was the son of the Dae family of Onju (온주, 溫州). From a young age, he studied the scriptures and treatises and mastered the method of calm abiding and insight of the Cheontae school (천태종, 天台宗). After reading the Vimalakīrti Sūtra (유마경, 維摩經), he awakened to the root of the mind. By chance, Hyeonchaek (현책, 玄策), a disciple of the Sixth Patriarch, came to visit him, and they engaged in a profound dialogue. Their words naturally aligned with the teachings of many ancestral masters. Hyeonchaek asked, "Who was the master from whom you received the Dharma?"

Hyeongak replied, "In learning the Mahayana scriptures and treatises (방등경론, 方等經論), I studied according to the transmitted teachings of each scripture and each master. Later, through the Vimalakīrti Sūtra, I awakened to the Buddha's mind seal, but there has been no one to certify me."

Hyeonchaek said, "If it were before the Primordial Buddha (the first Buddha mentioned in the Lotus Sutra), it would be acceptable. But after the Primordial Buddha, anyone who awakens without a master is considered a follower of the naturalist heresy."

Hyeongak said, "I respectfully request that you certify me."

Hyeonchaek replied, "I am not capable. At Jogye, the Sixth Patriarch is present; people from all directions gather there and receive the Dharma. If you are willing to go, I will accompany you."

Thus, Hyeongak went with Hyeonchaek to Jogye. He circumambulated the Master three times, struck his staff, and stood silently.

The Master asked, "A monastic should be adorned with the three thousand comportments and the eighty thousand subtle practices. Where has this Great Virtue come from to display such great arrogance?"

Hyeongak replied, "Birth and death is a grave matter, and impermanence comes swiftly."

The Master said, "Then why do you not realize the unborn and thus reach a state where there is no swiftness?"

Hyeongak answered, "Realization itself is non-birth; penetration is originally without swiftness."

The Master said, "Exactly so, exactly so!"

Only then did Hyeongak assume the proper deportment and formally bow. He immediately requested leave to depart.

The Master asked, "Is your departure not a bit too hasty?"

Hyeongak replied, "Originally there is no movement; how could there be haste?"

The Master asked, "Who knows there is no movement?"

Hyeongak replied, "You, Master, are making the discrimination."

The Master said, "You have truly attained the meaning of non-birth."

Hyeongak said, "How could there be meaning in non-birth?"

The Master asked, "If there is no meaning, who discriminates?"

Hyeongak replied, "Discrimination itself is not meaning."

The Master said, "Excellent indeed! Stay one night."

Because of this encounter, people later called him "the One-Night Awakened (일숙각, 一宿覺)". Later, the Song of Enlightenment (증도가, 證道歌) that he composed became widely circulated in the world. [He was posthumously given the title Master Without Characteristics (무상, 無相), and in his time, people called him True Awakening. (진각, 眞覺)]

The Seon monk Jihwang (지황, 智隍) initially visited the Fifth Patriarch Hongin (홍인, 弘忍) and believed that he had attained enlightenment. He stayed in a hermitage and spent twenty years in deep seated meditation. While traveling, Hyunchaek, a disciple of the Sixth Patriarch, arrived in the Habuk (하북, 河朔) region and, hearing of Jihwang's reputation, came to visit his hermitage. He asked, "What are you doing here?"

Jihwang replied, "I am a monk abiding in samadhi."

Hyunchaek said, "You say you have entered samadhi. Did you enter with a mind or without a mind? If you entered without a mind, then even insentient things like grass, trees, tiles, and stones could enter samadhi. If you entered with a mind, then all sentient beings - those possessing consciousness - should also be able to enter samadhi."

Jihwang said, "When I correctly enter samadhi, I do not perceive the existence or nonexistence of mind."

Hyunchaek said, "If you do not perceive a mind of existence or nonexistence, then it is already constant samadhi. How, then, could there be entering or leaving? If there is entering and leaving, it is not true great samadhi."

Jihwang was unable to respond and, after a while, asked, "Whose Dharma lineage do you follow?"

Hyunchaek answered, "My teacher is the Sixth Patriarch of Jogye."

Jihwang asked, "What does the Sixth Patriarch consider to be Seon samadhi (선정, 禪定)?"

Hyunchaek replied, "Our Master said, 'Subtle and serene, utterly quiescent, essence and function are thusness itself. The five aggregates are originally empty, and the six sense-objects have no existence. There is neither coming nor going, neither stillness nor disturbance. The nature of Seon (선성, 禪性) is nonabiding; abandoning abiding is the tranquility of Seon (선적, 禪寂). The nature of Seon is birthless; abandoning birth is the true contemplation of Seon (선상, 禪想). The mind is like empty space, without even the conception of emptiness.'"

Upon hearing these words, Jihwang immediately went to pay respects to the Sixth Patriarch.

The Master asked him, "Where have you come from?"

Jihwang recounted the events that had occurred.

The Master said, "Truly, it is just as you have spoken. You must simply make your mind like empty space, without clinging to the view of emptiness. In application, you should be without obstruction; in movement and stillness, be without mind. You must forget discriminating consciousness that distinguishes between ordinary beings and sages. When both subject and object are extinguished, and essence and appearance are thusness itself, there will never be a time that is not samadhi." [Note: In another version, the passage from "You must simply..." to "never be a time that is not samadhi" - a total of thirty-five characters - is omitted, and instead it is recorded, "The Master, pitying that he had come from afar, gave him instruction."]

Upon hearing these words, Jihwang experienced great enlightenment. Everything he had thought he attained over the past twenty years vanished without a trace. That night, the people of Habuk heard a voice in the sky, saying, "Today, Master Jihwang has attained the Way." Afterwards, Jihwang bowed to the Sixth Patriarch and returned to Habuk, where he taught and guided the assembly throughout the region.

One day, a monk asked the Sixth Patriarch, "Who inherited the intent of Huangmae (referring to the Fifth Patriarch Hongin)?"

The Master replied, "Whoever understands the Buddhadharma has inherited it."

The monk asked again, "Have you, Master, inherited it?"

The Master answered, "I do not understand the Buddhadharma."

One day, the Master found that there was no good spring to wash the robe he had received. He went about five li (about 2 km) behind the monastery, where the forest was dense and auspicious energy was swirling. The Master struck the ground with his staff, and a spring gushed forth, forming a pond. The Master knelt down and washed his robe on a rock. At that moment, a monk suddenly appeared, paid homage, and said, "I am Bangbyeon (방변, 方辯), a man from Seochok (서촉,

西蜀). Yesterday, I met the great master Bodhidharma in Southern India. He instructed me to quickly go to Dang China. The great master transmitted the True Dharma Eye Treasury and the Saṅghāṭī robe (the Great Kasaya) - which had been passed down from Mahākāśyapa - through six generations to Jogye where it remains preserved to this day. He then instructed, 'Go forth and pay homage'. Since I have come from afar, may I respectfully request to see the robe and the alms bowl that the Master has transmitted?"

The Master showed them to him and asked, "What work do you specialize in?"

Bangbyeon replied, "I am skilled in carving."

The Master said earnestly, "Then try making an image (of me)."

Bangbyeon was flustered and did not know what to do. However, after a few days, he completed a carving about seven chon tall (7촌, 七寸), resembling the real figure, with exquisite craftsmanship that reached the highest level.

The Master laughed and said, "You understand the nature of carving, but you do not yet know the Buddha-nature." The Master then opened his hand, stroked Bangbyeon's head, and said, "May you forever become a fertile field of blessings for humans and gods." [The Master also gave him a Dharma robe in return. Bangbyeon divided the robe into three parts: one he placed on the carved image, one he kept for himself, and one he wrapped in palm leaves (종려나무, 棕) and buried in the ground. He made a vow, saying, "Whoever obtains this Dharma robe in the future is truly my reappearance in the world. He will serve as abbot of this place and rebuild the halls." Later, in the eighth year of the Gau (가우, 嘉祐) era (1063 year)during the Song dynasty, while Monk Yuseon (유선, 惟先) was repairing the halls, he dug into the ground and found the robe, still looking like new. The carved image was enshrined at Gocheon Monastery (고천사, 在高泉) and was known to bring responses to prayers.]

A monk quoted a verse of Master Waryun (와륜, 臥輪) :

Waryun, being skilled,
Can sever a hundred thoughts.
Facing conditions, his mind does not arise,
And his bodhi grows day by day.

Upon hearing this verse, the Master said, "This verse has not yet illuminated the mind-ground. Following it would only lead to greater bondage." Then the Master showed his own verse:

Hyeneung, being without skill,
Does not sever a hundred thoughts.
Facing conditions, his mind frequently arises;
How could bodhi ever grow?

Number Eight: Sudden and Gradual

At that time, the Patriarch was residing at Borim Monastery (보림사, 寶林寺) in Jogye (조계, 曹溪), and Master Sinsu (신수, 神秀) was staying at Okcheon Monastery (옥천사, 玉泉寺) in Hyengnam (형남, 荊南). At this time, the two sects were flourishing greatly, and people all referred to them as "Southern Neung (남능, 南能)" and "Northern Su (북수, 北秀)", thus creating the distinction between the Sudden and Gradual teachings of the Southern and Northern schools. However, scholars did not understand the true intent of either side. The Master spoke to the assembly : "The Dharma originally is of one school; it is only among people that there are distinctions between South and North. The Dharma is one and the same; only the realization is either swift or slow. What is meant by 'Sudden' and 'Gradual'? In the Dharma, there is neither sudden nor gradual, but among people, because of sharpness or dullness, there arise the names sudden and gradual." However, the disciples of Sinsu mocked the Patriarch of the Southern School, saying, "How could someone who does not even know a single character have any merit?" Sinsu said, "He attained the wisdom without a teacher and deeply realized the supreme vehicle; this is beyond my reach. Moreover, my teacher, the Fifth Patriarch, personally transmitted to him the robe and Dharma; how could it have been done in vain? I only regret that I could not go to where he resides and personally attend upon him, and I am ashamed to be receiving the country's grace in vain. You should not stay here; go to Jogye, inquire, and attain awakening."

One day, he ordered his disciple Jiseong (지성, 志誠), saying, "You are intelligent and wise. Go to Jogye and listen to the Dharma on my behalf. If you hear anything, remember it well and return to tell me." Jiseong accepted the command, went to Jogye, and paid respects following the assembly and requested the Dharma, but he did not reveal where he had come from. At that time, the Master said to the assembly, "Now there is a thief of the Dharma who has sneaked into this gathering."

Jiseong immediately came out, made a full prostration, and confessed everything.

The Master said, "You have come from Okcheon Monastery; you must surely be a spy."

Jiseong replied, "I am not."

The Master said, "How could it not be so?"

Jiseong answered, "Before I spoke, it was so; after speaking, it is not."

The Master asked, "How does your teacher present himself to the assembly?"

Jiseong replied, "He always instructs the assembly to make the mind abide and to contemplate stillness, and to sit for long periods without lying down."

The Master said, "To make the mind abide and contemplate stillness is a disease, not true meditation; and confining the body through long sitting - what benefit is it to principle? Listen to my verse." :

Alive - only sitting, never lying down,
Dead - only lying, never sitting
A pile of stinking bones -
How could that accomplish the Way?

Jiseong again bowed and said, "I studied the Way at the assembly of Master Sinsu for nine years, but I did not attain enlightenment. Now, hearing the Venerable One's words, I have immediately united with my original mind. The issue of birth and death is of utmost importance to me; may the Venerable One show great compassion and bestow further instruction."

The Master said, "I have heard that your teacher teaches his disciples the methods of precepts, meditation, and wisdom. Tell me how your teacher describes the practice of precepts, meditation, and wisdom."

Jiseong said, "Master Sinsu teaches, 'Not committing any evil is called precepts; upholding and practicing all good is called wisdom; purifying one's own mind is called meditation.' His teachings are thus. How does the Venerable One teach people?"

The Master said, "If I were to say that I have a Dharma to transmit to someone, that would be deceiving you. I only use expedient means to untie bonds; temporarily, it is called samādhi. The precepts, meditation, and wisdom spoken by your teacher are truly inconceivable, but the way I see precepts, meditation, and wisdom is different."

Jiseong said, "It should be appropriate that precepts, meditation, and wisdom are one; how could they differ again?"

The Master said, "The precepts, meditation, and wisdom of your teacher are for those of the Great Vehicle; the precepts, meditation, and wisdom I speak of are for those of the Supreme Vehicle. The realization and understanding are different, and the sharpness and slowness of insight vary. Listen to whether my words are the same as your teacher's teachings. The Dharma I teach does not depart from self-nature. Speaking apart from the essence is to speak based on appearances, and is always being deluded about self-nature. You must know that all myriad dharmas arise and function from self-nature; this is the true Dharma of precepts, meditation, and wisdom." Listen to my verse:

Not deviating from the mind ground is the precepts of self-nature;
Not being foolish in the mind ground is the wisdom of self-nature;
Not being chaotic in the mind ground is the meditation of self-nature.
Neither increasing nor decreasing, originally adamantine;
As the body comes and goes, it is originally samādhi.

Jiseong, hearing the verse, repented, made obeisance, and composed a verse offering it :

This illusory body of the five aggregates -
How could its illusion be the ultimate state?
If one wishes to return again to True Suchness,
The Dharma is already not pure!

The Master, approving of this, further said to Jiseong : "Your teacher's precepts, meditation, and wisdom are teachings directed toward those with small faculties and limited wisdom, whereas my precepts, meditation, and wisdom are teachings directed toward those with great faculties and profound wisdom. If one realizes the self-nature, one does not establish even Bodhi, Nirvana, or the emancipated perceptual understanding. Only when not even a single Dharma is attained can one establish the myriad Dharmas. If one understands this meaning, it is called the 'Buddha-body', 'Bodhi and Nirvana', and 'emancipated perceptual understanding'. One who has seen self-nature may establish or not establish (these), freely coming and going, without obstruction or hindrance, act as needed; respond as asked, widely manifesting transformation-bodies yet never departing from self-nature. Thus one attains free spiritual powers and playful samādhi (유희삼매, 遊戲三昧); this is called 'seeing one's nature.'"

Jiseong further asked, "What is the meaning of 'non-establishment'?"

The Master said, "In the self-nature, there is neither deviation, ignorance, nor disorder. Moment by moment, one contemplates with prajñā, always free and unfettered, departing from the characteristics of Dharmas. Where all flows freely, what need is there to establish anything? One's own nature is self-realized, with sudden awakening and sudden cultivation, without gradual stages. Thus, no Dharma is established; since all Dharmas are quiescent, what order could there be?"

Jiseong respectfully bowed and vowed to serve the Master diligently morning and evening without negligence. [Jiseong was a native of Taehwa (태화, 太和) in Gilju].

Monk Jicheol (지철, 志徹) was a native of gangseo

(강서, 江西). His original surname was jang, and his given name was Haengchang (행창, 行昌). In his youth, he was known for his strong sense of chivalry. After the division of the Northern and Southern Schools, although the patriarchs of the two schools - Hyeneung and Sinsu - did not reject each other, their disciples were often embroiled in disputes, driven by affection and animosity. At that time, the disciples of the Northern School regarded Sinsu as the Sixth Patriarch. Jealous that the robe transmitted to Hyeneung would become known throughout the world, they dispatched Haengchang to assassinate Hyeneung. However, the Master, through his telepathic insight, foresaw this event and placed ten taels of gold (금 10냥, 金 10兩) beside his seat. One night, Haengchang entered the patriarchal quarters intending to harm Hyeneung. The Master simply stretched out his neck toward him. Haengchang swung his sword three times, but truly could not inflict any harm.

　　The Master said, "The righteous sword cannot strike falsely; the false sword cannot strike righteously. In a past life, I owed you gold, but I do not owe you my life." Startled, Haengchang collapsed. After a long while, he revived, repented deeply, and begged for forgiveness, expressing his wish to leave home and become a monk.

　　The Master gave him the gold and said : "Go away for now. I fear that my disciples may harm you. If you later return in a different guise, I will accept you."

Haengchang heeded the Master's words and fled into the night. Later, he entrusted himself to the Sangha, received the precepts, and diligently cultivated. One day, recalling the Master's words, he came from afar to pay his respects.

The Master said, "I have thought of you for a long time; why have you come only now?"

Haengchang replied, "Although I was forgiven by you and have left home to engage in arduous practice, it is difficult to repay the depth of your grace. I believe the only way to repay it is to transmit the Dharma and deliver sentient beings. I frequently read the Mahāparinirvāṇa Sutra (열반경, 涅槃經), but I cannot understand the meanings of 'permanence' and 'impermanence'. I humbly request that you compassionately explain them to me in simple terms."

The Master said, "Impermanence is precisely Buddha-nature, and permanence is the mind that discriminates all good, evil, and various Dharmas."

Haengchang, puzzled, said, "Master, your words seem greatly at odds with the scriptures."

The Master replied, "I transmit the mind-seal passed down from Buddha to Buddha, mind to mind. How could I possibly contradict the scriptures?"

Haengchang said, "In the sutras, Buddha-nature is

spoken of as permanent, yet you say it is impermanent. Furthermore, in the scriptures, it is said that all Dharmas, including even the Bodhi-mind, are impermanent, but you say they are permanent. This seems contradictory, and it only deepens my confusion as a practitioner."

The Master said, "Once, long ago, I heard the bhikṣuṇī Mujinjang reciting the Mahāparinirvāṇa Sutra. After hearing it once, I immediately expounded its meaning without contradicting a single character or idea. For you too, I will not speak in two different ways."

Haengchang said, "My understanding is shallow and foolish. I beg you, Master, to teach me in detail."

The Master said, "Do you understand? If Buddha-nature were truly permanent in the ordinary sense, then what meaning would there be in speaking of good, evil, and various Dharmas? Moreover, no one would ever arouse the Bodhi-mind throughout eternity. Thus, I say it is impermanent - this is precisely the principle of 'true permanence' spoken by the Buddha. Also, if all Dharmas were truly impermanent in an annihilative sense, then each thing would cling to its own self-nature and undergo birth and death independently, and there would be places where the true, permanent nature would not pervade. Thus, I say it is permanent - this is the meaning of the Buddha's 'true impermanence'. The Buddha, by using comparisons, exposed the errors of common people and heterodox followers who clung to a false sense of permanence, and he pointed out that the followers of the Two Vehicles mistakenly regarded permanence as impermanence. Thus, all alike fell into the eight inverted views. Therefore, in the Mahāparinirvāṇa Sutra, the Buddha proclaimed the ultimate teaching, to break their attachments and reveal true permanence, true bliss, true self, and true purity. Now, you are merely clinging to the literal words and have abandoned their true meaning, thus misunderstanding the Buddha's perfect, subtle, and final teachings, treating impermanence as mere annihilation and permanence as a dead, fixed state. Even if you were to read the sutras a thousand times, what benefit would it bring?"

Upon hearing this, Haengchang suddenly attained great enlightenment. He composed a verse, saying :

Clinging to the mind that thinks of impermanence,
the Buddha spoke of the nature of permanence.
Those who do not understand expedient means are like picking up pebbles from a springtime pond.
Now, without even striving, the Buddha-nature naturally appears.
It was not given by the Master, nor is it something I have obtained.

The Master said: "You have now thoroughly penetrated. Your name shall be Jicheol."

Jicheol bowed deeply in gratitude and withdrew.

There was a young boy named Sinhoe (신회, 神會), the son of the Go family from Yangyang (양양, 襄陽). At the age of thirteen, he came from Okcheonsa (옥천사, 玉泉寺, where Master Sinsiu had once stayed), and paid respects to.

The Master said to him, "You, Head Seat (수좌, 首座), have surely endured hardship traveling a long distance. Did you come with your original face? If you have the original face, you should know your true master. Speak it once for me."

Sinhoe replied, "Taking non-abiding as the root, seeing is the master."

The Master said, "How can this śrāmaṇera utter such reckless words?"

Sinhoe then asked, "When the Master sits in meditation, does he see or not see?"

The Master struck him three times with his staff and said: "When I strike you, does it hurt?"

Sinhoe answered, "It both hurts and does not hurt."

The Master said, "I too both see and do not see."

Sinhoe asked, "What does it mean to both see and not see?"

The Master said, "What I see is always my own faults within my mind. I do not see the rights and wrongs, or the good and bad, of others. Thus, I both see and do not see. You said earlier that it both hurts and does not hurt - what does that mean? If it did not hurt, you would be like wood or stone. If it hurt, you would be like an ordinary person, arousing anger. Your earlier statement of 'seeing' and 'not seeing' falls into the two extremes; your statement of 'hurting' and 'not hurting' belongs to the realm of arising and ceasing. You have not yet even seen your own nature, yet you dare to mock people!"

Sinhoe bowed in repentance and gratitude.

The Master further said, "If your mind is deluded, you cannot see. Thus, you should seek out a good spiritual teacher and find the path. If your mind is awakened, you will naturally see your own nature and practice according to the Dharma. If you yourself are deluded and cannot even see your own mind, how can you ask me whether I see or not? What I see is known only to me; how could I substitute my seeing for your delusion? Even if you were to see, you cannot substitute your seeing for my delusion. How then can you fail to know and see for yourself, and instead come to ask me whether I see or not?"

Upon hearing this, Sinhoe again bowed more than a

hundred times, sincerely repenting his faults. He then diligently attended the Master, never leaving his side.

One day, the Master spoke to the assembly, "There is a certain thing in me: it has no head and no tail, no name and no letters, no back and no face. Do you know what it is?"

Sinhoe stepped forward and said, "It is the source of all Buddhas, and it is Sinhoe's own Buddha-nature."

The Master said, "I just said it has no name and no letters, yet you call it the 'source' and 'Buddha-nature', giving it a name. In the future, even if you reside somewhere as a head of a community, you will merely be a follower bound by intellectual understanding." After the Patriarch entered nirvana, Sinhoe went to Nakyang (낙양, 洛陽) and greatly propagated the Sudden Teaching of Jogye. He composed the Record of Manifesting the central doctrine (현종기, 顯宗記), spreading it widely throughout the world. [This Sinhoe became known as the Master of Hataek (하택, 荷澤)].

The Sixth Patriarch saw that many different sects were engaging in disputes and harsh criticisms against each other, stirring up malicious minds. When many people had gathered beneath his Dharma seat, he took pity on them and spoke: "Those who study the Way must eliminate all good thoughts and evil thoughts alike. That which cannot be named is called 'self-nature'. The nature without duality is the true nature. Upon this true nature, all the teachings are established. You must realize it directly at the moment of speaking and hearing."

When the assembly heard these words, they all bowed and requested to accept him as their Master.

Number Nine: Invitation to the Court

The 15th day of the first lunar month, in the first year of the Sillyong era (신룡원년, 神龍元年) (705), Empress Mu Cheukcheon (측천무후, 則天武后) and Emperor jungjong (중종, 中宗) issued an imperial decree: "We have received the monks Hyean (혜안, 慧安) and Sinsu (신수, 神秀) into the palace, offering them support and provisions. Even amidst our busy affairs, we have made time to constantly study the One Vehicle teaching. Both monks have modestly said, 'In the South, there is Master Hyeneung, who secretly received the robe and Dharma from the Great Master Hongin (홍인, 弘忍) and has transmitted the Buddha's mind-seal. Please summon him and ask him directly.' Therefore, we now dispatch the palace attendant Seolgan (설간, 薛簡) to carry our imperial command and escort you. We ask that you kindly and compassionately come to the capital without delay."

The Master submitted a memorial declining on the grounds of illness, stating his wish to spend the remainder of his life in the mountains.

Seolgan said, "The Seon practitioners of the capital all say, 'In order to attain enlightenment, one must certainly practice seated meditation to cultivate concentration. Without cultivating concentration, no one has ever attained liberation.' What is the teaching of the Venerable Master?"

The Master replied, "The Way is realized through the mind. How could it depend on sitting? The scriptures say, 'If someone says the Tathāgata sits or lies down, he is practicing a deviant path.' Why is this? Because there is nowhere from which he comes and nowhere to which he goes. There is no birth and no cessation - this is the Tathāgata's pure meditation. The emptiness and quiescence of all dharmas - this is the Tathāgata's pure sitting. Ultimately, there is nothing to be attained; how much less could there be dependence on sitting?"

Seolgan said, "When I return, the Sovereigns will certainly inquire. May the Master, in his compassion, kindly teach me the essential meaning of the mind so that I may transmit it to Their Majesties (Empress Mu Cheukcheon and Emperor jungjong) and the students of the capital. It would be like one lamp lighting countless lamps - those in darkness would all be illuminated, and the light would never be exhausted."

The Master said, "The Way has neither brightness nor darkness. Brightness and darkness are merely successive phases. To say that 'brightness never ends' is itself still subject to ending, for it is based on relative concepts. The Vimalakīrti Sutra (유마경, 維摩經) says, 'The Dharma is incomparable, for it has no opposites.'"

Seolgan said, "Brightness is a metaphor for wisdom, and darkness is a metaphor for affliction. If practitioners do not use wisdom to illuminate and break through afflictions, how can they escape the cycle of birth and death since time without beginning?"

The Master said, "Affliction itself is bodhi; there are not two separate things, and no distinction. If you use wisdom to destroy afflictions, this is the view of the Two Vehicles, the capacity of sheep and deer. Those of great capacity and supreme wisdom do not rely on such methods."

Seolgan asked, "Then what is the view of the Great Vehicle?"

The Master said, "Ordinary beings see brightness and darkness as two, but the wise realize the essential nature is non-dual. The non-dual nature is the true nature. This true nature neither decreases in ordinary or foolish beings, nor increases in sages and worthies. It is neither disturbed when dwelling amid afflictions, nor serene when abiding in concentration. It neither ceases nor endures, neither comes nor goes. It is not found in the middle, nor inside or outside. It neither arises nor perishes. Its nature and appearance are ever thus, abiding unmoving - this is called the Way."

Seolgan asked, "The Master says it neither arises nor perishes. How is this different from the view of the heretics?"

The Master said, "The heretics speak of 'no arising and no perishing' by trying to extinguish arising through cessation, and revealing cessation through arising, thus regarding cessation as non-perishing and arising as non-arising. What I speak of as 'non-arising and non- perishing' means that originally there is no arising in itself, and even now there is no perishing. Thus, it differs from the heretical views. If you wish to know the essential principle of mind, simply do not think of good or evil. Then you will naturally enter the essence of the pure mind, clear and ever serene, with wondrous functioning like the sands of the Ganges River."

Upon hearing this teaching, Seolgan was suddenly and greatly awakened. He bowed in reverence and returned to the palace, reporting the Master's words to be recorded in the imperial decree.

On the 3rd day of the 9th month of that year, another imperial edict was issued, praising the Master: "The Venerable Master has declined, saying he is old and ill, yet cultivates the Way on Our behalf - this is truly a field of blessings for the nation. Just as layman Vimalakīrti (유마거사, 維摩詰) used illness in Vaiśālī as a skillful means to expound the Great Vehicle, the Master now transmits the mind of all the Buddhas and teaches the Dharma of non-duality. The teaching relayed by Seolgan is a transmission of the Tathāgata's insight. Because of the remaining merit from the wholesome karma We have accumulated, and the wholesome roots planted in former lives, We have now encountered the Master's appearance in the world and awakened at once to the Supreme Vehicle. There is no way to fully express Our gratitude for the Master's great kindness." Accordingly, a robe of fine vestment and a crystal alms bowl were sent to him, and the Administrator of Soju (소주, 韶州) was ordered to repair the monastery and name the Master's former residence "Temple of National Grace (국은사, 國恩寺)."

10. Entrusting the Dharma: Admonitions and Transmission

One day, the Master called together his disciples - Beophae (법해, 法海), Jiseong (지성, 志誠), Beopdal (법달, 法達), Sinhoe (신회, 神會), Jisang (지상, 智常), Jitong (지통, 智通), Jicheol (지철, 志徹), Jido (지도, 志道), Beopjin (법진, 法珍), and Beopyeo (법여, 法如) - and said : "You are different from others. After my passing, each of you will become a teacher in your respective regions. Now I will teach you how to explain the Dharma so that you do not lose the essential intent of this school. First, you should bring up the Dharma of the Three Divisions (삼과법문, 三科法門), and then use the Thirty-Six Pairs of opposites (삼십육대, 三十六對) as teaching devices. Whatever Dharma you explain, you must always avoid the two extremes. In speaking of all dharmas, do not stray from self-nature. If someone suddenly asks you about the Dharma, when you respond, always use paired expressions, so that coming and going become causes for one another. Ultimately, both sides must be let go, leaving nowhere further to go.

The Three Divisions are skandhas (음, 陰), realms (계, 界), and entrances (입, 入). The skandhas are the five skandhas (오음, 五陰) : form, sensation, perception, volition, and consciousness (색·수·상·행·식, 色·受·想·行·識). The entrances refer to the twelve entrances (12입, 12入) : the six external objects (외육진, 外六塵) - form, sound, smell, taste, touch, and dharmas (색·성·향·미·촉·법, 色·聲·香·味·觸·法), and the six internal faculties (내육문, 內六門) - eye, ear, nose, tongue, body, and mind (안·이·비·설·신·의, 眼·耳·鼻·舌·身·意). The realms (계, 界) refers to the eighteen realms: the six objects (육진, 六塵), the six faculties (육문, 六門), and the six consciousnesses (육식, 六識). The self-nature encompasses all dharmas and is called the storehouse consciousness (함장식, 含藏識). When conceptual thought arises, it becomes the transformed consciousness (전식, 轉識), generating the six consciousnesses, entering and exiting through the six faculties, and perceiving the six objects. These eighteen realms are all functions of the self-nature. If self-nature is deluded, the eighteen wrong views arise; if self-nature is correct, the eighteen right views arise. Used wrongly, they are the functioning of sentient beings; used rightly, they are the functioning of the Buddha.

What causes this functioning? It is due to one's own self-nature. Among oppositional dharmas, there are five inanimate external opposites: heaven and earth, sun and moon, light and dark, yin and yang, water and fire. These are the five pairs. As for language that describes the appearance of things, there are twelve pairs : speech and dharmas, being and non-being, with form and formless, with characteristics and without characteristics, defiled and undefiled, form and emptiness, motion and stillness, pure and impure, ordinary and sage, monastic and lay, old and young, great and small. These are the twelve pairs. Regarding the functioning arising from one's own nature, there are nineteen pairs: long and short, wrong and right, ignorance and wisdom, foolishness and intelligence, confusion and concentration, kindness and cruelty, morality and immorality, straight and crooked, truth and falsity, steep and level, affliction and awakening, permanence and impermanence, compassion and harm, joy and anger, giving and stinginess, advancing and retreating, birth and extinction, Dharma-body and form-body, transformation-body and reward-body. These are the nineteen oppositional pairs.

The Master said: To understand and apply these Thirty-Six Pairs is to realize the Way, to penetrate all the teachings of the sutras, always avoiding the two extremes, and to be fully engaged with the functioning of your self-nature. When interacting with others, outwardly let go of characteristics within characteristics while inwardly letting go of emptiness within emptiness. If one clings entirely to characteristics, wrong views arise; if one clings entirely to emptiness, ignorance arises. Those who cling to emptiness often slander the scriptures, saying that words are useless. But if you say 'words are useless,' then your very statement contradicts itself, as those words are also the characteristic of written words. They claim, 'We establish no words or letters,' but even 'not establishing' consists of two written words. If you hear someone speaking and immediately criticize them for attachment to words, then you must recognize this: even if you are deluded, should you also slander the Buddha's scriptures? Do not slander the scriptures, for the karmic obstruction of that is immeasurable. If someone clings to external characteristics, establishes practices to seek truth, overly expands temples and rituals, and discusses the faults of existence and non-existence, such a person will never see their true nature, even after countless kalpas. Only rely on the Dharma in your practice, and do not let clinging to emptiness obstruct your realization of the essential nature of the Way. If you merely listen without practicing, you will give rise to wrong views. Practice according to the Dharma, and teach the Dharma of nonabiding in characteristics. If you have awakened, then speak accordingly, write accordingly, act accordingly, and cultivate accordingly. Then you will not lose the fundamental doctrine. If someone asks you about the meaning (respond using oppositional method) : if asked about 'existence', answer with 'non- existence'; if asked about 'non-existence,' answer with 'existence.' If asked about 'ordinary beings', respond with 'sage'; if asked about 'sage,' respond with 'ordinary beings.' The two paths rely on one another to express the meaning of the Middle Way. For each question, give one response. Use this method for all remaining questions, and you will not stray from the true principle. If someone asks, 'What is darkness?', respond, 'Light is the cause, and darkness is the condition; when light disappears, darkness arises.' Reveal darkness through light, and light through darkness. The interplay of arising and ceasing forms the truth of the Middle Way. All other questions follow this same principle. In future generations, when you transmit the Dharma, rely on this method, teach it to one another, and do not lose the essential intent.

The Seon Master said: In July of the Yeonhwa (연화, 延和) era during the Taegeuk 1st Year (태극 원년, 太極元年), Imja Year (임자, 壬子) (712) [The era name was changed to 'Yeonhwa' in May of that year. In August, after Emperor Hyeonjong (현종, 玄宗)'s ascension, the era name was revised to 'Seoncheon (선천, 先天)'. The following year, it changed again to 'Gaewon (개원, 開元)'. Other records erroneously mark this period as 'Seoncheon'.] - he instructed his disciples to go to Gugeun Temple (국은사, 國恩寺) in Sinju to erect a stupa, and urged them to complete the construction. It was finished in late summer of the following year (713). On the first day of the seventh month, the Master gathered his disciples and said, "In the eighth month I will leave this world. If any of you still have doubts, ask now. I will shatter your doubts and dispel your delusion. After I depart, there will be no one to teach you.

Upon hearing this, the monks, including Monk Beophae (법해, 法海), all wept. Only Sinhoe (신회, 神會) showed no change in expression and did not cry.

The Master said, "Although Sinhoe is a young monk, he sees good and not-good as equal, is unmoved by slander or praise, and does not give rise to sorrow or joy. The others have not attained this. What have you all been cultivating for all these years in the mountains? Who are you grieving for now? If what you are worried about is that I might not know where I am going, then know that I do know where I am going. If I did not know, I would not have told you in advance. Your sorrow must be because you do not know where I am going. But if you knew, you would not grieve. The Dharma-nature has no coming or going, no birth or death. Now all sit down. I will recite a verse for you, called the Verse on True and False, Movement and Stillness. If you memorize and uphold this verse, and cultivate in accordance with its meaning, you will not lose the essential principle."

The assembly bowed and requested the verse, and

the Master recited :

All things have no true nature,
Truth is not to be seen through perception.
If one claims to perceive the truth,
Then such perception is entirely not true.

If one can embrace the True within,
To leave the false is to awaken the Mind's Truth.
But if the mind clings to illusion,
Where, then, shall Truth be found?

Sentient beings know movement,
Insentient things do not move.
If you cultivate the practice of non-movement,
You are the same as an insentient being.

If you seek true non-movement,
There is non-movement within movement.
If you claim only stillness as true stillness,
Then insentient beings would lack the Buddha-seed.

One who can skillfully distinguish characteristics,
 Understands that the ultimate meaning is non-movement.
 If one can hold just such a view,

Then that is the functioning of true suchness.

I now address all cultivators:
Diligently apply your mind.
Do not, within the great teaching,
Cling instead to the wisdom of birth and death.

If your understanding accords at the moment of these words,
Then we may together discuss the meaning of the Buddha's teaching.
But if you truly do not accord,
Then simply join your palms and bring forth joy.

This school has never had contention.
If there is contention, the meaning of the Way is lost.
If you cling to opposition and argue over Dharma teachings,
Your own nature enters into birth and death."

At that time, the disciples, having heard the verse, all bowed in reverence and realized the Master's intent. Each composed their mind and practiced according to the Dharma, no longer daring to argue. They also came to understand that the Great Master would not remain long in the world. Therefore, Elder Beophae again bowed and asked, "After the Master enters Nirvana, to whom will the robe and Dharma be transmitted?"

The Master replied, "From the time I expounded the Dharma at Daebeom Monastery (대범사, 大梵寺) until now, all that has been recorded and circulated - name it the 'Platform Sutra of the Dharma Treasure (법보단경, 法寶壇經)'. You must uphold it well and transmit it among yourselves. If sentient beings are taught by this exposition of the Dharma, it may be called the True Dharma. Now I expound the Dharma to you, but I do not transmit the robe. This is because your roots of faith are pure and mature, without any doubt, and you are able to bear the Great Matter. Moreover, in accordance with the intent of the verse transmitted by the ancestral master Bodhidharma, the robe should not be passed on. That verse is as follows :

I originally came to this land
To transmit the Dharma and save deluded beings.
One flower opens into five petals,
And the fruit will naturally come to be.

The Master again said, "All you cultivators! Each of you should purify your minds and listen to my Dharma teaching. If you wish to accomplish all-knowing wisdom, you must thoroughly understand the Single-Characteristic Samadhi and the Single-Practice Samadhi. If in all places you do not dwell in characteristics, have neither aversion nor attachment toward characteristics, without grasping or rejecting, not thinking of gain or loss, remaining at peace and still, empty and harmonious, simple and detached - this is called the Single-Characteristic Samadhi. If in all places - walking, standing, sitting, and lying down - you maintain a unified mind, that is a place of non-movement, and it is the true realization of the Pure Land. This is called the Single-Practice Samādhi. One who possesses these two samādhis will be like the earth that holds and nurtures seeds, and will surely bear fruit. The Single-Characteristic Samadhi and the Single-Practice Samadhi are also like this. My present expounding of the Dharma is like timely rain moistening the great earth, and your Buddha-natures are like seeds - upon encountering this rain, they will all sprout. The one who receives my intention will surely attain bodhi, and one who practices according to my teaching will undoubtedly realize wondrous fruit. Listen now to my verse :

> The field of mind holds all seeds,
> With universal rain, they all will sprout.
> Sudden awakening to the flower's essence,
> The fruit of bodhi will come of itself.

After the Master finished speaking this verse, he continued, "The Dharma is not two; the mind is also thus. The Way is pure, without any characteristics. Be careful not to contemplate stillness or to try to make the mind empty and quiescent. This mind is originally pure - it cannot be grasped or rejected. Each of you should exert effort on your own and proceed according to conditions." At that time, the disciples bowed and departed.

The Great Master spoke on the 8th day of the 7th month, suddenly addressing his disciples, "I wish to return to Sinju (신주, 新州); prepare a boat swiftly." The assembly, filled with sorrow, earnestly pleaded for him to stay. The master replied, "All Buddhas manifest and enter Nirvana in the same manner. What comes must go; this principle is ever constant. My body, too, must return to its destined place."

The assembly asked, "Master, if you depart from here, will you return soon?"

The master answered, "Leaves fall and return to their roots; when coming, there is no mouth."

They inquired further, "To whom have you entrusted the Treasury of the True Dharma Eye?"

The master replied, "Those who possess the Way will receive it; those without a mind will comprehend it."

They asked again, "Will there be any difficulties in the future?"

The master said, "Five or six years after my passing, someone will take my head. Listen to my prophecy:

Above the head, one nourishes the parents;
Within the mouth, one must find sustenance.
When facing with the trouble by a person named 'Man'
There will be officials who is named 'Yang (양, 楊)' and 'Ryu (류, 柳)' at that time.

He further stated, "Seventy years after my departure, two Bodhisattvas will come from the East - one a monastic, the other a layperson. Together, they will propagate the teaching, establish my lineage, construct and restore monasteries, and greatly continue the Dharma transmission."

A disciple asked, "Since the ancient Buddhas appeared in the world, how many generations have transmitted the Dharma? Please enlighten us."

The master replied, "The ancient Buddhas have manifested in the world countless times, beyond enumeration. Presently, we begin with the Seven Buddhas. In the past 'Glorious Kalpa', there were Vipashyin Buddha (비바시불, 毘婆尸佛), Shikhin Buddha (시기불, 尸棄佛),

and Vishvabhu Buddha (비사부불, 毘舍浮佛). In the current 'Worthy Kalpa', there are Krakucchanda Buddha (구류손불, 拘留孫佛), Kanakamuni Buddha (구나함모니불, 拘那含牟尼佛), Kashyapa Buddha (가섭불, 迦葉佛), and Shakyamuni Buddha (석가모니불, 釋迦文佛). These are the Seven Buddhas. Among these, starting from Shakyamuni Buddha, the transmission proceeded as follows :

1. Venerable Mahākāśyapa (마하가섭 존자, 摩訶迦葉 尊者)
2. Venerable Ānanda (아난 존자, 阿難 尊者)
3. Venerable Shāṇavāsa (상나화수 존자, 商那和修 尊者)
4. Venerable Upagupta (우바국다 존자, 優波毱多 尊者)
5. Venerable Dhṛtaka (제다가 존다, 提多迦 尊者)
6. Venerable Miccaka (미차가 존자, 彌遮迦 尊者)
7. Venerable Vasumitra (바수밀다 존자, 婆須蜜多 尊者)
8. Venerable Buddhanandi (불태난제 존자, 佛馱難提 尊者)
9. Venerable Buddhamitra (복태밀다 존자, 伏馱蜜多 尊者)
10. Venerable Pārśva (협 존자, 脇 尊者)
11. Venerable Puṇyayaśas (부나야사 존자, 富那夜奢 尊者)
12. Great Master Aśvaghoṣa (마명 대사, 馬鳴 大士)
13. Venerable Kapimala (가비마라 존자, 迦毘摩羅 尊者)
14. Great Master Nāgārjuna (용수 대사, 龍樹 大士)
15. Venerable Kāṇadeva (가자제바 존자, 迦那提婆 尊者)
16. Venerable Rāhulata (라후라다 존자, 羅睺羅多 尊者)
17. Venerable Sanghānandi (승가난제 존자, 僧伽難提 尊者)

18. Venerable Gayāśata (가야사다 존자, 伽耶舍多 尊者)
19. Venerable Kumāralāta (구마라다 존자, 鳩摩羅多 尊者)
20. Venerable Śayāta (사야다 존자, 闍耶多 尊者)
21. Venerable Vasubandhu (바수반두 존자, 婆修盤頭 尊者)
22. Venerable Manorhita (마나라 존자, 摩拏羅 尊者)
23. Venerable Haklenayaśas (학륵나 존자, 鶴勒那 尊者)
24. Venerable Siṃha (사자 존자, 師子 尊者)
25. Venerable Vasiṣṭha (바사사다 존자, 婆舍斯多 尊者)
26. Venerable Punyamitra (불여밀다 존자, 不如蜜多 尊者)
27. Venerable Prajnātāra (반야다라 존자, 般若多羅 尊者)
28. Venerable Bodhidharma (보리달마 존자, 菩提達磨 尊者), the First Patriarch in this land
29. Great Master Hyega (혜가 대사, 慧可 大士)
30. Great Master Seungchan (승찬 대사, 僧璨 大士)
31. Great Master Dosin (도신 대사, 道信 大士)
32. Great Master Hongin (홍인 대사, 弘忍 大士)

(I), Hyeneung, am the thirty-third patriarch. All these patriarchs have successively transmitted the Dharma. You should continue this transmission through generations without deviation."

On the 3rd day of the 8th month in the 2nd year of the Seoncheon (선천, 先天) era (Gyechuk year, 계축년, 癸丑年, 713) [in a year that would later be renamed Gaewon in the 12th lunar month], the Great Master, after finishing a meal offering at Gukeun Monastery (국은사, 國恩寺), said to his disciples, "Each of you take your seat. I shall now take leave of you."

Beophae (법해, 法海) addressed him, "Venerable Master, what Dharma teaching will you leave behind so that deluded beings of later generations may see their Buddha-nature?"

The Seon Master said, "All of you, listen closely! If the deluded ones of future generations come to know the sentient beings, then that is precisely the Buddha-nature. If they do not know the sentient beings, they may seek the Buddha over ten thousand kalpas and still find it difficult to meet him. I now teach you: know the sentient beings in your own mind, and see the Buddha-nature within your own mind. If you wish to see the Buddha, just recognize the sentient beings. It is only sentient beings that delude the Buddha; the Buddha does not delude sentient beings. If your self-nature awakens, sentient beings are themselves Buddhas. If your self-nature is deluded, then even the Buddha becomes a sentient being. If your self-nature is equal and impartial, then sentient beings are Buddhas. But if your self-nature is deceitful and unstable, even the Buddha becomes a sentient being. If your mind is unstable and crooked, the Buddha is trapped among sentient beings. But if in one thought your mind becomes upright and balanced, then sentient beings become Buddhas. Within my own mind, there has always been the Buddha - one's own Buddha is the true Buddha. If you do not have the mind of a Buddha within yourself, where would you seek the true Buddha? Your mind is the Buddha - do not doubt this again. Outside, not a single thing can be established; all the myriad dharmas arise from your original mind. Thus, the sutra says, 'When the mind arises, all dharmas arise; when the mind ceases, all dharmas cease.' I now leave behind a verse to take leave of you all. It is named 'The Verse of the True Buddha of Self-Nature'. If those of later generations understand the meaning of this verse, they will see their original mind and will themselves accomplish the Buddha Way." Then he spoke the verse :

> The true suchness of self-nature is the true Buddha,
> Wrong views and the three poisons (greed, anger, delusion) are the demon king.
> When the mind is chaotic, the demon resides in the body;
> With right view, the Buddha dwells in the mind.
> When wrong views and the three poisons arise within the self-nature,
> The demon king abides within the body.
> With right view that extinguishes the three poisons,
> The demon transforms into the Buddha - there is

no truth or falsehood apart from this.

The Dharma body, the Reward body, and the Transformation body,

These three bodies are originally one.

If you can perceive this within your own self-nature,

That is the seed of bodhi through which one becomes a Buddha.

From the original Transformation body, a pure nature arises,

And that pure nature always resides within the Transformation body.

If this nature guides the Transformation body along the right path,

Then in the future it will be complete, true, and without end.

Even the nature of lust is originally the root of pure nature;

If lust is severed, then that is the pure body.

If within the self-nature each person abandons the five desires,

Then the very moment one sees the self-nature is true.

In this life, if you encounter the gateway of sudden teaching,

And suddenly awaken to your self-nature, you see the World-Honored One.

If you wish to cultivate and become a Buddha,
How could you know where to seek the true?
If you behold the truth from within your own mind,
That truth is the very cause of Buddhahood.
If you cannot see the self-nature and seek the Buddha outside,
All who give rise to such a mind are greatly deluded people.
This Dharma gate of sudden teaching is now entrusted,
If you wish to save the world, you must cultivate it yourself.
I say to those who will seek the Way in the future :
Those who do not believe this view are truly foolish and idle people.

After the Seon Master finished reciting the verse, he said, "Remain well. After I enter nirvana, if any of you grieve with worldly sentiments, shed tears, receive condolences, or wear mourning clothes, you are not my disciples, nor is that the correct Dharma. You must simply know your own original mind and see your own true nature. It neither moves nor rests, is neither born nor extinguished, neither comes nor goes, is neither right nor wrong, neither abides nor departs. I worry that your minds may be confused and unable to understand my intention. Therefore, I again exhort you, so that you may see your nature. If, after my nirvana, you practice according to this teaching, it will be as though I am still alive. But if you go against my teaching, even if I were still in this world, it would bring you no benefit." Then he spoke another verse :

> Upright and lofty, yet cultivating no good,
> Free and unrestrained, committing no evil,
> Silent and still, cutting off even seeing and hearing,
> Empty and unattached is the mind.

After finishing this verse, the Seon Master remained seated in upright posture. At the third watch of the night (between 11 p.m. and 1 a.m.), he suddenly said to his disciples, "I am departing now!" At once, he entered nirvana. At that moment, a strange fragrance filled the entire room, and a white rainbow touched the earth. The trees in the forest turned white, and the birds and beasts cried mournfully. In the 11th month, officials from the three districts of Guangju (광주, 廣州), Soju (소주, 韶州), and Sinju (신주, 新州), along with the Seon Master's disciples and lay followers, all vied to enshrine his true body but could not reach a decision. So they lit incense and prayed: "Wherever the incense smoke points, that shall be the place where the Master rests." Then the smoke extended straight toward Jogye. On the 13th day of the 11th month, they returned with the sacred shrine, the transmitted kāṣāya, and alms bowl. In the seventh month of the following year, they brought the shrine out. The disciple Bangbyeon used fragrant clay to protect the Master's true body. Remembering that the Seon Master had instructed during his life to protect the head, the disciples reinforced the neck area using iron leaves and lacquered cloth, then enshrined him in a stupa. Suddenly, a white light appeared within the stupa and shot up to the sky, disappearing after three days. This event was reported to the court from Soju, and by imperial decree, a stele was erected to record the Seon Master's virtuous conduct. The Seon Master lived 76 years, received the kāṣāya at the age of 24, shaved his head and became a monk at 39, preached the Dharma to benefit sentient beings for 37 years, and had 43 Dharma heirs. The number of those who awakened to the Way and transcended the ordinary is beyond counting. The robe of faith (the Western cloth of pliant texture) transmitted by Bodhidharma, the robe of patched silk and precious alms bowl bestowed by Emperor Jungjong (중종, 中宗), along with the true-body image and personal relics created by Bangbyeon (방변, 方辯) - were all permanently enshrined at the Borim Monastery (보림도량, 寶林道場). The Platform Sutra was thus left and transmitted, revealing the essential teachings, promoting the Three Jewels, and widely benefiting sentient beings.

The End of the Platform Sutra
of the Dharma Treasure of the Sixth Patriarch

Appendix

- Supplemental Record of the Origins of the Great Master Hyeneung

- Records of Reverence and Veneration by Successive Dynasties

- Stele Inscription Confering the Posthumous Title "Great Mirror Seon Master"

- Stele of Seon Master Daegam

- Inscription on the Robe of the Buddha (with Supplementary Remarks)

- Postscript

Supplemental Record of the Origins of the Great Master Hyeneung

Compiled by his disciples, including Dharma-heir Beophae

The name of the Great Master was Hyeneung. His father bore the surname 'No' (노, 盧) and his given name was Haengdo (행도, 行瑫). In the third year of the Mudeok (무덕, 武德) era of the Dang dynasty (620), in the ninth lunar month, he was demoted and assigned as an official in Sinju (신주, 新州). His mother, of the Lee clan, had a dream in which many white flowers bloomed together in the courtyard, two white cranes flew in the sky, and a fragrant energy filled the entire room. Upon awakening, she found herself pregnant. From that point on, she maintained a pure heart and observed religious precepts. After carrying the pregnancy for six years, she gave birth to the Great Master, Hyeneung. This occurred in the twelfth year of the Jeongguan (정관, 貞觀) era (638), on the eighth day of the second lunar month, during the hour of the Rat (11 pm - 1 am). At that time, a fine and radiant light shot up into the sky, and the room was filled with a pervasive fragrance. At daybreak, two monks arrived to pay their respects and said to the Master's father : "Last night, a child was born, and we have come specially to give him a name. Let it be 'Hye (혜, 惠)' on top and 'Neung (능, 能)' below."

The father asked, "Why name him 'Hyeneung'?"

One of the monks replied, "'Hye' means to bestow grace upon sentient beings through the Dharma; 'Neung' means to be capable of carrying out the work of the Buddha."

After saying this, they walked out the door, and it was never known where they went thereafter. The Great Master did not drink his mother's milk, but each night received sweet dew from divine beings. When he was three years old, his father passed away and was buried near their home. His mother remained chaste and devoted herself to raising him. When he grew older, he supported her by chopping and selling firewood. At the age of twenty-four, he heard the scriptures being recited and awakened to understanding. He then went to Mount Hwangmae to pay respects to the Fifth Patriarch. The Fifth Patriarch recognized the depth of his spiritual capacity, transmitted to him the robe and the Dharma, and appointed him as his successor in the patriarchal lineage. This took place in the first year of the yongsak (용삭, 龍朔) era of the Tang dynasty (661), in the year of the Metal Rooster (신유년, 辛酉年).

He returned to the south and lived in seclusion. On the 8th day of the 1st lunar month in the 1st year of the Uibong (의봉, 儀鳳) era of the Dang dynasty (676, year of Byeongja, 병자, 丙子), he met the Dharma Master Injong, with whom he discussed and inquired into the profound truth. Injong realized the Master's intent and was in full accord with him. On the 15th day of that same month, a gathering of the Fourfold Assembly - monks, nuns, laymen, and laywomen - held a tonsure ceremony for the Master. On the 8th day of the 2nd lunar month, several eminent monks assembled and bestowed upon him the full monastic precepts. Vinaya Master Jigwang (지광智光 율사) from the Western Capital acted as the Preceptor (수계사, 授戒師), Vinaya Master Hyejeong (혜정慧靜 율사) of Soju officiated as the Karmadāna (갈마, 羯磨), Vinaya Master Tongeung (통응通應 율사) of Hyeongju served as the Instructor (교수, 敎授), Vinaya Master Gidara (기다라耆多羅 율사) from Central India expounded the precepts (설계사, 說戒師), and Tripiṭaka Master Milta (밀타蜜多 삼장) from the Western Regions verified the authenticity of the ordination (증계사, 證戒師).

This ordination platform had originally been established during the Song dynasty by Tripiṭaka Master Gunabhadra (구나발타라 삼장, 求那跋陀羅 三藏), with an inscribed stele stating, "In the future, a flesh-bodied bodhisattva will receive the precepts here." Moreover, in the 1st year of the Cheongam (천감, 天監) era of the Yang dynasty (502), Tripiṭaka Master Jiyak (지약智藥 삼장三 藏) crossed the ocean from Western India and planted a bodhi tree beside this platform. He prophesied: "170 years from now, a flesh-bodied bodhisattva will expound the Supreme Vehicle teaching beneath this tree, liberate innumerable sentient beings, and become a Dharma Lord who transmits the true seal of the Buddha's mind." The Seon Master finally reached that very moment - he received the tonsure and the full precepts, and expounded to the monastic assembly the meaning of "direct transmission beyond words, pointing directly to the mind." Nothing differed from the ancient prophecy. [From the Imo (임오, 壬午) year of the 1st year of the Cheongam era of the Yang dynasty (502) to the Byeongja (병자, 丙子) year of the 1st year of the Uibong (의봉, 儀鳳) era of the Dang dynasty (676), exactly 175 years had passed.]

The following spring, the Seon Master bade farewell to the assembly and returned to Borim Monastery. Dharma Master Injong, along with over one thousand people - both monastics and lay followers - accompanied him to Mount Jogye to see him off. At that time, Vinaya Master Tongeung of Hyeongju, together with hundreds of students, stayed to follow the Master. When the Master arrived at Borim Monastery in jogye, he found that the monastery buildings were shabby and cramped, insufficient to accommodate the assembly. Wishing to expand the monastery, he approached a local man named Jin Aseon (진아선, 陳亞仙) and said, "This old monk wishes to request a piece of land from the donor to sit upon. Would you permit it?" Aseon asked, "How large is the seat you require?" The Master then took out his sitting mat and unfolded it. Upon seeing this, Aseon immediately replied, "So be it." When the Master spread out the sitting mat, it covered the entire area within the four boundaries of Jogye. The Four Heavenly Kings (사천왕, 四天王) appeared and sat in the four directions to protect the place. There is now a place within the monastery grounds known as "Ridge of the Heavenly Kings (천왕령, 天王嶺)", which received its name from this event.

Jin Aseon said, "I now realize the Master's Dharma power is truly great. However, my great-grandfather's tomb lies on this land. I ask only that when a stūpa is erected in the future, it be preserved. As for the rest of the land, I give it entirely, so that it may forever become Borim Monastery. But note that this land lies at the confluence of the veins of a living dragon and a white elephant. One can only flatten the heavens, but never level the earth." Accordingly, when the monastery was later constructed, everyone followed his instructions. Whenever the Seon Master wandered around the monastery grounds, he often stayed where the scenery was especially beautiful. Because of this, thirteen hermitages were built. Today, the Hwagua Hermitage (화과원, 華果院) still remains as a registered affiliate of the monastery. The land of Borim was originally chosen by Tripiṭaka Master Jiyak (지약 삼장, 智藥三藏), who had come from the Western Regions and, after passing through the South Sea, arrived at the mouth of Jogye. There he drank a mouthful of stream water and found it fragrant and sweet, which amazed him. He said to his disciples, "This water is no different from the water in India. Upstream from this stream, there must be an excellent site suitable for building a hermitage." He followed the water upstream and surveyed the surroundings, finding the mountains and streams encircling each other, with strange and beautiful peaks. He exclaimed, "This is exactly like Mount Borim in India!" He then spoke to the villagers of Johu Village, saying, "If a Buddhist monastery is built on this mountain, then 170 years from now, the Supreme Dharma Treasure will be propagated here, and those who attain the Way will become as numerous as a forest. This place should be named 'Borim.'" At that time, Hu geongjung (후경중, 侯敬中), the magistrate of Soju, submitted a memorial to the emperor reporting these words. The emperor approved it and bestowed the inscribed plaque with the name "Borim." The monastery was eventually completed in the

3rd year of the Cheongam era of the Yang dynasty (504).

In front of the monastery halls, there was a pond where a dragon frequently appeared, shaking the trees as it moved. One day, the dragon appeared in an enormous form. Great waves surged, and clouds and mist darkened the sky, frightening the assembly. The Seon Master scolded the dragon, saying, "You only know how to show your great form, but are you unable to reveal a small form? If you are truly a divine dragon, you should be able to enlarge or shrink yourself at will." The dragon then vanished, but shortly afterward, leapt up in a small form above the pond. The Master spread out his alms bowl and challenged the dragon, saying, "You won't even dare enter this old monk's alms bowl." The dragon drifted upon the water and came near the bowl. The Master scooped it up with the bowl, and the dragon could no longer move. The Master then carried the bowl into the Dharma Hall and delivered a Dharma talk to the dragon. The dragon soon shed its skin and left behind only bones. The skeleton measured about seven chon (approximately 21cm), and its head, tail, horns, and limbs were all intact. It has been preserved at the monastery ever since. After that, the Master filled the pond with earth and stones. The place where the iron stupa now stands, on the left in front of the monastery, is exactly where the pond once was.

The stone that the Master wore at his waist is inscribed with eight characters: "Record of the Layman in the first year of Yongsak (661)." This stone is still preserved today at Dongseon Temple (동선사, 東禪寺) in Hwangmae. Additionally, in <the Record of the Patriarch>, written by Wangyu (왕유, 王維) of the Dang dynasty - who held the official position of Right Assistant Minister - for Master Sinhoe, it is stated, "The Seon Master spent sixteen years among ordinary practitioners, remaining unnoticed, until he encountered Dharma Master Injong preaching the sutras, which became the condition for his tonsure." In the Epitaph for the Posthumous Title of the Patriarch, composed by Governor Ryu Jongwon (류종원, 柳宗元), it says, "After receiving the Dharma tokens - the robe and bowl - the Seon Master hid himself in the South Sea for sixteen years. When the time was ripe, he took residence in Jogye and became a teacher of the people." In the Record of the Fifth Patriarch written by Chancellor Sangyeong (상영, 商英), it is written; "The Fifth Patriarch, Master Hongin, taught at Dongseon Hermitage in Hwangmae County, which was convenient for him to care for his mother. In the first year of Yongsak (661), he transmitted the robe and Dharma to the Sixth Patriarch, then disbanded his disciples and entered the Eastern Mountain, where he built a hermitage. At that time, a local named Bingmu (빙무, 憑茂) donated the mountain, establishing it as the Master's sanctuary." From this, we can infer with certainty that the Master received the robe and Dharma from the Fifth Patriarch at Huangmae in the Sinyu year of the first year of Yongsak (661). Only after sixteen years had passed - until the Byeongja year of the first year of Uibong (676) - did the Master finally arrive at Beopseong Monastery (법성사, 法性寺) and formally renounce the household life. In some other versions, it is said that the Master arrived at Hwangmae during the Hamhyeong (함형, 咸亨) period (670-674), but such claims are likely not historically accurate.

Records of Reverence and Veneration by Successive Dynasties

- Emperor Heonjong (헌종, 憲宗) of the Dang dynasty conferred upon the Master the posthumous title "Great Mirror Seon Master (대감선사, 大鑒禪師)."

- Emperor Taejong (태종, 太宗) of the Song dynasty added to the title, bestowing "Great Mirror True Emptiness Seon Master (대감진공선사, 大鑒眞空禪師)", and issued an imperial edict to reconstruct the Master's stupa, naming it "Stupa of the Great Peace and Flourishing State (태평흥국지탑, 太平興國之塔)"

- In the 10th year of the Cheonseong reign (1032) of Emperor Injong (인종, 仁宗) of the Song dynasty, the Emperor had the Master's true body (mummified body) and his robe and bowl enshrined and offered reverence in the imperial palace, and further conferred the title "Great Mirror True Emptiness Universal Enlightenment Seon Master (대감진공보각선사, 大鑒眞空普覺禪師)."

- Emperor Sinjong (신종, 神宗) of the Song dynasty added to the title, naming the Master "Great Mirror True Emptiness Universal Enlightenment Perfect Radiance Seon

Master (대감진공보각원명선사, 大鑒眞空普覺圓明禪師)." Further details can be found in the stele inscription by An Wonheon Gong (안 원헌공, 晏 元獻公).

Stele Inscription Confering the Posthumous Title "Great Mirror Seon Master"

Composed by Ryu jongwon (류종원, 柳宗元)

When Lord of Bupung (부풍, 扶風), Yeonyeom (연염, 廉炎), had governed Yeongnam (영남, 嶺南) for three years, he realized that the Sixth Patriarch of the Buddhist tradition, Great Master Hyeneung, had not yet been granted a posthumous title. He submitted a memorial to the court to report this matter. The emperor issued an edict conferring the posthumous title "Great Mirror Seon Master", and named the stupa "Stupa of Miraculous Illumination." On the 13th day of the 10th month in the 10th year of the Wonhwa (원화, 元和) era (815), the Bureau of Sacrifices under the Department of State Affairs sent an official document to the capital administrative office. Thereupon, the Lord ordered clerks from the ministry and the county-level functionaries to formally notify the ancestral shrine - that is, the shrine of Master Hyeneung where offerings were made. At that time, banners and canopies, bells and drums filled the mountain and covered the valleys, and tens of thousands of people gathered, as if they were hearing the voice of a spirit. Over a thousand students of the Dharma who were present rejoiced, leapt up, and were stirred with zeal, as if the Master had come back to life. At the same time, they were moved to tears, overwhelmed with grief and longing, as though their teacher had just passed away. Thereupon, it was said :

Ever since living beings have come into existence, they have delighted in conflict and conquest, harming and killing one another. In this way, they have lost their true nature, gone astray, and indulged themselves, making return to the origin impossible. Although Confucius (공자, 孔子) did not attain high office, the words he left behind after his death continued to spread in the world. Yet, as the teachings of Yangju (양주, 楊朱), Mukja (묵자, 墨子), and the Hwangno (황노, 黃老) school further mixed in, the doctrines became fragmented. Then the teachings of our Buddha appeared afterward, guiding people to 'discern and depart in order to return to the source.' This aligns with what is called the 'innate tranquility. When Emperor Mu of the Yang dynasty (양무제, 梁 武帝) favored acts of merit rooted in conditioned action, Master Bodhidharma criticized this, thereby further revealing the teaching of emptiness. The Dharma was transmitted six times, reaching Great Mirror, referring to Hyeneung. In the beginning, Great Mirror endured hardships while working under the Fifth Patriarch, and upon hearing his teachings once, he fully comprehended their profound meaning. The master was moved and ultimately received the robe and bowl as symbols of Dharma transmission. Subsequently, he went into seclusion in the southern region for 16 years, remaining unknown to others. When the time was ripe, he settled in Jogye and became a teacher to many. Thousands of students gathered around him. His teaching emphasized "non-action as its substance," "emptiness as truth," and culminated in being "vast yet not indulgent." In instructing others, he began and ended with the inherent goodness of human nature, requiring no forced cultivation like weeding or pulling grass. His foundation lay in realizing the original tranquility. Emperor Jungjong (중종, 中宗) heard of his reputation and repeatedly sent favored officials to invite him, but they could not bring him to court. Instead, they adopted his teachings as principles of the heart. His teachings have been fully preserved and now spread throughout the realm, with all Seon teachings tracing their roots back to Jogye. Although 106 years have passed since Great Mirror's passing, many who governed Yeongnam region and gained fame were unable to bestow upon him a fitting title. Only now has the emperor been informed, granting him a grand posthumous title. To widely support our path, how could there be no written record? Lord Yeon Yeom (연염, 廉炎), upon first entering the court, governed Geonju (건주, 虔州) as a Confucian scholar with the important responsibility of overseeing the region twice. He became the protector-general of Annam (안남, 安南), commanding from across the sea to the great barbarians, extending to the west of Sindok (신독身毒, India), sending ships to follow his orders. All benefited from his grace. The court bestowed upon him banners, ceremonial canopies, tokens of authority, and halberds. Upon his appointment to Namhae (남해, 南海), the subordinate states were as numerous as forests. Yet, he neither killed nor showed anger. The people feared him without dread, truly embodying benevolence and illuminating it. No one else but he could so clearly reveal Great Mirror's teachings, and his disciples revered him as an elder. Therefore, the stele was re-erected beneath the hall, allowing people to come and pay their respects through the memorial inscription. The memorial is as follows :

Bodhidharma diligently transmitted the Mind-Dharma of the Buddha, which was passed down through six generations and reached Great Mirror (referring to Hyeneung). Through arduous and silent practice, he ultimately attained profound truth, carrying the symbols of Dharma transmission and retreating into the shade of the South Sea, living in seclusion. His Way spread in Jogye, where multitudes gathered, yet none could shake the height of his attainment. It was widely transmitted and became known to all, filled with praise for the Way, because the goodness of inherent nature is endowed in all things. As people flow in desolation and rush about in haste, moving toward ten thousand directions, their thoughts grow increasingly chaotic, and their awakening ever more mistaken - does it not follow thus? Through the master's inner illumination, all returned to their original purity; Without planting roots (no cultivation), without weeding sprouts (no defilement) - it is already accomplished. Becoming one inwardly and harmonizing outwardly, clarity and purity shone forth. Emperor Jungjong (중종, 中宗) summoned him to court, yet he secretly supported the kingly Way, enabling the people to live freely. Though 106 years had passed without a posthumous title, now Lord of Bupung memorialized the emperor, and the Ministry of State Affairs illuminated once more the great deeds of the departed. Thus, a radiant memorial was erected in the southern lands. His Dharma rose again, and hundreds of thousands of disciples shared in mourning and joy. Everywhere the Seon master's transforming teachings had reached, and every place governed by Lord Bupung, honored the emperor. The emperor bestowed a beautiful title, praising the Lord's virtue and excellence. It spread even to the barbarians across the seas, and the followers of the Buddha looked up to this in reverence. The Seon master transmitted the teachings through benevolence, and the Lord ruled with benevolence. To pay homage through this memorial inscription is to firmly preserve that intent. May the heirs of this teaching never cease to continue it through all time.

Stele of Seon Master Daegam
(together with the "Inscription for the Buddha Robe", both written by Yu useok)

In the tenth year of the Wonhwa (원화, 元和) era, on a certain month and day (815), by imperial edict, the Sixth Patriarch of Jogye, the Venerable Master Neung (Great Master Hyeneung), was posthumously honored, and the posthumous title "Daegam" (Great Mirror, 대감, 大鑑) was bestowed upon him. This truly followed a petition by Machong (마총, 馬總), the Prefect of Gwangju (광주, 廣州), and the court approved his request. The purpose was to honor the Way, elevate the name, jointly seek goodness, and not discriminate among different teachings. This single-character title, "Daegam", as a form of commendation, moved both the Chinese and the non-Chinese peoples, for it was only right that he was granted his due place. Lord Ma treated this matter with reverence and care. At the outset, wishing to pass it on to future generations, he finally consulted a master of literary expression. Now Ryujongwon (류종원, 柳宗元), from Hadong (하동, 河東), serving as the governor of Ryuju (유주, 柳州), composed the first stele inscription. Three years later, the monk Dolim (도림, 道琳) came with his disciples from Jogye and said, "We wish to erect a second stele; this is the will of the students." Five hundred years after the Buddha's parinirvāṇa, the monks Madeung (마등, 摩騰) and Chukbeoplan (축법란, 竺法蘭) came bringing the scriptures to China. It was only then that people first heard the teachings - it was like seeing a faint glimmer of dawn in the depths of darkness. Another five hundred years later, Bodhidharma brought the Dharma to China. Only then did people begin to transmit 'the mind'. This was like seeing the bright sun after the darkness had lifted in the morning. From Bodhidharma, the Dharma was transmitted through six generations until it reached Seon Master Daegam (Hyeneung); Like stringing beads, there is sequence but no difference. What the world calls the "True School" refers to what is known as the "Sudden Gate", the teaching of sudden enlightenment. When Bodhidharma first brought the Buddha robe to China, he obtained the Way and used it in transmission - the robe was taken as the true certification. Yet, by the time the robe reached Seon Master Daegam (Hyeneung), he discarded it and did not pass it on. Could it be that he regarded it as a "basket and snare" (things to be discarded after use)? Or did he see it as a "straw dog" (a ritual object to be discarded after its function)? Or perhaps he thought that since no one could compare with him, it would be better not to transmit it at all? I do not know. From what I have investigated : Master

Daegam was born in Sinju (신주, 新州). At the age of 30, he left the household life, and for 47 years he spread the Dharma, then entered nirvāṇa. It was 106 years after his passing that the posthumous title "Daegam" was conferred. At the beginning, at Dongsan in Giju (기주, 蘄州), he received a prophecy from the Fifth Patriarch, Master Hongin (홍인, 弘忍), and then returned. Emperor Jungjong (중종, 中宗) twice sent high-ranking eunuchs to summon him, but he did not accept the imperial edict. He only offered Dharma talk to the emperor, and the emperor reverently followed his instructions. The inscription of the stele is as follows :

The birth of supreme One (Hyeneung) was of no extraordinary kind, yet though he appeared in human form, his wisdom surpassed all. Born in the uncivilized southern region, he displayed uncommon talent - Heaven was his father, Earth his mother, and he alone resembled the Original Vital Force (원기, 元氣). With a single word, he awakened instantly, without ever treading the first stage. The Five Patriarchs transmitted the precious Dharma implement in unbroken succession. He sat peacefully at Jogye, and the world called it the Southern School. Students gathered there as naturally and continuously as water flows eastward. Drinking his wondrous medicine, the mute spoke and the deaf heard. He declined the emperor's summons and was praised as a "Dharma Hero." As the days since the Buddha's departure grew long, countless words piled up in layers upon layers. Some clung to Emptiness (공, 空), others became bound to Being (유, 有), each attached to their own view. But the Seon Master established the True Snare (the authentic teaching) and revealed it in the South. It was a teaching in which non-cultivation itself was cultivation, and non-attainment itself was attainment. He enabled learners to return to their innate heavenly knowing, like those lost in darkness turning to the North Star for guidance. This Way is attained naturally, and ultimately, it cannot be transmitted. If passed on by word or hand, it becomes obstructed by "being." The Buddha robe was left behind in an empty room - whoever gains it shall be one to whom Heaven grants it.

Inscription on the Robe of the Buddha (with Supplementary Remarks)

Having already composed the second stele inscription at Jogye for Master Dolim (도림, 道琳), I found it necessary to clarify the meaning behind the Sixth Patriarch's act of setting down the robe of the Dharma and ceasing its transmission. Therefore, I composed the Inscription on the Robe of the Buddha, the content of which is as follows :

The Buddha's words are not practiced, yet people contend over the Buddha's robe. To neglect what is near and value what is distant - this is the common sentiment throughout the ages. Confucius, while alive, did not possess even a span of land; yet after his passing (when offerings were made to him even in dreams) his traces endured for a thousand years. Since words could not resolve all things, transmission was made through an object - like one bearing a tally, he passed through the barrier. The people do not know their officials, yet they fear even the sight of their carriages; Worldly folk do not understand the Buddha, yet when they obtain the robe, they revere it. Though a faded robe does not contain the Way, it leads people to believe in the Way -

thus it becomes a treasure. The Sixth Patriarch had not yet revealed himself, and his emergence was faint; and he soon returned to the land of the barbarians - so the worldly who claimed enlightenment were utterly deluded. Without a trustworthy token, where could sentient beings turn for refuge? This was the opening of a provisional gateway, not merely the passing on of a robe. If there is a beginning, there must be an end - So how could the transmission continue endlessly? All things must inevitably perish - So how can one rely on a robe forever? If one understands the true intent behind its cessation, its function becomes inexhaustible. Our Way does not decay - Why then should the robe remain? Its usefulness is already spent - Is it not, then, like a straw dog?

After the Seon Master entered the stupa, on the 3rd day of the 8th month in the 10th year of the Gaewon (개원, 開元) era, in the year of Imsul (임술, 壬戌) (722), a sudden sound like dragging chains was heard from inside the stupa during the night. All the monks were startled and rose to look, and they saw a man of filial piety run out from within the stupa. They soon discovered a wound on the Master's neck and reported the matter to the authorities of the prefecture and county. The County Magistrate Yanggan (양간, 楊侃) and the Prefect Ryumucheom (유무첨, 柳無忝), upon receiving the official report, urgently issued an order to arrest the culprit. Five days later, the thief was captured in Seokgak Village and sent to Soju for interrogation. He said, "My surname is Jang (장, 張), and my given name is Jeongman (정만, 淨滿). I am from Yang County in Yeoju (여주, 汝州). At Gaewon Monastery (개원사, 開元寺) in Hongju (홍주, 洪州), I received 20,000 nyang of silver from a Silla (present-day Korea) monk named Kimdaebi (김대비, 金大悲), who instructed me to take the head of the Great Master of the Sixth Patriarch and return to Haedong (해동, 海東, Silla) to enshrine and venerate it." The Prefect Ryu (异, 柳), upon hearing this, did not immediately carry out punishment. Instead, he personally went to Jogye and asked the Master's disciple, the monk Yeongdo (영도, 令韜), "How should this matter be handled?" Monk Yeongdo replied, "If judged by the laws of the state, he certainly deserves punishment. However, the compassion of the Buddha's teaching regards enemies and parents as equal. Moreover, his intention was to make an offering with reverence, so it would be acceptable to pardon him." Prefect Ryu sighed deeply and said, "Only now do I truly understand the vastness of the Buddha's gate!" And with that, he pardoned the man.

In the first year of the Sangwon (상원, 上元) era (760), Emperor Sukjong (숙종, 肅宗) sent an envoy requesting that the Seon Master's robe and alms bowl be brought into the palace for reverent offering. Later, on the 5th day of the 5th month in the first year of the Yeongtae (영태, 永泰) era (765), Emperor Daejong (대종, 代宗), son of Sukjong, had a dream in which the Great Master of the Sixth Patriarch appeared to request the return of the robe and alms bowl. On the 7th day, a decree was issued to the Prefect Yangham, stating: "I have dreamed that Master Hyeneung requested that the Dharma-transmitting robe be returned to Jogye. Now, I send Great General Who Guards the Nation, Ryusunggyeong (유숭경, 劉崇景), to solemnly escort and return these items. I regard them as national treasures. You shall see to it that they are properly enshrined at the head temple according to the Dharma regulations. Assign especially those monks who have directly inherited the Dharma lineage to guard them with utmost vigilance, so that they are neither lost nor mishandled." Later, there were instances where thieves attempted to steal the robe and bowl, but all were apprehended shortly thereafter. Such incidents occurred four times. Emperor Heonjong (헌종, 憲宗) later bestowed the posthumous title "Great Mirror Seon Master (대감선사, 大鑒禪師)" upon him and named his stupa "Wonhwa era, Numinous Radiance (원화영조, 元和靈照)." Further records of these events can be found in the stele inscriptions authored by high Dang officials such as Wangyu (왕유, 王維), Ryujongwon (류종원, 柳宗元), and Yuuseok (유우석, 劉禹錫), among others.

>Recorded by the monk Yeongdo,
>guardian of the stupa.

Postscript

The Sixth Patriarch always preached the Dharma based on the supreme principle of the Great Vehicle's Perfect and Sudden Enlightenment. Thus, this was referred to as a "Sutra." His words were intimate yet far-reaching in meaning; his speech was simple, yet the principle was clear, so that all who memorized them gained something according to their understanding. The monk Myeonggyo Gyesung (명교 계숭, 明敎 契嵩) often praised him, saying, 'Those with sharp heavenly faculties grasp the deep meaning, while those with dull faculties grasp the shallow meaning.' Truly, these words are correct. When I first entered the path, I was moved by this. Later, I saw three different editions (of the text), each with its own strengths and weaknesses. The printing blocks had also become worn, so I collated multiple versions, corrected errors, supplemented omissions, and added the dialogues of disciples' questions and answers to help scholars fully comprehend the essence of Jogye. The Surveillance Commissioner Ungong Jongyong (운공 종룡, 雲公 從龍), who was deeply versed in this path, once visited my mountain retreat. Upon seeing my compilation, he declared that he had obtained the 'Great Perfection' of the <Platform Sutra>. Delighted, he commissioned craftsmen to carve new printing blocks to circulate it widely, ensuring that the lineage of Jogye would not be cut off."

Someone once said, "Bodhidharma did not establish written words, but directly pointed to the human mind, enabling one to see one's nature and become a Buddha. The Patriarch No (노, 盧) was the sixth in the true transmission of the Dharma - so why would he have any need for written words?"

I replied, "This Sutra is not merely writing. It is the pointing of Bodhidharma's single transmission and direct indication. Great Seon masters such as Namak (남악, 南嶽) and Cheongwon (청원, 靑原) also once clarified their minds through this pointing. Likewise, it was through this very pointing that they brought insight to their disciples - Master Majo (마조, 馬祖), Master Seokdu (석두, 石頭), and others. Now that the Seon School (선종, 禪宗) has spread across the world, it all originates from this pointing. So how could there not still be people who, by means of this pointing, realize their minds and see their true nature?"

The one who had asked bowed twice and gratefully said, "I am dull-witted. I humbly request that you record these words at the end of the Sutra so they may be passed on to later students."

In the summer of the Sinmyo (신묘, 辛卯) year

of the Jiwon (지원, 至元) era (1291),
The monk Jongbo (종보, 宗寶) of Namhae (남해, 南海)
wrote this postscript.

Appendix (End)

六祖大師法寶壇經

일러두기 (Note to the Reader)

【판본】 원나라 종보본
【경문 정보】 대정장 제48책 No. 2008 『육조대사법보단경』
【판본 기록】 CBETA 전자 불전 2016.06.
【편집 설명】 본 데이터베이스는 대만전자불전협회(CBETA)에서 『대정장』을 바탕으로 편집한 것입니다.

【版本】 元朝 宗寶本
【經文資訊】 大正藏第 48 冊 No. 2008 六祖大師法寶壇經
【版本記錄】 CBETA 電子佛典 2016.06.
【編輯說明】 本資料庫由中華電子佛典協會（CBETA）依大正藏所編輯

[Edition] Yuan Dynasty Zongbao Edition
[Scripture Information] Taishō Tripiṭaka, Volume 48, No. 2008 — The Dharma Treasure Platform Sutra of the Sixth Patriarch
[Version Record] CBETA Electronic Buddhist Text, Version 2016.06.
[Editorial Note] This database was edited by the Chinese Buddhist Electronic Text Association (CBETA) based on the Taishō Tripiṭaka.

六祖大師法寶壇經

六祖大師法寶壇經目錄

卷首

序贊（各一編）

經

行由　第一　　般若　第二　　疑問　第三　　定慧　第四
坐禪　第五　　懺悔　第六　　機緣　第七　　頓漸　第八
宣詔　第九　　付囑　第十

附錄

緣起外紀
歷朝崇奉事蹟
賜謚大鑒禪師碑
大鑒禪師碑
佛衣銘
跋

目錄終

六祖大師法寶壇經序

古筠比丘德異撰

　　妙道虛玄不可思議，忘言得旨端可悟明。故世尊分座於多子塔前，拈華於靈山會上，似火與火，以心印心。

　　西傳四七，至菩提達磨。東來此土，直指人心，見性成佛。有可大師者，首於言下悟入，末上三拜得髓，受衣紹祖開闡正宗。

　　三傳而至黃梅，會中高僧七百，惟負舂居士，一偈傳衣為六代祖，南遯十餘年，一旦以非風旛動之機，觸開印宗正眼。居士由是祝髮登壇，應跋陀羅懸記，開東山法門，韋使君命海禪者錄其語，目之曰「法寶壇經」。

　　大師始於五羊，終至曹溪，說法三十七年，霑甘露味，入聖超凡者，莫記其數，悟佛心宗，行解相應，為大知識者，名載傳燈。惟南嶽青原，執侍最久，盡得無巴鼻。故出馬祖石頭，機智圓明，玄風大震，乃有臨濟溈仰、曹洞、雲門、法眼諸公巍然而出，道德超群，門庭險峻，啟迪英靈，衲子奮志衝關，一門深入，五派同源，歷遍鑪錘，規模廣大，原其五家綱要，盡出《壇經》。

　　夫《壇經》者，言簡義豐，理明事備，具足諸佛無量法門，一一法門具足無量妙義，一一妙義發揮諸佛無量妙理。即彌勒樓閣中，即普賢毛孔中。善入者，即同善財於一念間圓滿功德，與普賢等、與諸佛等。

　　惜乎《壇經》為後人節略太多，不見六祖大全之旨。德異幼年，嘗見古本，自後遍求三十餘載，近得通上人尋到全文，遂刊于吳中休休禪庵，與諸勝士同一受用。惟願開卷，舉目直入大圓覺海，續佛祖慧命無窮，斯余志願滿矣。

至元二十七年庚寅歲中春日敘。

六祖大師法寶壇經贊

宋明教大師契嵩撰

　　贊者告也，發經而溥告也。壇經者，至人之所以宣其心也(至人謂六祖篇內同)。何心邪？佛所傳之妙心也。大哉心乎！資始變化，而清淨常若，凡然聖然幽然顯然，無所處而不自得之，聖言乎明，凡言乎昧，昧也者變也。明也者復也。變復雖殊而妙心一也。

　　始釋迦文佛，以是而傳之大龜氏，大龜氏相傳之三十三世者，傳諸大鑒(六祖諡號大鑒禪師)，大鑒傳之而益傳也。說之者抑亦多端，固有名同而實異者也，固有義多而心一者也。曰血肉心者，曰緣慮心者，曰集起心者，曰堅實心者，若心所之心益多也，是所謂名同而實異者也。曰真如心者，曰生滅心者，曰煩惱心者，曰菩提心者，諸修多羅其類此者，殆不可勝數，是所謂義多而心一者也。義有覺義、有不覺義，心有真心、有妄心，皆所以別其正心也。方《壇經》之所謂心者，亦義之覺義，心之實心也。

　　昔者聖人之將隱也，乃命乎龜氏教外以傳法之要意，其人滯迹而忘返，固欲後世者提本而正末也。故《涅槃》曰：「我有無上正法，悉已付囑摩訶迦葉矣。」天之道存乎易，地之道存乎簡，聖人之道存乎要，要也者，至妙之謂也。聖人之道以要，則為法界門之樞機，為無量義之所會，為大乘之椎輪，《法華》豈不曰：「當知是妙法諸佛之祕要」，《華嚴》豈不曰：「以少方便疾成菩提」，要乎其於聖人之道，利而大矣哉。是故《壇經》之宗，尊其心要也。

　　心乎若明若冥，若空若靈，若寂若惺，有物乎？無物乎？謂之一物，固彌於萬物；謂之萬物，固統於一物；一物猶萬物也，萬物猶一物也，此謂可思議也。及其不可思也，不可議也，天下謂之玄解，謂之神會，謂之絕待，謂之默體，謂之冥通，一皆離之遣之，遣之又遣，亦烏能至之微，其果然獨得與夫至人之相似者，孰能諒乎！推而廣之，則無往不可也；探而裁之，則無所不當也。施於證性，則所見至親；施於修心，則所詣至正；施於崇德辯惑，則真忘易顯；施於出世，則佛道速成；施於救世，則塵勞易歇。此壇經之宗，所以旁行天下而不厭，彼謂即心即佛。淺者何其不知量也，以折錐探地而淺地，以屋漏窺天而小天，豈天地之然邪？然百家者，雖苟勝之，弗如也。而至人通而貫之，合乎群經，斷可見矣。至人變而通之，非預名字不可測也，故其顯說之，有倫有義，密說之，無首無尾。天機利者得其深，天機鈍者得其淺，可擬乎？可議乎？不得已況之，則圓頓教也，最上乘也，如來之清淨禪也，菩薩藏之正宗也。論者謂之玄學，不亦詳乎？天下謂之宗門，不亦宜乎？

《壇經》曰定慧為本者，趣道之始也。定也者，靜也。慧也者，明也。明以觀之，靜以安之，安其心可以體心也，觀其道可以語道也。

一行三昧者，法界一相之謂也。謂萬善雖殊，皆正於一行者也。無相為體者，尊大戒也。「無念為宗」者，尊大定也。無住為本者，尊大慧也。夫戒定慧者，三乘之達道也。夫妙心者，戒定慧之大資也。以一妙心而統乎三法，故曰大也。無相戒者，戒其必正覺也。「四弘願」者，願度度苦也，願斷斷集也，願學學道也，願成成寂滅也。滅無所滅，故無所不斷；道無所道，故無所不度。無相懺者，懺非所懺也。三歸戒者，歸其一也。一也者，三寶之所以出也。說摩訶般若者，謂其心之至中也。般若也者，聖人之方便也。聖人之大智也，固能寂之明之，權之實之。天下以其寂，可以泯眾惡也；天下以其明，可以集眾善也；天下以其權，可以大有為也；天下以其實，可以大無為也。至矣哉般若也！聖人之道，非夫般若，不明也、不成也。天下之務，非夫般若，不宜也、不當也。至人之為以般若振，不亦遠乎！我法為上上根人說者，宜之也。輕物重用則不勝，大方小授則過也。從來默傳分付者，密說之謂也。密也者，非不言而闇證也，真而密之也。不解此法而輒謗毀，謂百劫千生斷佛種性者，防天下亡其心也。

偉乎《壇經》之作也，其本正、其迹效，其因真、其果不謬，前聖也、後聖也，如此起之、如此示之、如此復之，浩然沛乎，若大川之注也、若虛空之通也、若日月之明也，若形影之無礙也、若鴻漸之有序也。妙而得之之謂本，推而用之之謂迹，以其非始者始之之謂因，以其非成者成之之謂果。果不異乎因，謂之正果也；因不異乎果，謂之正因也。迹必顧乎本，謂之大用也；本必顧乎迹，謂之大乘也。乘也者，聖人之喻道也。用也者，聖人之起教也。夫聖人之道，莫至乎心；聖人之教，莫至乎修。調神入道，莫至乎一相止觀；軌善成德，莫至乎一行三昧。資一切戒，莫至乎無相；正一切定，莫至乎無念；通一切智，莫至乎無住。生善滅惡，莫至乎無相戒；篤道推德，莫至乎四弘願。善觀過，莫至乎無相懺；正所趣，莫至乎三歸戒。正大體、裁大用，莫至乎大般若；發大信、務大道，莫至乎大志。天下之窮理盡性，莫至乎默傳；欲心無過，莫善乎不謗。定慧為始道之基也；一行三昧，德之端也；無念之宗，解脫之謂也；無住之本，般若之謂也；無相之體，法身之謂也。無相戒，戒之最也；四弘願，願之極也；無相懺，懺之至也。三歸戒，真所歸也。摩訶智慧，聖凡之大範也。為上上根人說，直說也。默傳，傳之至也。戒謗，戒之當也。

夫妙心者，非修所成也，非證所明也；本成也，本明也。以迷明者復明，所以證也；以背成者復成，所以修也。以非修而修之，故曰正修也；以非明而明之，故曰正證也。至人暗然不見其威儀，而成德為行藹如也；至人頹然若無所持，而道顯於天下也。蓋以正修而修之也，以正證而證之也。於此乃曰，罔修罔證，罔因罔果，穿鑿叢脞競為其說，繆乎至人之意焉。噫！放戒定慧而必趨乎混茫之空，則吾未如之何也。甚乎含識溺心而浮識，識與業相乘循諸響，而未始息也。象之形之，人與物偕生，紛然乎天地之間，可勝數邪？得其形於人者，固萬萬之一耳。人而能覺，幾其鮮矣！聖人懷此，雖以多義發之，而天下猶有所不明者也；聖人救此，雖以多方治之，而天下猶有所不醒者也。賢者以智亂，不肖者以愚壅，平平之人以無記惛，及其感物而發，喜之怒之、哀之樂之，益蔽者萬端曖然。若夜行而不知所至，其承於聖人之言，則計之博之。若蒙霧而望遠，謂有也，謂無也，謂非有也，謂非無也，謂亦有也，謂亦無也，以不見而却蔽固，終身而不得其審焉。海所以在水也，魚龍死生在海而不見乎水；道所以在心也，其人終日說道，而不見乎心。悲夫心固微妙幽遠，難明難湊，其如此也矣。

聖人既隱，天下百世雖以書傳，而莫得其明驗，故《壇經》之宗舉，乃直示其心，而天下方知即正乎性命也。若排雲霧而頓見太清，若登泰山而所視廓如也。王氏以方乎世書曰：「齊一變至於魯，魯一變至於道。」斯言近之矣。

《涅槃》曰：「始從鹿野苑，終至跋提河，中間五十年，未曾說一字。」者，示法非文字也。防以文字而求其所謂也。曰：「依法不依人」者，以法真而人假也；曰：「依義不依語」者，以義實而語假也；曰：「依智而不依識」者，以智至而識妄也；曰：「依了義經不依不了義經」者，以了義經盡理也。而菩薩所謂即是宣說大涅槃者，謂自說與經同也。聖人所謂四人出世（即四依也）護持正法應當證知者，應當證知故，至人推本以正其末也。自說與經同故，至人說經如經也。依義、依了義經故,至人顯說而合義也、合經也;依法、依智故,至人密說變之、通之而不苟滯也。示法非文字故,至人之宗尚乎默傳也。聖人如春陶陶而發之也,至人如秋濯濯而成之也。聖人命之而至人效之也,至人固聖人之門之奇德殊勳者也。

夫至人者,始起於微,自謂不識世俗文字;及其成至也,方一席之說,而顯道救世,與乎大聖人之云為者,若合符契也。固其玄德上智生而知之,將自表其法而示其不識乎?歿殆四百年,法流四海而不息,帝王者、聖賢者,更三十世求其道而益敬,非至乎大聖人之所至,天且厭之久矣,烏能若此也。予固豈盡其道,幸蚊虻飲海亦預其味,敢稽首布之,以遺後學者也。

六祖大師法寶壇經

風旛報恩光孝禪寺住持嗣祖比丘宗寶編

行由 第一

時，大師至寶林。韶州韋刺史(名璩)與官僚入山請師，出於城中大梵寺講堂，為眾開緣說法。師陞座次，刺史官僚三十餘人，儒宗學士三十餘人，僧尼道俗一千餘人，同時作禮，願聞法要。

大師告眾曰：「善知識！菩提自性，本來清淨，但用此心，直了成佛。善知識！且聽惠能行由，得法事意。惠能嚴父，本貫范陽，左降流于嶺南，作新州百姓。此身不幸，父又早亡。老母孤遺，移來南海，艱辛貧乏，於市賣柴。時，有一客買柴，使令送至客店；客收去，惠能得錢，却出門外，見一客誦經。惠能一聞經語，心即開悟，遂問：『客誦何經？』客曰：『《金剛經》。』復問：『從何所來，持此經典？』客云：『我從蘄州黃梅縣東禪寺來。其寺是五祖忍大師在彼主化，門人一千有餘；我到彼中禮拜，聽受此經。大師常勸僧俗，但持《金剛經》，即自見性，直了成佛。』惠能聞說，宿昔有緣，乃蒙一客，取銀十兩與惠能，令充老母衣糧，教便往黃梅參禮五祖。

「惠能安置母畢，即便辭違。不經三十餘日，便至黃梅，禮拜五祖。祖問曰：『汝何方人？欲求何物？』」

惠能對曰：『弟子是嶺南新州百姓，遠來禮師，惟求作佛，不求餘物。』

祖言：『汝是嶺南人，又是獦獠，若為堪作佛？』惠能曰：『人雖有南北，佛性本無南北；獦獠身與和尚不同，佛性有何差別？』

五祖更欲與語，且見徒眾總在左右，乃令隨眾作務。

惠能曰：『惠能啟和尚，弟子自心，常生智慧，不離自性，即是福田。未審和尚教作何務？』

祖云：『這獦獠根性大利！汝更勿言，著槽廠去。』

惠能退至後院，有一行者，差惠能破柴踏碓。經八月餘，祖一日忽見惠能曰：『吾思汝之見可用，恐有惡人害汝，遂不與汝言。汝知之否？』

惠能曰：『弟子亦知師意，不敢行至堂前，令人不覺。』

「祖一日喚諸門人總來：『吾向汝說，世人生死事大，汝等終日只求福田，不求出離生死苦海；自性若迷，福何可救？汝等各去，自看智慧，取自本心般若之性，各作一偈，來呈吾看。若悟大意，付汝衣法，為第六代祖。火急速去，不得遲滯，思量即不中用；見性之人，言下須見。若如此者，輪刀上陣，亦得見之。』(喻利根者)

眾得處分，退而遞相謂曰：『我等眾人，不須澄心用意作偈，將呈和尚，有何所益？神秀上座，現為教授師，必是他得。我輩謾作偈頌，枉用心力。』餘人聞語，總皆息心，咸言：『我等已後依止秀師，何煩作偈？』

神秀思惟：『諸人不呈偈者，為我與他為教授師；我須作偈，將呈和尚，若不呈偈，和尚如何知我心中見解深淺？我呈偈意，求法即善，覓祖即惡，却同凡心，奪其聖位奚別？若不呈偈，終不得法。大難！大難！』

「五祖堂前，有步廊三間，擬請供奉盧珍，畫楞伽經變相，及五祖血脈圖，流傳供養。神秀作偈成已，數度欲呈，行至堂前，心中恍惚，遍身汗流，擬呈不得；前後經四日，一十三度呈偈不得。

秀乃思惟：『不如向廊下書著，從他和尚看見，忽若道好，即出禮拜，云是秀作；若道不堪，枉向山中數年，受人禮拜，更修何道？』

是夜三更，不使人知，自執燈，書偈於南廊壁間，呈心所見。偈曰：

「身是菩提樹，　　心如明鏡臺，
　時時勤拂拭，　　勿使惹塵埃。」

「秀書偈了，便却歸房，人總不知。秀復思惟：『五祖明日見偈歡喜，即我與法有緣；若言不堪，自是我迷，宿業障重，不合得法。』聖意難測，房中思想，坐臥不安，直至五更。祖已知神秀入門未得，不見自性。

「天明，祖喚盧供奉來，向南廊壁間，繪畫圖相，忽見其偈，報言：『供奉却不用畫，勞爾遠來。經云：「凡所有相，皆是虛妄。」但留此偈，與人誦持。依此偈修，免墮惡道；依此偈修，有大利益。』令門人炷香禮敬，盡誦此偈，即得見性。門人誦偈，皆歎善哉。

「祖，三更喚秀入堂，問曰：『偈是汝作否？』秀言：『實是秀作，不敢妄求祖位，望和尚慈悲，看弟子有少智慧否？』

祖曰：『汝作此偈，未見本性，只到門外，未入門內。如此見解，覓無上菩提，了不可得；無上菩提，須得言下識自本心，見自本性不生不滅；於一切時中，念念自見萬法無滯，一真一切真，萬境自如如。如如之心，即是真實。若如是見，即是無上菩提之自性也。汝且去，一兩日思惟，更作一偈，將來吾看；汝偈若入得門，付汝衣法。』

神秀作禮而出。又經數日，作偈不成，心中恍惚，神思不安，猶如夢中，行坐不樂。

「復兩日，有一童子於碓坊過，唱誦其偈；惠能一聞，便知此偈未見本性，雖未蒙教授，早識大意。遂問童子曰：『誦者何偈？』童子曰：『爾這獦獠不知，大師言：「世人生死事大，欲得傳付衣法，令門人作偈來看。若悟大意，即付衣法為第六祖。」神秀上座，於南廊壁上，書無相偈，大師令人皆誦，依此偈修，免墮惡道；依此偈修，有大利益。』

惠能曰：『(一本有我亦要誦此，結來生緣)上人！我此踏碓，八箇餘月，未曾行到堂前。望上人引至偈前禮拜。』童子引至偈前禮拜，惠能曰：『惠能不識字，請上人為讀。』時，有江州別駕，姓張名日用，便高聲讀。惠能聞已，遂言：『亦有一偈，望別駕為書。』

別駕言：『汝亦作偈？其事希有。』惠能向別駕言：『欲學無上菩提，不得輕於初學。下下人有上上智，上上人有沒意智。若輕人，即有無量無邊罪。』別駕言：『汝但誦偈，吾為汝書。汝若得法，先須度吾。勿忘此言。』惠能偈曰：

「菩提本無樹，　　明鏡亦非臺；
　本來無一物，　　何處惹塵埃？」

「書此偈已，徒眾總驚，無不嗟訝，各相謂言：『奇哉！不得以貌取人，何得多時，使他肉身菩薩。』祖見眾人驚怪，恐人損害，遂將鞋擦了偈，曰：『亦未見性。』眾以為然。

「次日，祖潛至碓坊，見能腰石舂米，語曰：『求道之人，為法忘軀，當如是乎！』乃問曰：『米熟也未？』

惠能曰：『米熟久矣，猶欠篩在。』

祖以杖擊碓三下而去。惠能即會祖意，三鼓入室；祖以袈裟遮圍，不令人見，為說《金剛經》。至『應無所住而生其心』，惠能言下大悟，一切萬法，不離自性。遂啟祖言：

『何期自性，本自清淨；何期自性，本不生滅；
　何期自性，本自具足；何期自性，本無動搖；
　何期自性，能生萬法。』

祖知悟本性，謂惠能曰：『不識本心，學法無益；若識自本心，見自本性，即名丈夫、天人師、佛。』三更受法，人盡不知，便傳頓教及衣鉢，云：『汝為第六代祖，善自護念，廣度有情，流布將來，無令斷絕。聽吾偈曰：

「『有情來下種，　　因地果還生，
　無情既無種，　　無性亦無生。』」

「祖復曰：『昔達磨大師，初來此土，人未之信，故傳此衣，以為信體，代代相承；法則以心傳心，皆令自悟自解。自古，佛佛惟傳本體，師師密付本心；衣為爭端，止汝勿傳。若傳此衣，命如懸絲。汝須速去，恐人害汝。』

惠能啟曰：『向甚處去？』

祖云：『逢懷則止，遇會則藏。』惠能三更領得衣鉢，云：『能本是南中人，素不知此山路，如何出得江口？』

五祖言：『汝不須憂，吾自送汝。』祖相送，直至九江驛。祖令上船，五祖把艣自搖。惠能言：『請和尚坐。弟子合搖艣。』祖云：『合是吾渡汝。』惠能云：『迷時師度，悟了自度；度名雖一，用處不同。惠能生在邊方，語音不正，蒙師傳法，今已得悟，只合自性自度。』

祖云：『如是，如是！以後佛法，由汝大行。汝去三年，吾方逝世。汝今好去，努力向南。不宜速說，佛法難起。』

「惠能辭違祖已，發足南行。兩月中間，至大庾嶺(五祖歸，數日不上堂。眾疑，詣問曰：『和尚少病少惱否？』曰：『病即無。衣法已南矣。』問：『誰人傳授？』曰：『能者得之。』眾乃知焉)。

逐後數百人來，欲奪衣鉢。一僧俗姓陳，名惠明，先是四品將軍，性行麤慥，極意參尋。為眾人先，趁及惠能。惠能擲下衣鉢於石上，云：『此衣表信，可力爭耶？』能隱草莽中。惠明至，提掇不動，乃喚云：『行者！行者！我為法來，不為衣來。』惠能遂出，坐盤石上。惠明作禮云：『望行者為我說法。』惠能云：『汝既為法而來，可屏息諸緣，勿生一念。吾為汝說。』明良久。

惠能云：『不思善，不思惡，正與麼時，那箇是明上座本來面目？』

惠明言下大悟。復問云：『上來密語密意外，還更有密意否？』

惠能云：『與汝說者，即非密也。汝若返照，密在汝邊。』

明曰：『惠明雖在黃梅，實未省自己面目。今蒙指示，如人飲水，冷暖自知。今行者即惠明師也。』

惠能曰：『汝若如是，吾與汝同師黃梅，善自護持。』

明又問：『惠明今後向甚處去？』

惠能曰：『逢袁則止，遇蒙則居。』

明禮辭(明回至嶺下，謂趁眾曰：『向陟崔嵬，竟無蹤跡，當別道尋之。』趁眾咸以為然。惠明後改道明，避師上字)。

「惠能後至曹溪，又被惡人尋逐。乃於四會，避難獵人隊中，凡經一十五載，時與獵人隨宜說法。獵人常令守網，每見生命，盡放之。每至飯時，以菜寄煮肉鍋。或問，則對曰：『但喫肉邊菜。』

「一日思惟：『時當弘法，不可終遯。』遂出至廣州法性寺，值印宗法師講《涅槃經》。時有風吹旛動，一僧曰：『風動。』一僧曰：『旛動。』議論不已。惠能進曰：『不是風動，不是旛動，仁者心動。』一眾駭然。印宗延至上席，徵詰奧義。見惠能言簡理當，不由文字，宗云：『行者定非常人。久聞黃梅衣法南來，莫是行者否？』惠能曰：『不敢。』宗於是作禮，告請傳來衣鉢出示大眾。宗復問曰：『黃梅付囑，如何指授？』

　　惠能曰：『指授即無；惟論見性，不論禪定解脫。』

　　宗曰：『何不論禪定解脫？』

　　能曰：『為是二法，不是佛法。佛法是不二之法。』

　　宗又問：『如何是佛法不二之法？』

　　惠能曰：『法師講《涅槃經》，明佛性，是佛法不二之法。如高貴德王菩薩白佛言：「犯四重禁、作五逆罪，及一闡提等，當斷善根佛性否？」佛言：「善根有二：一者常，二者無常，佛性非常非無常，是故不斷，名為不二。一者善，二者不善，佛性非善非不善，是名不二。蘊之與界，凡夫見二，智者了達其性無二，無二之性即是佛性。」』

　　印宗聞說，歡喜合掌，言：『某甲講經，猶如瓦礫；仁者論義，猶如真金。』於是為惠能剃髮，願事為師。惠能遂於菩提樹下，開東山法門。

　　「惠能於東山得法，辛苦受盡，命似懸絲。今日得與使君、官僚、僧尼、道俗同此一會，莫非累劫之緣，亦是過去生中供養諸佛，同種善根，方始得聞如上頓教得法之因。教是先聖所傳，不是惠能自智。願聞先聖教者，各令淨心，聞了各自除疑，如先代聖人無別。」一眾聞法，歡喜作禮而退。

般若 第二

次日，韋使君請益。師陞座，告大眾曰：「總淨心念摩訶般若波羅蜜多。」復云：「善知識！菩提般若之智，世人本自有之；只緣心迷，不能自悟，須假大善知識，示導見性。當知愚人智人，佛性本無差別，只緣迷悟不同，所以有愚有智。吾今為說摩訶般若波羅蜜法，使汝等各得智慧。志心諦聽！吾為汝說。善知識！世人終日口念般若，不識自性般若，猶如說食不飽。口但說空，萬劫不得見性，終無有益。善知識！摩訶般若波羅蜜是梵語，此言大智慧到彼岸。此須心行，不在口念。口念心不行，如幻、如化、如露、如電；口念心行，則心口相應，本性是佛，離性無別佛。何名摩訶？摩訶是大。心量廣大，猶如虛空，無有邊畔，亦無方圓大小，亦非青黃赤白，亦無上下長短，亦無瞋無喜，無是無非，無善無惡，無有頭尾。諸佛剎土，盡同虛空。世人妙性本空，無有一法可得。自性真空，亦復如是。善知識！莫聞吾說空，便即著空。第一莫著空，若空心靜坐，即著無記空。

善知識！世界虛空，能含萬物色像，日月星宿，山河大地，泉源谿澗，草木叢林，惡人善人，惡法善法，天堂地獄，一切大海，須彌諸山，總在空中。世人性空，亦復如是。善知識！自性能含萬法是大，萬法在諸人性中。若見一切人、惡之與善，盡皆不取不捨亦不染著，心如虛空，名之為大，故曰摩訶。善知識！迷人口說，智者心行。又有迷人，空心靜坐，百無所思，自稱為大。此一輩人，不可與語，為邪見故。

善知識！心量廣大，遍周法界，用即了了分明，應用便知一切。一切即一，一即一切。去來自由，心體無滯，即是般若。善知識！一切般若智，皆從自性而生，不從外入。莫錯用意，名為真性自用，一真一切真。心量大事，不行小道。口莫終日說空，心中不修此行，恰似凡人自稱國王，終不可得，非吾弟子。

「善知識！何名般若？般若者，唐言智慧也。一切處所，一切時中，念念不愚，常行智慧，即是般若行。一念愚即般若絕，一念智即般若生。世人愚迷，不見般若，口說般若，心中常愚。常自言：『我修般若。』念念說空，不識真空。般若無形相，智慧心即是。若作如是解，即名般若智。何名波羅蜜？此是西國語，唐言到彼岸，解義離生滅。著境生滅起，如水有波浪，即名為此岸；離境無生滅，如水常通流，即名為彼岸，故號波羅蜜。善知識！迷人口念，當念之時，有妄有非。念念若行，是名真性。悟此法者，是般若法；修此行者，是般若行。不修即凡；一念修行，自身等佛。善知識！凡夫即佛，煩惱即菩提。前念迷即凡夫，後念悟即佛。前念著境即煩惱，後念離境即菩提。

「善知識！摩訶般若波羅蜜，最尊最上最第一，無住無往亦無來，三世諸佛從中出。當用大智慧，打破五蘊煩惱塵勞。如此修行，定成佛道，變三毒為戒定慧。善知識！我此法門，從一般若生八萬四千智慧。何以故？為世人有八萬四千塵勞。若無塵勞，智慧常現，不離自性。悟此法者，即是無念，無憶無著，不起誑妄。用自真如性，以智慧觀照，於一切法不取不捨，即是見性成佛道。善知識！若欲入甚深法界及般若三昧者，須修般若行，持誦《金剛般若經》，即得見性。當知此經功德無量無邊，經中分明讚歎，莫能具說。

此法門是最上乘，為大智人說，為上根人說。小根小智人聞，心生不信。何以故？譬如大龍下雨於閻浮提，城邑聚落，悉皆漂流如漂棗葉。若雨大海，不增不減。若大乘人，若最上乘人，聞說《金剛經》，心開悟解。故知本性自有般若之智，自用智慧，常觀照故，不假文字。譬如雨水，不從天有，元是龍能興致，令一切眾生、一切草木、有情無情，悉皆蒙潤。百川眾流，却入大海，合為一體。眾生本性般若之智，亦復如是。善知識！小根之人，聞此頓教，猶如草木根性小者，若被大雨，悉皆自倒，不能增長。小根之人，亦復如是。元有般若之智，與大智人更無差別，因何聞法不自開悟？緣邪見障重、煩惱根深。猶如大雲覆蓋於日，不得風吹，日光不現。般若之智亦無大小，為一切眾生自心迷悟不同，迷心外見，修行覓佛；未悟自性，即是小根。若開悟頓教，不能外修，但於自心常起正見，煩惱塵勞常不能染，即是見性。善知識！內外不住，去來自由，能除執心，通達無礙。能修此行，與般若經本無差別。

「善知識！一切修多羅及諸文字，大小二乘，十二部經，皆因人置。因智慧性，方能建立。若無世人，一切萬法本自不有，故知萬法本自人興。一切經書，因人說有。緣其人中有愚有智，愚為小人，智為大人。愚者問於智人，智者與愚人說法。愚人忽然悟解心開，即與智人無別。善知識！不悟即佛是眾生，一念悟時眾生是佛，故知萬法盡在自心。何不從自心中，頓見真如本性？《菩薩戒經》云：『我本元自性清淨，若識自心見性，皆成佛道。』《淨名經》云：『即時豁然，還得本心。』善知識！我於忍和尚處，一聞言下便悟，頓見真如本性。是以將此教法流行，令學道者頓悟菩提。各自觀心，自見本性。若自不悟，須覓大善知識、解最上乘法者，直示正路。是善知識有大因緣，所謂化導令得見性。一切善法，因善知識能發起故。三世諸佛、十二部經，在人性中本自具有。不能自悟，須求善知識指示方見；若自悟者，不假外求。若一向執謂須他善知識方得解脫者，無有是處。何以故？自心內有知識自悟。若起邪迷、妄念顛倒，外善知識雖有教授，救不可得。若起正真般若觀照，一剎那間，妄念俱滅。若識自性，一悟即至佛地。善知識！智慧觀照，內外明徹，識自本心。

若識本心，即本解脫。若得解脫，即是般若三昧，即是無念。何名無念？若見一切法，心不染著，是為無念。用即遍一切處，亦不著一切處。但淨本心，使六識出六門，於六塵中無染無雜，來去自由，通用無滯，即是般若三昧、自在解脫，名無念行。若百物不思，當令念絕，即是法縛，即名邊見。善知識！悟無念法者，萬法盡通；悟無念法者，見諸佛境界；悟無念法者，至佛地位。

「善知識！後代得吾法者，將此頓教法門，於同見同行，發願受持。如事佛故，終身而不退者，定入聖位。然須傳授從上以來默傳分付，不得匿其正法。若不同見同行，在別法中，不得傳付。損彼前人，究竟無益。恐愚人不解，謗此法門，百劫千生，斷佛種性。善知識！吾有一無相頌，各須誦取，在家出家，但依此修。若不自修，惟記吾言，亦無有益。聽吾頌曰：

「說通及心通，　　如日處虛空，
　唯傳見性法，　　出世破邪宗。
　法即無頓漸，　　迷悟有遲疾，
　只此見性門，　　愚人不可悉。
　說即雖萬般，　　合理還歸一，
　煩惱闇宅中，　　常須生慧日。
　邪來煩惱至，　　正來煩惱除，
　邪正俱不用，　　清淨至無餘。
　菩提本自性，　　起心即是妄，
　淨心在妄中，　　但正無三障。
　世人若修道，　　一切盡不妨，
　常自見己過，　　與道即相當。
　色類自有道，　　各不相妨惱，

離道別覓道，　　終身不見道。
波波度一生，　　到頭還自懊，
欲得見真道，　　行正即是道。
自若無道心，　　闇行不見道，
若真修道人，　　不見世間過。
若見他人非，　　自非却是左，
他非我不非，　　我非自有過。
但自却非心，　　打除煩惱破，
憎愛不關心，　　長伸兩脚臥。
欲擬化他人，　　自須有方便，
勿令彼有疑，　　即是自性現。
佛法在世間，　　不離世間覺，
離世覓菩提，　　恰如求兔角。
正見名出世，　　邪見是世間，
邪正盡打却，　　菩提性宛然。
此頌是頓教，　　亦名大法船，
迷聞經累劫，　　悟則剎那間。」

師復曰：「今於大梵寺說此頓教，普願法界眾生，言下見性成佛。」時韋使君與官僚道俗，聞師所說，無不省悟。一時作禮，皆歎：「善哉！何期嶺南有佛出世！」

疑問 第三

　　一日，韋刺史為師設大會齋。齋訖，刺史請師陞座，同官僚士庶肅容再拜，問曰：「弟子聞和尚說法，實不可思議。今有少疑，願大慈悲，特為解說。」

　　師曰：「有疑即問，吾當為說。」

　　韋公曰：「和尚所說，可不是達磨大師宗旨乎？」

　　師曰：「是。」

　　公曰：「弟子聞：達磨初化梁武帝，帝問云：『朕一生造寺度僧、布施設齋，有何功德？』達磨言：『實無功德。』弟子未達此理，願和尚為說。」

　　師曰：「實無功德，勿疑先聖之言。武帝心邪，不知正法。造寺度僧、布施設齋，名為求福，不可將福便為功德。功德在法身中，不在修福。」師又曰：「見性是功，平等是德。念念無滯，常見本性，真實妙用，名為功德。內心謙下是功，外行於禮是德。自性建立萬法是功，心體離念是德。不離自性是功，應用無染是德。若覓功德法身，但依此作，是真功德。若修功德之人，心即不輕，常行普敬。心常輕人，吾我不斷，即自無功；自性虛妄不實，即自無德。為吾我自大，常輕一切故。善知識！念念無間是功，心行平直是德。自修性是功，自修身是德。善知識！功德須自性內見，不是布施供養之所求也。是以福德與功德別。武帝不識真理，非我祖師有過。」

　　刺史又問曰：「弟子常見僧俗念阿彌陀佛，願生西方。請和尚說，得生彼否？願為破疑。」

　　師言：「使君善聽，惠能與說。世尊在舍衛城中，說西方引化。經文分明，去此不遠。若論相說，里數有十萬八千，即身中十惡八邪，便是說遠。說遠為其下根，說近為其上智。人有兩種，法無兩般。迷悟有殊，見有遲疾。迷人念佛求生於彼，悟人自淨其心。所以佛言：『隨其心淨即佛土淨。』使君東方人，但心淨即無罪。雖西方人，心不淨亦有愆。東方人造罪，念佛求生西方。西方人造罪，念佛求生何國？凡愚不了自性，不識身中淨土，願東願西。悟人在處一般，所以佛言：『隨所住處恒安樂。』使君心地但無不善，西方去此不遙。若懷不善之心，念佛往生難到。今勸善知識，先除十惡即行十萬，後除八邪乃過八千。念念見性，常行平直，到如彈指，便覩彌陀。使君但行十善，何須更願往生？不斷十惡之心，何佛即來迎請？若悟無生頓法，見西方只在剎那。不悟念佛求生，路遙如何得達。惠能與諸人，移西方於剎那間，目前便見。各願見否？」

眾皆頂禮云：「若此處見，何須更願往生？願和尚慈悲，便現西方，普令得見。」

師言：「大眾！世人自色身是城，眼耳鼻舌是門，外有五門，內有意門。心是地，性是王。王居心地上，性在王在，性去王無。性在身心存，性去身壞。佛向性中作，莫向身外求。自性迷即是眾生，自性覺即是佛。慈悲即是觀音，喜捨名為勢至，能淨即釋迦，平直即彌陀；人我是須彌，貪欲是海水，煩惱是波浪，毒害是惡龍，虛妄是鬼神，塵勞是魚鱉。貪瞋是地獄，愚癡是畜生。善知識！常行十善，天堂便至。除人我，須彌倒；去貪欲，海水竭；煩惱無，波浪滅；毒害除，魚龍絕。自心地上覺性，如來放大光明；外照六門清淨，能破六欲諸天；自性內照，三毒即除；地獄等罪一時銷滅，內外明徹不異西方。不作此修，如何到彼？」

大眾聞說，了然見性，悉皆禮拜，俱歎善哉。唱言：「普願法界眾生，聞者一時悟解。」

師言：「善知識！若欲修行，在家亦得，不由在寺。在家能行，如東方人心善；在寺不修，如西方人心惡。但心清淨，即是自性西方。」

韋公又問：「在家如何修行？願為教授。」

師言：「吾與大眾說無相頌。但依此修，常與吾同處無別；若不依此修，剃髮出家於道何益？頌曰：

「心平何勞持戒，　行直何用修禪！
　恩則孝養父母，　義則上下相憐，
　讓則尊卑和睦，　忍則眾惡無諠。
　若能鑽木出火，　淤泥定生紅蓮。
　苦口的是良藥，　逆耳必是忠言，
　改過必生智慧，　護短心內非賢。
　日用常行饒益，　成道非由施錢，
　菩提只向心覓，　何勞向外求玄。
　聽說依此修行，　西方只在目前。」

師復曰：「善知識！總須依偈修行，見取自性，直成佛道。時不相待，眾人且散，吾歸曹溪。眾若有疑，却來相問。」

時，刺史官僚、在會善男信女，各得開悟，信受奉行。

定慧 第四

師示眾云：「善知識！我此法門，以定慧為本。大眾！勿迷，言定慧別。定慧一體，不是二。定是慧體，慧是定用。即慧之時定在慧，即定之時慧在定。若識此義，即是定慧等學。諸學道人，莫言先定發慧、先慧發定各別。作此見者，法有二相。口說善語，心中不善。空有定慧，定慧不等。若心口俱善、內外一如，定慧即等。自悟修行，不在於諍。若諍先後，即同迷人，不斷勝負，却增我法，不離四相。善知識！定慧猶如何等？猶如燈光。有燈即光，無燈即闇。燈是光之體，光是燈之用；名雖有二，體本同一。此定慧法，亦復如是。」

師示眾云：「善知識！一行三昧者，於一切處行住坐臥，常行一直心是也。《淨名》云：『直心是道場，直心是淨土。』莫心行諂曲，口但說直；口說一行三昧，不行直心。但行直心，於一切法勿有執著。迷人著法相、執一行三昧，直言：『常坐不動，妄不起心，即是一行三昧。』作此解者，即同無情，却是障道因緣。善知識！道須通流，何以却滯？心不住法，道即通流；心若住法；名為自縛。若言常坐不動是，只如舍利弗宴坐林中，却被維摩詰訶。善知識！又有人教坐，看心觀靜，不動不起，從此置功。迷人不會，便執成顛。如此者眾，如是相教，故知大錯。」

師示眾云：「善知識！本來正教，無有頓漸，人性自有利鈍。迷人漸修，悟人頓契。自識本心，自見本性，即無差別，所以立頓漸之假名。善知識！我此法門，從上以來，先立無念為宗，無相為體，無住為本。無相者，於相而離相。無念者，於念而無念。無住者，人之本性。於世間善惡好醜，乃至冤之與親，言語觸刺欺爭之時，並將為空，不思酬害，念念之中不思前境。若前念今念後念，念念相續不斷，名為繫縛。於諸法上念念不住，即無縛也。此是以無住為本。善知識！外離一切相，名為無相。能離於相，即法體清淨。此是以無相為體。善知識！於諸境上，心不染，曰無念。於自念上，常離諸境，不於境上生心。若只百物不思，念盡除却，一念絕即死，別處受生，是為大錯。學道者思之。若不識法意，自錯猶可，更誤他人；自迷不見，又謗佛經，所以立無念為宗。善知識！云何立無念為宗？只緣口說見性，迷人於境上有念，念上便起邪見，一切塵勞妄想從此而生。自性本無一法可得，若有所得，妄說禍福，即是塵勞邪見，故此法門立無念為宗。善知識！無者無何事？念者念何物？無者無二相，無諸塵勞之心。念者念真如本性。真如即是念之體，念即是真如之用。真如自性起念，非眼耳鼻舌能念。真如有性，所以起念；真如若無，眼耳色聲當時即壞。善知識！真如自性起念，六根雖有見聞覺知，不染萬境，而真性常自在。故經云：『能善分別諸法相，於第一義而不動。』」

坐禪 第五

　　師示眾云：「此門坐禪，元不著心，亦不著淨，亦不是不動。若言著心，心元是妄，知心如幻，故無所著也。若言著淨，人性本淨，由妄念故，蓋覆真如。但無妄想，性自清淨；起心著淨，却生淨妄。妄無處所，著者是妄。淨無形相，却立淨相，言是工夫。作此見者，障自本性，却被淨縛。善知識！若修不動者，但見一切人時，不見人之是非善惡過患，即是自性不動。善知識！迷人身雖不動！開口便說他人是非長短好惡，與道違背。若著心著淨，即障道也。」

　　師示眾云：「善知識！何名坐禪？此法門中，無障無礙，外於一切善惡境界，心念不起，名為坐；內見自性不動，名為禪。善知識！何名禪定？外離相為禪，內不亂為定。外若著相，內心即亂；外若離相，心即不亂。本性自淨自定，只為見境，思境即亂。若見諸境心不亂者，是真定也。善知識！外離相即禪，內不亂即定。外禪內定，是為禪定。《菩薩戒經》云：『我本元自性清淨。』善知識！於念念中，自見本性清淨，自修自行，自成佛道。」

懺悔 第六

　　時，大師見廣韶洎四方士庶，駢集山中聽法，於是陞座，告眾曰：「來，諸善知識！此事須從自事中起，於一切時，念念自淨其心。自修自行，見自己法身，見自心佛，自度自戒，始得不假到此。既從遠來，一會于此，皆共有緣。今可各各胡跪，先為傳自性五分法身香，次授無相懺悔。」

　　眾胡跪。

　　師曰：「一、戒香。即自心中無非無惡、無嫉妒、無貪瞋、無劫害，名戒香。

　　二、定香。即覩諸善惡境相，自心不亂，名定香。

　　三、慧香。自心無礙，常以智慧觀照自性，不造諸惡；雖修眾善，心不執著，敬上念下，矜恤孤貧，名慧香。

　　四、解脫香。即自心無所攀緣，不思善、不思惡，自在無礙，名解脫香。

　　五、解脫知見香。自心既無所攀緣善惡，不可沈空守寂，即須廣學多聞，識自本心，達諸佛理，和光接物，無我無人，直至菩提，真性不易，名解脫知見香。善知識！此香各自內熏，莫向外覓。

　　「今與汝等授無相懺悔，滅三世罪，令得三業清淨。善知識！各隨我語，一時道：『弟子等，從前念今念及後念，念念不被愚迷染。從前所有惡業愚迷等罪，悉皆懺悔，願一時銷滅，永不復起。弟子等，從前念今念及後念，念念不被憍誑染。從前所有惡業憍誑等罪，悉皆懺悔，願一時銷滅，永不復起。弟子等，從前念今念及後念，念念不被嫉妒染。從前所有惡業嫉妒等罪，悉皆懺悔，願一時銷滅，永不復起。』善知識！已上是為無相懺悔。云何名懺？云何名悔？懺者，懺其前愆，從前所有惡業，愚迷憍誑嫉妒等罪，悉皆盡懺，永不復起，是名為懺。悔者，悔其後過，從今以後，所有惡業，愚迷憍誑嫉妒等罪，今已覺悟，悉皆永斷，更不復作，是名為悔。故稱懺悔。凡夫愚迷，只知懺其前愆，不知悔其後過。以不悔故，前愆不滅，後過又生。前愆既不滅，後過復又生，何名懺悔？

「善知識！既懺悔已，與善知識發四弘誓願，各須用心正聽。

自心眾生無邊誓願度，
自心煩惱無邊誓願斷，
自性法門無盡誓願學，
自性無上佛道誓願成。

善知識！大家豈不道，眾生無邊誓願度。恁麼道，且不是惠能度。善知識！心中眾生，所謂邪迷心、誑妄心、不善心、嫉妒心、惡毒心，如是等心，盡是眾生。各須自性自度，是名真度。何名自性自度？即自心中邪見煩惱愚癡眾生，將正見度。既有正見，使般若智打破愚癡迷妄眾生，各各自度。邪來正度，迷來悟度，愚來智度，惡來善度；如是度者，名為真度。又煩惱無邊誓願斷，將自性般若智，除卻虛妄思想心是也。又法門無盡誓願學，須自見性，常行正法，是名真學。又無上佛道誓願成，既常能下心，行於真正，離迷離覺，常生般若。除真除妄，即見佛性，即言下佛道成。常念修行，是願力法。

「善知識！今發四弘願了，更與善知識授無相三歸依戒。善知識！歸依覺，兩足尊。歸依正，離欲尊。歸依淨，眾中尊。從今日去，稱覺為師，更不歸依邪魔外道，以自性三寶常自證明，勸善知識歸依自性三寶。佛者，覺也。法者，正也。僧者，淨也。自心歸依覺，邪迷不生，少欲知足，能離財色，名兩足尊。自心歸依正，念念無邪見，以無邪見故，即無人我貢高，貪愛執著，名離欲尊。自心歸依淨，一切塵勞愛欲境界，自性皆不染著，名眾中尊。若修此行，是自歸依。

凡夫不會，從日至夜受三歸戒。若言歸依佛，佛在何處？若不見佛，憑何所歸，言却成妄。

善知識！各自觀察，莫錯用心。經文分明言自歸依佛，不言歸依他佛。自佛不歸，無所依處。今既自悟，各須歸依自心三寶，內調心性，外敬他人，是自歸依也。

「善知識！既歸依自三寶竟，各各志心，吾與說一體三身自性佛，令汝等見三身了然，自悟自性。總隨我道：『於自色身，歸依清淨法身佛。於自色身，歸依圓滿報身佛。於自色身，歸依千百億化身佛。』

善知識！色身是舍宅，不可言歸。向者三身佛，在自性中，世人總有；為自心迷，不見內性。外覓三身如來，不見自身中有三身佛。汝等聽說，令汝等於自身中，見自性有三身佛。此三身佛，從自性生，不從外得。何名清淨法身佛？世人性本清淨，萬法從自性生。思量一切惡事，即生惡行；思量一切善事，即生善行。如是諸法在自性中，如天常清，日月常明，為浮雲蓋覆，上明下暗。忽遇風吹雲散，上下俱明，萬象皆現。世人性常浮游，如彼天雲。善知識！智如日，慧如月，智慧常明。於外著境，被妄念浮雲蓋覆自性，不得明朗。若遇善知識，聞真正法，自除迷妄，內外明徹，於自性中萬法皆現。見性之人，亦復如是。此名清淨法身佛。

善知識！自心歸依自性，是歸依真佛。自歸依者，除却自性中不善心、嫉妒心、諂曲心、吾我心、誑妄心、輕人心、慢他心、邪見心、貢高心，及一切時中不善之行，常自見己過，不說他人好惡，是自歸依。常須下心，普行恭敬，即是見性通達，更無滯礙，是自歸依。

何名圓滿報身？譬如一燈能除千年闇，一智能滅萬年愚。莫思向前，已過不可得；常思於後，念念圓明，自見本性。善惡雖殊，本性無二，無二之性，名為實性。於實性中，不染善惡，此名圓滿報身佛。自性起一念惡，滅萬劫善因；自性起一念善，得恒沙惡盡。直至無上菩提，念念自見，不失本念，名為報身。何名千百億化身？若不思萬法，性本如空，一念思量，名為變化。思量惡事，化為地獄；思量善事，化為天堂。毒害化為龍蛇，慈悲化為菩薩，智慧化為上界，愚癡化為下方。自性變化甚多，迷人不能省覺，念念起惡，常行惡道。迴一念善，智慧即生，此名自性化身佛。

善知識！法身本具，念念自性自見，即是報身佛。從報身思量，即是化身佛。自悟自修自性功德，是真歸依。皮肉是色身，色身是舍宅，不言歸依也。但悟自性三身，即識自性佛。吾有一無相頌，若能師持，言下令汝積劫迷罪一時銷滅。頌曰：

「迷人修福不修道，　只言修福便是道，
　布施供養福無邊，　心中三惡元來造。
　擬將修福欲滅罪，　後世得福罪還在，
　但向心中除罪緣，　名自性中真懺悔。
　忽悟大乘真懺悔，　除邪行正即無罪，
　學道常於自性觀，　即與諸佛同一類。
　吾祖惟傳此頓法，　普願見性同一體，
　若欲當來覓法身，　離諸法相心中洗。
　努力自見莫悠悠，　後念忽絕一世休，
　若悟大乘得見性，　虔恭合掌至心求。」

師言：「善知識！總須誦取，依此修行，言下見性。雖去吾千里，如常在吾邊。於此言下不悟，即對面千里，何勤遠來。珍重！好去。」

一眾聞法，靡不開悟，歡喜奉行。

機緣 第七

　　師自黃梅得法，回至韶州曹侯村，人無知者(他本云，師去時，至曹侯村，住九月餘。然師自言：「不經三十餘日便至黃梅。」此求道之切，豈有逗留？作去時者非是)。有儒士劉志略，禮遇甚厚。志略有姑為尼，名無盡藏，常誦《大涅槃經》。師暫聽，即知妙義，遂為解說。尼乃執卷問字，師曰：「字即不識，義即請問。」尼曰：「字尚不識，焉能會義？」師曰：「諸佛妙理，非關文字。」尼驚異之，遍告里中耆德云：「此是有道之士，宜請供養。」有魏(魏一作晉)武侯玄孫曹叔良及居民，競來瞻禮。時，寶林古寺，自隋末兵火已廢，遂於故基重建梵宇，延師居之。俄成寶坊，師住九月餘日，又為惡黨尋逐，師乃遯于前山。被其縱火焚草木，師隱身挨入石中得免。石今有師趺坐膝痕，及衣布之紋，因名避難石。師憶五祖懷會止藏之囑，遂行隱于二邑焉。

　　僧法海，韶州曲江人也。初參祖師，問曰：「即心即佛，願垂指諭。」師曰：「前念不生即心，後念不滅即佛；成一切相即心，離一切相即佛。吾若具說，窮劫不盡。聽吾偈曰：

「即心名慧，　　即佛乃定，
　定慧等持，　　意中清淨。
　悟此法門，　　由汝習性，
　用本無生，　　雙修是正。」

　　法海言下大悟，以偈讚曰：

「即心元是佛，　　不悟而自屈，
　我知定慧因，　　雙修離諸物。」

僧法達，洪州人，七歲出家，常誦《法華經》。來禮祖師，頭不至地。師訶曰：「禮不投地，何如不禮？汝心中必有一物。蘊習何事耶？」曰：「念《法華經》已及三千部。」師曰：「汝若念至萬部，得其經意，不以為勝，則與吾偕行。汝今負此事業，都不知過。聽吾偈曰：

「禮本折慢幢，　　頭奚不至地？
　有我罪即生，　　亡功福無比。」

師又曰：「汝名什麼？」曰：「法達。」師曰：「汝名法達，何曾達法？」復說偈曰：

「汝今名法達，　　勤誦未休歇，
　空誦但循聲，　　明心號菩薩。
　汝今有緣故，　　吾今為汝說，
　但信佛無言，　　蓮華從口發。」

達聞偈，悔謝曰：「而今而後，當謙恭一切。弟子誦《法華經》，未解經義，心常有疑。和尚智慧廣大，願略說經中義理。」師曰：「法達！法即甚達，汝心不達。經本無疑，汝心自疑。汝念此經，以何為宗？」達曰：「學人根性闇鈍，從來但依文誦念，豈知宗趣？」師曰：「吾不識文字，汝試取經誦一遍，吾當為汝解說。」法達即高聲念經，至譬喻品，師曰：「止！此經元來以因緣出世為宗，縱說多種譬喻，亦無越於此。何者因緣？經云：『諸佛世尊，唯以一大事因緣出現於世。』一大事者，佛之知見也。世人外迷著相，內迷著空；若能於相離相、於空離空，即是內外不迷。若悟此法，一念心開，是為開佛知見。佛，猶覺也。分為四門，開覺知見、示覺知見、悟覺知見、入覺知見。若聞開示，便能悟入，即覺知見，本來真性而得出現。汝慎勿錯解經意，見他道：『開示悟入，自是佛之知見。我輩無分。』若作此解，乃是謗經毀佛也。彼既是佛，已具知見，何用更開？汝今當信，佛知見者，只汝自心，更無別佛。蓋為一切眾生，自蔽光明，貪愛塵境，外緣內擾，甘受驅馳。便勞他世尊，從三昧起，種種苦口，勸令寢息，莫向外求，與佛無二。故云：『開佛知見。』吾亦勸一切人，於自心中，常開佛之知見。世人心邪，愚迷造罪，口善心惡，貪瞋嫉妒，諂佞我慢，侵人害物，自開眾生知見。若能正心，常生智慧，觀照自心，止惡行善，是自開佛之知見。汝須念念開佛知見，勿開眾生知見。開佛知見，即是出世；開眾生知見，即是世間。汝若但勞勞執念，以為功課者，何異犛牛愛尾。」

達曰：「若然者，但得解義，不勞誦經耶？」

師曰：「經有何過，豈障汝念？只為迷悟在人，損益由己。口誦心行，即是轉經；口誦心不行，即是被經轉。聽吾偈曰：

「心迷法華轉，　心悟轉法華，
　誦經久不明，　與義作讎家。
　無念念即正，　有念念成邪，
　有無俱不計，　長御白牛車。」

達聞偈，不覺悲泣，言下大悟，而告師曰：「法達從昔已來，實未曾轉法華，乃被法華轉。」再啟曰：「經云：『諸大聲聞乃至菩薩，皆盡思共度量，不能測佛智。』今令凡夫但悟自心，便名佛之知見。自非上根，未免疑謗。又經說三車，羊鹿牛車與白牛之車，如何區別？願和尚再垂開示。」

師曰：「經意分明，汝自迷背。諸三乘人，不能測佛智者，患在度量也。饒伊盡思共推，轉加懸遠。佛本為凡夫說，不為佛說。此理若不肯信者，從他退席。殊不知，坐却白牛車，更於門外覓三車。況經文明向汝道：『唯一佛乘，無有餘乘若二若三。』乃至無數方便，種種因緣譬喻言詞，是法皆為一佛乘故。汝何不省，三車是假，為昔時故；一乘是實，為今時故。只教汝去假歸實，歸實之後，實亦無名。應知所有珍財，盡屬於汝，由汝受用，更不作父想，亦不作子想，亦無用想。是名持法華經，從劫至劫，手不釋卷，從晝至夜，無不念時也。」

達蒙啟發，踴躍歡喜，以偈讚曰：

「經誦三千部，　曹溪一句亡，
　未明出世旨，　寧歇累生狂。
　羊鹿牛權設，　初中後善揚，
　誰知火宅內，　元是法中王。」

師曰：「汝今後方可名念經僧也。」達從此領玄旨，亦不輟誦經。

僧智通，壽州安豐人。初看《楞伽經》。約千餘遍，而不會三身四智。禮師求解其義。

師曰：「三身者，清淨法身，汝之性也；圓滿報身，汝之智也；千百億化身，汝之行也。若離本性，別說三身，即名有身無智；若悟三身無有自性，即明四智菩提。聽吾偈曰：

「自性具三身，　　　發明成四智，
　不離見聞緣，　　　超然登佛地。
　吾今為汝說，　　　諦信永無迷，
　莫學馳求者，　　　終日說菩提。」

通再啟曰：「四智之義，可得聞乎？」師曰：「既會三身，便明四智。何更問耶？若離三身，別談四智，此名有智無身。即此有智，還成無智。」復說偈曰：

「大圓鏡智性清淨，　　平等性智心無病，
　妙觀察智見非功，　　成所作智同圓鏡。
　五八六七果因轉，　　但用名言無實性，
　若於轉處不留情，　　繁興永處那伽定。」

（如上轉識為智也。教中云，轉前五識為成所作智，轉第六識為妙觀察智，轉第七識為平等性智，轉第八識為大圓鏡智。雖六七因中轉，五八果上轉，但轉其名而不轉其體也）。

通頓悟性智，遂呈偈曰：

「三身元我體，　　四智本心明，
　身智融無礙，　　應物任隨形。
　起修皆妄動，　　守住匪真精，
　妙旨因師曉，　　終亡染污名。」

僧智常，信州貴溪人，髫年出家，志求見性。一日參禮，師問曰：「汝從何來？欲求何事？」

曰：「學人近往洪州白峯山禮大通和尚，蒙示見性成佛之義。未決狐疑，遠來投禮，伏望和尚慈悲指示。」

師曰：「彼有何言句？汝試舉看。」

曰：「智常到彼，凡經三月，未蒙示誨。為法切故，一夕獨入丈室，請問：『如何是某甲本心本性？』

大通乃曰：『汝見虛空否？』

對曰：『見。』

彼曰：『汝見虛空有相貌否？』

對曰：『虛空無形，有何相貌？』

彼曰：『汝之本性，猶如虛空，了無一物可見，是名正見；無一物可知，是名真知。無有青黃長短，但見本源清淨，覺體圓明，即名見性成佛，亦名如來知見。』

學人雖聞此說，猶未決了，乞和尚開示。」

師曰：「彼師所說，猶存見知，故令汝未了。吾今示汝一偈：

「不見一法存無見，　　大似浮雲遮日面，
　不知一法守空知，　　還如太虛生閃電。
　此之知見瞥然興，　　錯認何曾解方便，
　汝當一念自知非，　　自己靈光常顯現。」

常聞偈已，心意豁然。乃述偈曰：

「無端起知見，　　著相求菩提，
　情存一念悟，　　寧越昔時迷。
　自性覺源體，　　隨照枉遷流，
　不入祖師室，　　茫然趣兩頭。」

智常一日問師曰：「佛說三乘法，又言最上乘。弟子未解，願為教授。」

師曰：「汝觀自本心，莫著外法相。法無四乘，人心自有等差。見聞轉誦是小乘；悟法解義是中乘；依法修行是大乘；萬法盡通，萬法俱備，一切不染，離諸法相，一無所得，名最上乘。乘是行義，不在口爭。汝須自修，莫問吾也。一切時中，自性自如。」

常禮謝執侍，終師之世。

僧志道，廣州南海人也。請益曰：「學人自出家，覽《涅槃經》十載有餘，未明大意，願和尚垂誨。」

師曰：「汝何處未明？」

曰：「諸行無常，是生滅法；生滅滅已，寂滅為樂。於此疑惑。」

師曰：「汝作麼生疑？」

曰：「一切眾生皆有二身，謂色身、法身也。色身無常，有生有滅；法身有常，無知無覺。經云：『生滅滅已，寂滅為樂』者，不審何身寂滅？何身受樂？若色身者，色身滅時，四大分散，全然是苦，苦不可言樂。若法身寂滅，即同草木瓦石，誰當受樂？又法性是生滅之體，五蘊是生滅之用，一體五用，生滅是常。生則從體起用，滅則攝用歸體。若聽更生，即有情之類，不斷不滅；若不聽更生，則永歸寂滅，同於無情之物。如是，則一切諸法被涅槃之所禁伏，尚不得生，何樂之有？」

師曰：「汝是釋子，何習外道斷常邪見，而議最上乘法？據汝所說，即色身外別有法身，離生滅求於寂滅。又推涅槃常樂，言有身受用。斯乃執悋生死，耽著世樂。汝今當知，佛為一切迷人，認五蘊和合為自體相，分別一切法為外塵相，好生惡死，念念遷流，不知夢幻虛假，枉受輪迴。以常樂涅槃翻為苦相，終日馳求。佛愍此故，乃示涅槃真樂。剎那無有生相，剎那無有滅相，更無生滅可滅，是則寂滅現前。當現前時，亦無現前之量，乃謂常樂。此樂無有受者，亦無不受者，豈有一體五用之名？何況更言涅槃禁伏諸法，令永不生。斯乃謗佛毀法。聽吾偈曰：

「無上大涅槃，　圓明常寂照，
　凡愚謂之死，　外道執為斷，
　諸求二乘人，　目以為無作，
　盡屬情所計，　六十二見本。
　妄立虛假名，　何為真實義，
　惟有過量人，　通達無取捨。
　以知五蘊法，　及以蘊中我，
　外現眾色象，　一一音聲相，
　平等如夢幻，　不起凡聖見，
　不作涅槃解，　二邊三際斷。
　常應諸根用，　而不起用想，
　分別一切法，　不起分別想。
　劫火燒海底，　風鼓山相擊，
　真常寂滅樂，　涅槃相如是。
　吾今彊言說，　令汝捨邪見，
　汝勿隨言解，　許汝知少分。」

志道聞偈大悟，踴躍作禮而退。

行思禪師，生吉州安城劉氏。聞曹溪法席盛化，徑來參禮，遂問曰：「當何所務，即不落階級？」

師曰：「汝曾作什麼來？」

曰：「聖諦亦不為。」

師曰：「落何階級？」

曰：「聖諦尚不為，何階級之有？」

師深器之，令思首眾。一日，

師謂曰：「汝當分化一方，無令斷絕。」

思既得法，遂回吉州青原山，弘法紹化(諡弘濟禪師)。

懷讓禪師，金州杜氏子也。初謁嵩山安國師，安發之曹溪參扣。讓至禮拜，師曰：「甚處來？」

曰：「嵩山。」

師曰：「什麼物？恁麼來？」

曰：「說似一物即不中。」

師曰：「還可修證否？」

曰：「修證即不無，污染即不得。」

師曰：「只此不污染，諸佛之所護念。汝既如是，吾亦如是。西天般若多羅讖，汝足下出一馬駒，踏殺天下人。應在汝心，不須速說(一本無西天以下二十七字)。」讓豁然契會，遂執侍左右一十五載，日臻玄奧。後往南嶽，大闡禪宗(勅諡大慧禪師)。

永嘉玄覺禪師，溫州戴氏子。少習經論，精天台止觀法門。因看《維摩經》發明心地。偶師弟子玄策相訪，與其劇談，出言暗合諸祖。策云：「仁者得法師誰？」

曰：「我聽方等經論，各有師承。後於《維摩經》悟佛心宗，未有證明者。」

策云:「威音王已前即得,威音王已後,無師自悟,盡是天然外道。」

曰:「願仁者為我證據。」

策云:「我言輕。曹溪有六祖大師,四方雲集,並是受法者。若去,則與偕行。」

覺遂同策來參,繞師三匝,振錫而立。

師曰:「夫沙門者,具三千威儀、八萬細行。大德自何方而來,生大我慢?」

覺曰:「生死事大,無常迅速。」

師曰:「何不體取無生,了無速乎?」

曰:「體即無生,了本無速。」

師曰:「如是,如是!」

玄覺方具威儀禮拜,須臾告辭。

師曰:「返太速乎?」

曰:「本自非動,豈有速耶?」

師曰:「誰知非動?」

曰:「仁者自生分別。」

師曰:「汝甚得無生之意。」

曰:「無生豈有意耶?」

師曰:「無意,誰當分別?」

曰:「分別亦非意。」

師曰:「善哉!少留一宿。」

時謂一宿覺。後著《證道歌》,盛行于世(謚曰無相大師,時稱為真覺焉)。

禪者智隍,初參五祖,自謂已得正受。菴居長坐,積二十年。師弟子玄策，游方至河朔，聞隍之名，造菴問云：「汝在此作什麼？」

隍曰：「入定。」

策云：「汝云入定，為有心入耶？無心入耶？若無心入者，一切無情草木瓦石，應合得定；若有心入者，一切有情含識之流，亦應得定。」

隍曰：「我正入定時，不見有有無之心。」

策云：「不見有有無之心，即是常定。何有出入？若有出入，即非大定。」

隍無對，良久，問曰：「師嗣誰耶？」

策云：「我師曹溪六祖。」

隍云：「六祖以何為禪定？」

策云：「我師所說，妙湛圓寂，體用如如。五陰本空，六塵非有，不出不入，不定不亂。禪性無住，離住禪寂；禪性無生，離生禪想。心如虛空，亦無虛空之量。」

隍聞是說，徑來謁師。

師問云：「仁者何來？」

隍具述前緣。

師云：「誠如所言。汝但心如虛空，不著空見，應用無礙，動靜無心，凡聖情忘，能所俱泯，性相如如，無不定時也(一本無汝但以下三十五字。止云：師憫其遠來，遂垂開決)。」

隍於是大悟，二十年所得心，都無影響。其夜河北士庶，聞空中有聲云：「隍禪師今日得道。」隍後禮辭，復歸河北，開化四眾。

一僧問師云：「黃梅意旨，甚麼人得？」

師云：「會佛法人得。」

僧云：「和尚還得否？」

師云:「我不會佛法。」

師一日欲濯所授之衣而無美泉,因至寺後五里許,見山林欝茂,瑞氣盤旋。師振錫卓地,泉應手而出,積以為池,乃跪膝浣衣石上。忽有一僧來禮拜,云:「方辯是西蜀人,昨於南天竺國,見達磨大師,囑方辯速往唐土。吾傳大迦葉正法眼藏及僧伽梨,見傳六代,於韶州曹溪,汝去瞻禮。方辯遠來,願見我師傳來衣鉢。」

師乃出示,次問:「上人攻何事業?」

曰:「善塑。」

師正色曰:「汝試塑看。」

辯罔措。過數日,塑就真相,可高七寸,曲盡其妙。師笑曰:「汝只解塑性,不解佛性。」師舒手摩方辯頂,曰:「永為人天福田。」(師仍以衣酬之。辯取衣分為三,一披塑像,一自留,一用椶裹瘞地中。誓曰:「後得此衣,乃吾出世,住持於此,重建殿宇。」宋嘉祐八年,有僧惟先,修殿掘地,得衣如新。像在高泉寺,祈禱輒應)。

有僧舉臥輪禪師偈曰:

「臥輪有伎倆,　　能斷百思想,
　對境心不起,　　菩提日日長。」

師聞之,曰:「此偈未明心地,若依而行之,是加繫縛。」因示一偈曰:

「惠能沒伎倆,　　不斷百思想,
　對境心數起,　　菩提作麼長。」

頓漸 第八

時，祖師居曹溪寶林，神秀大師在荊南玉泉寺。于時兩宗盛化，人皆稱南能北秀，故有南北二宗頓漸之分，而學者莫知宗趣。師謂眾曰：「法本一宗，人有南北。法即一種，見有遲疾。何名頓漸？法無頓漸，人有利鈍，故名頓漸。」然秀之徒眾，往往譏南宗祖師，不識一字，有何所長。秀曰：「他得無師之智，深悟上乘。吾不如也。且吾師五祖，親傳衣法。豈徒然哉！吾恨不能遠去親近，虛受國恩。汝等諸人，毋滯於此，可往曹溪參決。」

一日，命門人志誠曰：「汝聰明多智，可為吾到曹溪聽法。若有所聞，盡心記取，還為吾說。」志誠稟命至曹溪，隨眾參請，不言來處。時祖師告眾曰：「今有盜法之人，潛在此會。」志誠即出禮拜，具陳其事。師曰：「汝從玉泉來，應是細作。」

對曰：「不是。」

師曰：「何得不是？」

對曰：「未說即是，說了不是。」

師曰：「汝師若為示眾？」

對曰：「常指誨大眾，住心觀靜，長坐不臥。」

師曰：「住心觀靜，是病非禪；長坐拘身，於理何益？聽吾偈曰：

「生來坐不臥，　　死去臥不坐，
　一具臭骨頭，　　何為立功課？」

志誠再拜曰：「弟子在秀大師處學道九年，不得契悟。今聞和尚一說,便契本心。弟子生死事大,和尚大慈,更為教示。」

師云:「吾聞汝師教示學人戒定慧法,未審汝師說戒定慧行相如何?與吾說看。」

誠曰:「秀大師說,諸惡莫作名為戒,諸善奉行名為慧,自淨其意名為定。彼說如此,未審和尚以何法誨人?」

師曰:「吾若言有法與人,即為誑汝。但且隨方解縛,假名三昧。如汝師所說戒定慧,實不可思議。吾所見戒定慧又別。」

志誠曰:「戒定慧只合一種,如何更別?」

師曰:「汝師戒定慧接大乘人,吾戒定慧接最上乘人。悟解不同,見有遲疾。汝聽吾說,與彼同否?吾所說法,不離自性。離體說法,名為相說,自性常迷。須知一切萬法,皆從自性起用,是真戒定慧法。聽吾偈曰:

「心地無非自性戒,
　心地無癡自性慧,
　心地無亂自性定,
　不增不減自金剛,
　身去身來本三昧。」

誠聞偈,悔謝,乃呈一偈曰:

「五蘊幻身,
　幻何究竟?
　迴趣真如,
　法還不淨。」

師然之，復語誠曰：「汝師戒定慧，勸小根智人；吾戒定慧，勸大根智人。若悟自性，亦不立菩提涅槃，亦不立解脫知見。無一法可得，方能建立萬法。若解此意，亦名佛身，亦名菩提涅槃，亦名解脫知見。見性之人，立亦得、不立亦得，去來自由，無滯無礙，應用隨作，應語隨答，普見化身，不離自性，即得自在神通游戲三昧，是名見性。」

志誠再啟師曰：「如何是不立義？」

師曰：「自性無非、無癡無亂，念念般若觀照，常離法相，自由自在，縱橫盡得，有何可立？自性自悟，頓悟頓修，亦無漸次，所以不立一切法。諸法寂滅，有何次第？」

志誠禮拜，願為執侍，朝夕不懈(誠吉州太和人也)。

僧志徹，江西人，本姓張，名行昌，少任俠。自南北分化，二宗主雖亡彼我，而徒侶競起愛憎。時北宗門人，自立秀師為第六祖，而忌祖師傳衣為天下聞，乃囑行昌來刺師。師心通，預知其事，即置金十兩於座間。時夜暮，行昌入祖室，將欲加害。師舒頸就之，行昌揮刃者三，悉無所損。

師曰：「正劍不邪，邪劍不正。只負汝金，不負汝命。」

行昌驚仆，久而方蘇，求哀悔過，即願出家。

師遂與金，言：「汝且去，恐徒眾翻害於汝。汝可他日易形而來，吾當攝受。」

行昌稟旨宵遁。後投僧出家，具戒精進。一日，憶師之言，遠來禮覲。

師曰：「吾久念汝，汝來何晚？」

曰：「昨蒙和尚捨罪，今雖出家苦行，終難報德，其惟傳法度生乎？弟子常覽《涅槃經》，未曉常無常義。乞和尚慈悲，略為解說。」

師曰:「無常者,即佛性也。有常者,即一切善惡諸法分別心也。」

曰:「和尚所說,大違經文。」

師曰:「吾傳佛心印,安敢違於佛經?」

曰:「經說佛性是常;和尚却言無常。善惡之法乃至菩提心,皆是無常;和尚却言是常。此即相違,令學人轉加疑惑。」

師曰:「《涅槃經》吾昔聽尼無盡藏讀誦一遍,便為講說,無一字一義不合經文。乃至為汝,終無二說。」

曰:「學人識量淺昧,願和尚委曲開示。」

師曰:「汝知否?佛性若常,更說什麼善惡諸法,乃至窮劫無有一人發菩提心者;故吾說無常,正是佛說真常之道也。又,一切諸法若無常者,即物物皆有自性,容受生死,而真常性有不遍之處。故吾說常者,正是佛說真無常義。佛比為凡夫、外道執於邪常,諸二乘人於常計無常,共成八倒,故於《涅槃》了義教中,破彼偏見,而顯說真常、真樂、真我、真淨。汝今依言背義,以斷滅無常及確定死常,而錯解佛之圓妙最後微言。縱覽千遍,有何所益?」

行昌忽然大悟,說偈曰:

「因守無常心,　　佛說有常性,
　不知方便者,　　猶春池拾礫。
　我今不施功,　　佛性而現前,
　非師相授與,　　我亦無所得。」

師曰:「汝今徹也,宜名志徹。」
徹禮謝而退。

有一童子，名神會，襄陽高氏子。年十三，自玉泉來參禮。師曰：「知識遠來艱辛，還將得本來否？若有本則合識主。試說看。」

會曰：「以無住為本，見即是主。」

師曰：「這沙彌爭合取次語？」

會乃問曰：「和尚坐禪，還見不見？」

師以柱杖打三下，云：「吾打汝痛不痛？」

對曰：「亦痛亦不痛。」

師曰：「吾亦見亦不見。」

神會問：「如何是亦見亦不見？」

師云：「吾之所見，常見自心過愆，不見他人是非好惡，是以亦見亦不見。汝言：『亦痛亦不痛。』如何？汝若不痛，同其木石；若痛，則同凡夫，即起恚恨。汝向前見、不見是二邊，痛、不痛是生滅。汝自性且不見，敢爾弄人！」神會禮拜悔謝。

師又曰：「汝若心迷不見，問善知識覓路。汝若心悟，即自見性依法修行。汝自迷不見自心，却來問吾見與不見。吾見自知，豈代汝迷？汝若自見，亦不代吾迷。何不自知自見，乃問吾見與不見？」

神會再禮百餘拜，求謝過愆。服勤給侍，不離左右。

一日，師告眾曰：「吾有一物，無頭無尾，無名無字，無背無面。諸人還識否？」

神會出曰：「是諸佛之本源，神會之佛性。」

師曰：「向汝道：『無名無字』，汝便喚作本源佛性。汝向去有把茆蓋頭，也只成箇知解宗徒。」

祖師滅後，會入京洛，大弘曹溪頓教，著《顯宗記》，盛行于世(是為荷澤禪師)。

師見諸宗難問咸起惡心，多集座下愍而謂曰：「學道之人，一切善念惡念應當盡除。無名可名，名於自性，無二之性，是名實性。於實性上建立一切教門，言下便須自見。」諸人聞說，總皆作禮，請事為師。

宣詔 第九

　　神龍元年上元日，則天、中宗詔云：「朕請安、秀二師宮中供養。萬機之暇，每究一乘。二師推讓云：『南方有能禪師，密授忍大師衣法，傳佛心印，可請彼問。』今遣內侍薛簡，馳詔迎請，願師慈念，速赴上京。」
　　師上表辭疾，願終林麓。
　　薛簡曰：「京城禪德皆云：『欲得會道，必須坐禪習定。若不因禪定而得解脫者，未之有也。』未審師所說法如何？」
　　師曰：「道由心悟，豈在坐也。經云：『若言如來若坐若臥，是行邪道。』何故？無所從來，亦無所去。無生無滅，是如來清淨禪。諸法空寂，是如來清淨坐。究竟無證，豈況坐耶。」
　　簡曰：「弟子回京，主上必問。願師慈悲，指示心要，傳奏兩宮及京城學道者。譬如一燈，然百千燈，冥者皆明，明明無盡。」
　　師云：「道無明暗，明暗是代謝之義。明明無盡，亦是有盡，相待立名故。《淨名經》云：『法無有比，無相待故。』」
　　簡曰：「明喻智慧，暗喻煩惱。修道之人，倘不以智慧照破煩惱，無始生死憑何出離？」
　　師曰：「煩惱即是菩提，無二無別。若以智慧照破煩惱者，此是二乘見解。羊鹿等機，上智大根，悉不如是。」
　　簡曰：「如何是大乘見解？」
　　師曰：「明與無明，凡夫見二；智者了達，其性無二。無二之性，即是實性。實性者，處凡愚而不減，在賢聖而不增，住煩惱而不亂，居禪定而不寂。不斷不常，不來不去，不在中間及其內外，不生不滅，性相如如，常住不遷，名之曰道。」

簡曰：「師說不生不滅，何異外道？」

師曰：「外道所說不生不滅者，將滅止生，以生顯滅，滅猶不滅，生說不生。我說不生不滅者，本自無生，今亦不滅，所以不同外道。汝若欲知心要，但一切善惡都莫思量，自然得入清淨心體，湛然常寂，妙用恒沙。」

簡蒙指教，豁然大悟。禮辭歸闕，表奏師語。

其年九月三日，有詔獎諭師曰：「師辭老疾，為朕修道，國之福田。師若淨名托疾毘耶，闡揚大乘，傳諸佛心，談不二法。薛簡傳師指授如來知見，朕積善餘慶，宿種善根，值師出世，頓悟上乘。感荷師恩，頂戴無已，

并奉磨衲袈裟及水晶鉢，勅韶州刺史修飾寺宇，賜師舊居為國恩寺。」

付囑 第十

師一日喚門人法海、志誠、法達、神會、智常、智通、志徹、志道、法珍、法如等，曰：「汝等不同餘人，吾滅度後，各為一方師。吾今教汝說法，不失本宗：先須舉三科法門，動用三十六對，出沒即離兩邊。說一切法，莫離自性。忽有人問汝法，出語盡雙，皆取對法，來去相因。究竟二法盡除，更無去處。

三科法門者，陰、界、入也。陰是五陰——色、受、想、行、識是也。入是十二入，外六塵——色、聲、香、味、觸、法；內六門——眼、耳、鼻、舌、身、意是也。界是十八界，六塵、六門、六識是也。自性能含萬法，名含藏識。若起思量，即是轉識。生六識，出六門，見六塵。如是一十八界，皆從自性起用。自性若邪，起十八邪；自性若正，起十八正。若惡用即眾生用，善用即佛用。

用由何等？由自性有，對法外境。無情五對：天與地對，日與月對，明與暗對，陰與陽對，水與火對；此是五對也。法相語言十二對：語與法對，有與無對，有色與無色對，有相與無相對，有漏與無漏對，色與空對，動與靜對，清與濁對，凡與聖對，僧與俗對，老與少對，大與小對；此是十二對也。自性起用十九對：長與短對，邪與正對，癡與慧對，愚與智對，亂與定對，慈與毒對，戒與非對，直與曲對，實與虛對，險與平對，煩惱與菩提對，常與無常對，悲與害對，喜與瞋對，捨與慳對，進與退對，生與滅對，法身與色身對，化身與報身對；此是十九對也。」

師言：「此三十六對法，若解用即道，貫一切經法，出入即離兩邊。自性動用，共人言語，外於相離相，內於空離空。若全著相，即長邪見；若全執空，即長無明。執空之人有謗經，直言不用文字。既云不用文字,人亦不合語言。只此語言,便是文字之相。又云:『直道不立文字。』即此不立兩字,亦是文字。見人所說,便即謗他言著文字。汝等須知,自迷猶可,又謗佛經。不要謗經,罪障無數。若著相於外,而作法求真;或廣立道場,說有無之過患。如是之人,累劫不得見性。但聽依法修行,又莫百物不思,而於道性窒礙。若聽說不修,令人反生邪念。但依法修行,無住相法施。汝等若悟,依此說、依此用、依此行、依此作,即不失本宗。若有人問汝義,問有將無對,問無將有對,問凡以聖對,問聖以凡對。二道相因,生中道義。如一問一對,餘問一依此作,即不失理也。設有人問:『何名為闇?』答云:『明是因,闇是緣,明沒即闇。』以明顯闇,以闇顯明,來去相因,成中道義。餘問悉皆如此。汝等於後傳法,依此轉相教授,勿失宗旨。」

師於太極元年壬子,延和七月(是年五月改延和,八月玄宗即位方改元先天,次年遂改開元。他本作先天者非)命門人往新州國恩寺建塔,仍令促工,次年夏末落成。七月一日,集徒眾曰:「吾至八月,欲離世間。汝等有疑,早須相問,為汝破疑,令汝迷盡。吾若去後,無人教汝。」

法海等聞,悉皆涕泣。惟有神會,神情不動,亦無涕泣。

師云:「神會小師却得善不善等,毀譽不動,哀樂不生;餘者不得。數年山中竟修何道?汝今悲泣,為憂阿誰?若憂吾不知去處,吾自知去處。吾若不知去處,終不預報於汝。汝等悲泣,蓋為不知吾去處;若知吾去處,即不合悲泣。法性本無生滅去來,汝等盡坐,吾與汝說一偈,名曰真假動靜偈。汝等誦取此偈,與吾意同,依此修行,不失宗旨。」

眾僧作禮,請師說偈。偈曰:

「一切無有真，　　不以見於真，
　若見於真者，　　是見盡非真。
　若能自有真，　　離假即心真，
　自心不離假，　　無真何處真？
　有情即解動，　　無情即不動，
　若修不動行，　　同無情不動。
　若覓真不動，　　動上有不動，
　不動是不動，　　無情無佛種。
　能善分別相，　　第一義不動，
　但作如此見，　　即是真如用。
　報諸學道人，　　努力須用意，
　莫於大乘門，　　却執生死智。
　若言下相應，　　即共論佛義；
　若實不相應，　　合掌令歡喜。
　此宗本無諍，　　諍即失道意，
　執逆諍法門，　　自性入生死。」

　　時，徒眾聞說偈已，普皆作禮，並體師意，各各攝心，依法修行，更不敢諍，乃知大師不久住世。法海上座，再拜問曰：「和尚入滅之後，衣法當付何人？」

　　師曰：「吾於大梵寺說法，以至于今抄錄流行，目曰『法寶壇經』。汝等守護，遞相傳授。度諸群生，但依此說，是名正法。今為汝等說法，不付其衣。蓋為汝等信根淳熟，決定無疑，堪任大事。然據先祖達磨大師付授偈意，衣不合傳。偈曰：

「『吾本來茲土，　　傳法救迷情，

一華開五葉，　　　結果自然成。』」

　　師復曰：「諸善知識！汝等各各淨心，聽吾說法。若欲成就種智，須達一相三昧、一行三昧。若於一切處而不住相，於彼相中不生憎愛，亦無取捨，不念利益成壞等事，安閒恬靜，虛融澹泊，此名一相三昧。若於一切處行住坐臥，純一直心，不動道場，真成淨土，此名一行三昧。若人具二三昧，如地有種，含藏長養，成熟其實。一相一行，亦復如是。我今說法，猶如時雨，普潤大地。汝等佛性，譬諸種子，遇茲霑洽，悉得發生。承吾旨者，決獲菩提。依吾行者，定證妙果。聽吾偈曰：

「心地含諸種，　　　普雨悉皆萌，
　頓悟華情已，　　　菩提果自成。」

　　師說偈已，曰：「其法無二，其心亦然。其道清淨，亦無諸相，汝等慎勿觀靜及空其心。此心本淨，無可取捨。各自努力，隨緣好去。」爾時徒眾作禮而退。

　　大師，七月八日忽謂門人曰：「吾欲歸新州，汝等速理舟楫。」大眾哀留甚堅。師曰：「諸佛出現，猶示涅槃。有來必去，理亦常然。吾此形骸，歸必有所。」

　　眾曰：「師從此去，早晚可回。」
　　師曰：「葉落歸根，來時無口。」
　　又問曰：「正法眼藏，傳付何人？」
　　師曰：「有道者得，無心者通。」

又問：「後莫有難否？」

師曰：「吾滅後五六年，當有一人來取吾首。聽吾記曰：

『頭上養親，

口裏須餐，

遇滿之難，

楊柳為官。』」

又云：「吾去七十年，有二菩薩從東方來，一出家、一在家。同時興化，建立吾宗，締緝伽藍，昌隆法嗣。」

問曰：「未知從上佛祖應現已來，傳授幾代？願垂開示。」

師云：「古佛應世已無數量，不可計也。今以七佛為始，過去莊嚴劫，毘婆尸佛、尸棄佛、毘舍浮佛；今賢劫，拘留孫佛、拘那含牟尼佛、迦葉佛、釋迦文佛。是為七佛。已上七佛，今以釋迦文佛首傳。「第一摩訶迦葉尊者、第二阿難尊者、第三商那和修尊者、第四優波毱多尊者、第五提多迦尊者、第六彌遮迦尊者、第七婆須蜜多尊者、第八佛馱難提尊者、第九伏馱蜜多尊者、第十脇尊者、十一富那夜奢尊者、十二馬鳴大士、十三迦毘摩羅尊者、十四龍樹大士、十五迦那提婆尊者、十六羅睺羅多尊者、十七僧伽難提尊者、十八伽耶舍多尊者、十九鳩摩羅多尊者、二十闍耶多尊者、二十一婆修盤頭尊者、二十二摩拏羅尊者、二十三鶴勒那尊者、二十四師子尊者、二十五婆舍斯多尊者、二十六不如蜜多尊者、二十七般若多羅尊者、二十八菩提達磨尊者(此土是為初祖)、二十九慧可大師、三十僧璨大師、三十一道信大師、三十二弘忍大師。「惠能是為三十三祖。從上諸祖，各有稟承。汝等向後，遞代流傳毋令乖誤。」

大師，先天二年癸丑歲八月初三日(是年十二月改元開元)，於國恩寺齋罷，謂諸徒眾曰：「汝等各依位坐，吾與汝別。」

法海白言：「和尚！留何教法，令後代迷人得見佛性？」

師言：「汝等諦聽！後代迷人，若識眾生，即是佛性；若不識眾生，萬劫覓佛難逢。吾今教汝。識自心眾生，見自心佛性。欲求見佛，但識眾生。只為眾生迷佛，非是佛迷眾生。自性若悟，眾生是佛；自性若迷，佛是眾生。自性平等，眾生是佛；自性邪險，佛是眾生。汝等心若險曲，即佛在眾生中；一念平直，即是眾生成佛。我心自有佛，自佛是真佛。自若無佛心，何處求真佛？汝等自心是佛，更莫狐疑。外無一物而能建立，皆是本心生萬種法。故經云：『心生種種法生，心滅種種法滅。』吾今留一偈與汝等別，名自性真佛偈。後代之人，識此偈意，自見本心，自成佛道。偈曰：

「真如自性是真佛，　邪見三毒是魔王，
　邪迷之時魔在舍，　正見之時佛在堂。
　性中邪見三毒生，　即是魔王來住舍，
　正見自除三毒心，　魔變成佛真無假。
　法身報身及化身，　三身本來是一身，
　若向性中能自見，　即是成佛菩提因。
　本從化身生淨性，　淨性常在化身中，
　性使化身行正道，　當來圓滿真無窮。
　婬性本是淨性因，　除婬即是淨性身，
　性中各自離五欲，　見性剎那即是真。
　今生若遇頓教門，　忽悟自性見世尊，
　若欲修行覓作佛，　不知何處擬求真？
　若能心中自見真，　有真即是成佛因，

不見自性外覓佛，　　起心總是大癡人。
頓教法門今已留，　　救度世人須自修，
報汝當來學道者，　　不作此見大悠悠。」

　　師說偈已，告曰：「汝等好住。吾滅度後，莫作世情悲泣雨淚，受人弔問、身著孝服，非吾弟子，亦非正法。但識自本心，見自本性，無動無靜，無生無滅，無去無來，無是無非，無住無往。恐汝等心迷，不會吾意，今再囑汝，令汝見性。吾滅度後，依此修行，如吾在日；若違吾教，縱吾在世，亦無有益。」復說偈曰：

「兀兀不修善，　　騰騰不造惡，
　寂寂斷見聞，　　蕩蕩心無著。」

　　師說偈已，端坐至三更，忽謂門人曰：「吾行矣！」奄然遷化。于時異香滿室，白虹屬地，林木變白，禽獸哀鳴。十一月，廣韶新三郡官僚，洎門人僧俗，爭迎真身，莫決所之。乃焚香禱曰：「香煙指處，師所歸焉。」時香煙直貫曹溪。十一月十三日，遷神龕併所傳衣鉢而回。次年七月出龕，弟子方辯以香泥上之，門人憶念取首之記，仍以鐵葉漆布固護師頸入塔。忽於塔內白光出現，直上衝天，三日始散。韶州奏聞，奉勅立碑，紀師道行。

　　師春秋七十有六，年二十四傳衣，三十九祝髮，說法利生三十七載，嗣法四十三人，悟道超凡者莫知其數。達磨所傳信衣(西域屈眴布也)，中宗賜磨衲寶鉢，及方辯塑師真相，并道具，永鎮寶林道場。留傳《壇經》以顯宗旨，興隆三寶，普利群生者。

六祖大師法寶壇經(終)

附　　　錄

六祖大師緣記外記

門人法海等集

　　大師名惠能，父盧氏，諱行瑫，唐武德三年九月，左官新州。母李氏，先夢庭前白華競發，白鶴雙飛，異香滿室，覺而有娠。遂潔誠齋戒，懷妊六年師乃生焉，唐貞觀十二年戊戌歲二月八日子時也。時毫光騰空，香氣芬馥。黎明有二僧造謁，謂師之父曰：「夜來生兒，專為安名，可上惠下能也。」

　　父曰：「何名惠能？」

　　僧曰：「惠者以法惠濟眾生，能者能作佛事。」

　　言畢而出，不知所之。師不飲母乳，遇夜神人灌以甘露。三歲父喪，葬於宅畔。母守志鞠養，既長鬻薪供母。年二十有四，聞經有省。往黃梅參禮，五祖器之，付衣法，令嗣祖位，時龍朔元年辛酉歲也。

　　南歸隱遯，至儀鳳元年丙子正月八日，會印宗法師詰論玄奧，印宗悟契師旨。是月十五日，普會四眾為師薙髮。二月八日，集諸名德授具足戒。西京智光律師為授戒師，蘇州慧靜律師為羯磨，荊州通應律師為教授，中天耆多羅律師為說戒，西國蜜多三藏為證戒。其戒壇乃宋朝求那跋陀羅三藏創建，立碑曰：「後當有肉身菩薩於此授戒。」又梁天監元年，智藥三藏自西竺國航海而來，將彼土菩提樹一株植此壇畔，亦預誌曰：「後一百七十年，有肉身菩薩，於此樹下開演上乘度無量眾，真傳佛心印之法主也。」師至是祝髮受戒，及與四眾開示單傳之旨，一如昔讖（梁天監元年壬午歲，至唐儀鳳元年丙子，得一百七十五年）。

次年春，師辭眾歸寶林，印宗與緇白送者千餘人，直至曹溪。時荊州通應律師，與學者數百人依師而住。師至曹溪寶林，覩堂宇湫隘，不足容眾，欲廣之。遂謂里人陳亞仙曰：「老僧欲就檀越求坐具地，得不？」仙曰：「和尚坐具幾許闊？」祖出坐具示之，亞仙唯然。祖以坐具一展，盡罩曹溪四境，四天王現身坐鎮四方。今寺境有天王嶺，因茲而名。

仙曰：「知和尚法力廣大，但吾高祖墳墓並在此地，他日造塔，幸望存留，餘願盡捨永為寶坊。然此地乃生龍白象來脈，只可平天，不可平地。」寺後營建，一依其言。師遊境內山水勝處，輒憩止，遂成蘭若一十三所。今曰華果院，隸籍寺門。其寶林道場，亦先是西國智藥三藏自南海經曹溪口，掬水而飲，香美，異之。謂其徒曰：「此水與西天之水無別，溪源上必有勝地，堪為蘭若。」隨流至源上，四顧山水迴環，峯巒奇秀，歎曰：「宛如西天寶林山也。」乃謂曹侯村居民曰：「可於此山建一梵剎，一百七十年後，當有無上法寶於此演化，得道者如林，宜號寶林。」時韶州牧侯敬中，以其言具表聞奏，上可其請，賜寶林為額，遂成梵宮，落成於梁天監三年。

寺殿前有潭一所，龍常出沒其間，觸橈林木。一日現形甚巨，波浪洶湧，雲霧陰翳，徒眾皆懼。師叱之曰：「爾只能現大身，不能現小身，若為神龍，當能變化以小現大、以大現小也。」其龍忽沒，俄頃復現小身躍出潭面，師展鉢試之曰：「爾且不敢入老僧鉢盂裏。」龍乃游揚至前，師以鉢舀之，龍不能動。師持鉢堂上，與龍說法，龍遂蛻骨而去。其骨長可七寸，首尾角足皆具，留傳寺門。師後以土石堙其潭，今殿前左側有鐵塔鎮處是也。

師墜腰石鐫龍朔元年盧居士誌八字，此石今存黃梅東禪。又唐王維右丞，為神會大師作《祖師記》云：「師混勞侶積十六載，會印宗講經，因為削髮。」又柳宗元刺史，作祖師諡號碑云：「師受信具，遯隱南海上十六年。度其可行，乃居曹溪為人師。」又張商英丞相，作《五祖記》云：「五祖演化於黃梅縣之東禪院，蓋其便於將母。龍朔元年，以衣法付六祖已，散眾入東山結庵。有居人憑茂，以山施師為道場焉。」以此考之，則師至黃梅傳受五祖衣法，實龍朔元年辛酉歲。至儀鳳丙子，得一十六年，師方至法性祝髮。他本或作師咸亨中至黃梅，恐非。

歷朝崇奉事蹟

　　唐憲宗皇帝，諡大師曰大鑒禪師。

　　宋太宗皇帝，加諡大鑒真空禪師，詔新師塔曰太平興國之塔。

　　宋仁宗皇帝，天聖十年迎師真身及衣鉢入大內供養，加諡大鑒真空普覺禪師。

　　宋神宗皇帝，加諡大鑒真空普覺圓明禪師。具見晏元獻公碑記。

賜諡大鑒禪師碑(柳宗元撰)

　　扶風公廉，問嶺南三年，以佛氏第六祖，未有稱號，疏聞于上。詔諡大鑒禪師，塔曰靈照之塔。元和十年十月十三日，下尚書祠部符到都府，公命部吏洎州司功掾告于其祠。幢蓋鍾鼓增山盈谷，萬人咸會，若聞鬼神。其時學者千有餘人，莫不欣踴奮厲，如師復生；則又感悼涕慕，如師始亡。因言曰：

　　自有生物，則好鬬奪相賊殺，喪其本實，諄乖淫流，莫克返于初。孔子無大位，沒以餘言持世，更楊、墨、黃老益雜，其術分裂。而吾浮圖說後出，推離還源，合所謂生而靜者。梁氏好作有為，師達磨讖之，空術益顯。六傳至大鑒。大鑒始以能勞苦服役，一聽其言，言希以究。師用感動，遂受信具。遯隱南海上，人無聞知，又十六年。度其可行，乃居曹溪為人師。會學者來，嘗數千人。其道以無為為有，以空洞為寔，以廣大不蕩為歸。其教人，始以性善、終以性善，不假耘鋤，本其靜矣。中宗聞名，使幸臣再徵，不能致，取其言以為心術。其說具在。今布天下，凡言禪皆本曹溪。大鑒去世百有六年，凡治廣部，而以名聞者以十數，莫能揭其號。乃今始告天子，得大諡。豈佐吾道，其可無辭？公始立朝，以儒重刺虔州、都護安南，由海中大蠻夷，連身毒之西，浮舶聽命，咸被公德，受旄纛節戟，來蒞南海，屬國如林，不殺不怒，人畏無噩，允克光于有仁，昭列大鑒莫如公，宜其徒之老。乃易石于宇下，使來謁辭。其辭曰：

　　達摩乾乾，傳佛語心，六承其授，大鑒是臨。勞勤專默，終挹于深，抱其信器，行海之陰。其道爰施，在溪之曹，厖合猥附，不夷其高。傳告咸陳，惟道之襃，生而性善，在物而具。荒流奔軼，乃萬其趣，匪思愈亂，匪覺滋誤。由師內鑒，咸獲于素，不植乎根，不耘乎苗。中一外融，有粹孔昭，在帝中宗，聘言于朝。陰翊王度，俾人逍遙，越百有六祀，號諡不紀。由扶風公，告今天子，尚書既復大行，乃諫光于南土。其法再起，厥徒萬億，同悼齊喜。惟師化所被洎，扶風公所履，咸戴天子。天子休命，嘉公德美，溢于海夷，浮圖是視。師以仁傳，公以仁理，謁辭圖堅，永胤不已。

大鑒禪師碑(并《佛衣銘》，俱劉禹錫撰)

　　元和十年某月日，詔書追襃曹溪第六祖能公，諡曰大鑒。寔廣州牧馬總以疏聞，繇是可其奏，尚道以尊名，同歸善善，不隔異教。一字之襃，華夷孔懷，得其所故也。馬公敬其事且謹，始以垂後，遂咨於文雄。今柳州刺史河東柳君為前碑，後三年有僧道琳，率其徒由曹溪來，且曰：「願立第二碑，學者志也。」維如來滅後，中五百歲，而摩騰、竺法蘭，以經來華，人始聞其言，猶夫重昏之見召爽。後五百歲，而達摩以法來華，人始傳其心，猶夫昧旦之覩白日。自達摩六傳至大鑒，如貫意珠，有先後而無同異。世之言真宗者，所謂頓門。初達摩與佛衣俱來，得道傳付以為真印。至大鑒置而不傳，豈以是為筌蹄邪？芻狗邪？將人人之莫已若而不若置之邪？吾不得而知也。

　　按大鑒生新州，三十出家，四十七年而沒，百有六年而諡。始自蘄之東山，從第五師得授記以歸。中宗使中貴人再徵，不奉詔。第以言為貢，上敬行之。銘曰：

　　至人之生，無有種類，同人者形，出人者智。蠢蠢南裔，降生傑異，父乾母坤，獨肖元氣。一言頓悟，不踐初地，五師相承，授以寶器。宴坐曹溪，世號南宗，學徒爰來，如水之東。飲以妙藥，差其瘖聾，詔不能致，許為法雄。去佛日遠，群言積億，著空執有，各走其域。我立真筌，揭起南國，無修而修，無得而得。能使學者，還其天識，如黑而迷，仰目斗極。得之自然，竟不可傳，口傳手付，則礙於有。留衣空堂，得者天授。

佛衣銘(并引)

吾既為僧琳撰曹溪第二碑，且思所以辯六祖置衣不傳之旨，作《佛衣銘》。曰：

佛言不行，佛衣乃爭，忽近貴遠，古今常情。尼父之生，土無一里，夢奠之後，履存千祀。惟昔有梁，如象之狂，達摩救世，來為醫王。以言不痊，因物乃遷，如執符節，行乎復關。民不知官，望車而畏，俗不知佛，得衣為貴。壞色之衣，道不在茲，由之信道，所以為寶。六祖未彰，其出也微，既還狼荒，憬俗蚩蚩。不有信器，眾生曷歸，是開便門，非止傳衣。初必有終，傳豈無已，物必歸盡，衣胡久恃。先終知終，用乃不窮。我道不朽，衣於何有，其用已陳，孰非芻狗。

師入塔後，至開元十年壬戌八月三日，夜半忽聞塔中如拽鐵索聲。眾僧驚起，見一孝子從塔中走出，尋見師頸有傷，具以賊事聞於州縣。縣令楊侃、刺史柳無忝，得牒切加擒捉。五日於石角村捕得賊人，送韶州鞫問。云：「姓張名淨滿，汝州梁縣人。於洪州開元寺，受新羅僧金大悲錢二十千，令取六祖大師首，歸海東供養。」柳守聞狀，未即加刑，乃躬至曹溪，問師上足令韜曰：「如何處斷？」韜曰：「若以國法論，理須誅夷。但以佛教慈悲冤親平等，況彼求欲供養，罪可恕矣。」柳守加歎曰：「始知佛門廣大。」遂赦之。

上元元年，肅宗遣使，就請師衣鉢歸內供養。至永泰元年五月五日，代宗夢六祖大師請衣鉢，七日勅刺史楊緘云：「朕夢感能禪師請傳衣袈裟却歸曹溪，今遣鎮國大將軍劉崇景，頂戴而送。朕謂之國寶，卿可於本寺如法安置，專令僧眾親承宗旨者嚴加守護，勿令遺墜。」後或為人偷竊，皆不遠而獲。如是者數四。憲宗諡大鑒禪師，塔曰元和靈照。其餘事蹟，係載唐尚書王維、刺史柳宗元、刺史劉禹錫等碑。守塔沙門令韜錄。

跋

　　六祖大師平昔所說之法。皆大乘圓頓之旨。故目之曰經。其言近指遠。詞坦義明。誦者各有所獲。

　　明教嵩公常讚云。天機利者得其深。天機鈍者得其淺。誠哉言也。余初入道。有感於斯。續見三本不同。互有得失。其板亦已漫滅。因取其本校讎。訛者正之。略者詳之。復增入弟子請益機緣。庶幾學者得盡曹溪之旨。

　　按察使雲公從龍。深造此道。一日過山房睹余所編。謂得壇經之大全。慨然命工鋟梓。顒為流通。使曹溪一派不至斷絕。

　　或曰。達磨不立文字。直指人心見性成佛。盧祖六葉正傳。又安用是文字哉。

　　余曰。此經非文字也。達磨單傳直指之指也。南嶽青原諸大老。嘗因是指以明其心。復以之明馬祖石頭諸子之心。今之禪宗流布天下。皆本是指。而今而後。豈無因是指。而明心見性者耶。

　　問者唯唯再拜謝曰。予不敏。請併書于經末以詔來者。

至元辛卯夏。
南海釋宗寶跋。

附錄（終）